"国外马克思主义政治经济学译丛"系列

任保平 康蓉 主编

| 科技部、教育部"高等学校学科创新引智计划"（111计划）"国外马克思主义经济学与中国特色社会主义政治经济学学科创新引智基地"项目资助
| 西北大学"双一流"建设项目资助
| Sponsored by First-class Universities and Academic Programs of Northwest University

危机中的希腊资本主义
——以马克思主义视角分析

Greek Capitalism in Crisis
Marxist analyses

［希腊］斯塔夫罗斯·马夫鲁迪斯／主编
（Stavros Mavroudeas）

毛丹阳／译

·北京·

图书在版编目（CIP）数据

危机中的希腊资本主义：以马克思主义视角分析 / （希）斯塔夫罗斯·马夫鲁迪斯（Stavros Mavroudeas）主编；毛丹阳译. --北京：中国经济出版社，2023.6

书名原文：Greek Capitalism in Crisis Marxist Analyses

ISBN 978-7-5136-7375-4

Ⅰ.①危… Ⅱ.①斯… ②毛… Ⅲ.①金融危机-研究-希腊 Ⅳ.①F835.455.9

中国国家版本馆CIP数据核字（2023）第119948号

Greek Capitalism in Crisis Marxist analyses. By Stavros Mavroudeas Copyright © 2015 by Taylor & Francis – Routledge.
Simplified Chinese Translation edition Copyright © 2023 by China Economy Publishing House Co., Ltd
All rights reserved.
感谢原出版方 Taylor & Francis – Routledge 授权出版。

北京市版权局著作权合同登记号：图字 01-2023-0075 号

责任编辑	贺　静
责任印制	马小宾
封面设计	任燕飞工作室

出版发行	中国经济出版社
印 刷 者	北京艾普海德印刷有限公司
经 销 者	各地新华书店
开　　本	710mm×1000mm　1/16
印　　张	20
字　　数	266千字
版　　次	2023年6月第1版
印　　次	2023年6月第1次
定　　价	98.00元

广告经营许可证　京西工商广字第8179号

中国经济出版社　网址 www.economyph.com　社址 北京市东城区安定门外大街58号　邮编 100011
本版图书如存在印装质量问题，请与本社销售中心联系调换。（联系电话：010-57512564）

版权所有　盗版必究（举报电话：010-57512600）
国家版权局反盗版举报中心（举报电话：12390）　服务热线：010-57512564

中文版序 | GREEK CAPITALISM IN CRISIS
MARXIST ANALYSES

借鉴国外马克思主义政治经济学
研究中国特色社会主义政治经济学

任保平

二战以后，针对当代资本主义的新变化，国外马克思主义政治经济学者对当代资本主义进行了系统研究。20 世纪 60 年代中期以后，随着资本主义"长期繁荣"迹象的终结，西方马克思主义政治经济学研究呈现出再度复兴的趋势。2008 年全球金融危机爆发后，国外出现了一股《资本论》研究热，一些对主流经济学教条不满的经济学家重新对马克思的相对贫困、不平衡发展、产业后备军、虚拟资本、资本过剩等概念进行了研究。因此，系统梳理和评析当代国外马克思主义政治经济学的研究成果，研究马克思主义政治经济学创新发展的规律，对于中国特色社会主义政治经济学的研究具有重要意义。

一、国外马克思主义政治经济学研究的演变

二战后，西方发达资本主义国家不仅没有出现预想的危机，反而进入了"长期繁荣"，引起了国外马克思主义者对其整个政治经济学进行重新审视，开始研究当代资本主义的新变化。这一时期，如何看待劳动价值论和利润率下降规律等马克思主义政治经济学基本理论，以及当代资本主义发展趋势等问题，成为二战以后到 20 世纪 60 年代中期国外马克思主义政

治经济学研究的主题。欧内斯特·曼德尔（Ernest Mandel）于1962年出版的《马克思主义经济理论》和1964年出版的《马克思主义经济理论导论》，保罗·巴兰（Paul Alexander Baran）于1952年出版的《论落后问题的政治经济学》和1957年出版的《增长的政治经济学》，都是这一时期的研究成果。

20世纪60年代中期以后，以福特制生产方式为基础的组织化资本主义转向以弹性生产方式为基础的后组织化资本主义，资本主义"长期繁荣"出现终结迹象，西方马克思主义政治经济学研究呈现出再度复兴和更加多样化的发展态势。在这一时期，马克思主义政治经济学基本理论、资本主义发展趋势、不发达经济等前期主要论题得到了更加深入的研究，同时，马克思主义经济理论研究的各种流派不断涌现。1973年詹姆斯·奥康纳（James O'Connor）出版了《国家的财政危机》，1974年哈里·布雷弗曼（Harry Braverman）出版了《劳动与垄断资本》，曼德尔1972年出版了《晚期资本主义》和1980年出版了《资本主义的长波》，伊曼纽尔·沃勒斯坦（Immanuel Wallerstein）和萨米尔·阿明（Samir Amin）等出版的《现代世界体系》（1974）、《资本主义世界经济》（1979）以及《世界范围的积累》（1974）等，都是这一时期的研究成果。法国以米歇尔·阿格里塔（Michel Aglietta）、阿兰·利比茨（Alain Lipietz）等为代表的"调节学派"也在这一时期兴起。

20世纪90年代以后，随着冷战的结束和经济全球化的不断推进，以及社会主义国家的市场经济实践，对全球资本主义、新自由主义、新帝国主义的分析批判以及对社会主义模式的研究构成了这一时期国外马克思主义政治经济学研究的主要问题。阿明的《全球化的挑战》（1996）和《资本主义的幽灵》（1999年）、伊藤诚（Makato Itoh）和考斯达斯·拉帕维查斯（Costas Lapavitsas）的《货币金融政治经济学》、戴维·佩珀（David Pepper)的《生态社会主义——从深层生态学到社会主义》（1993）、约翰·贝拉米·福斯特（John Bellamy Foster）的《马克思的生态学：唯物主义与自然》（2000），以及大卫·哈维（David Harvy）的《新帝国主义论》（2005）与艾伦·梅克辛斯·伍德（Ellen Meiksins Wood）的《资本的帝国》（2005），都是这一期的代表性成果。

2008年世界经济危机以来，国外马克思主义政治经济学研究的热潮开始出现，这一时期的主要研究内容为马克思主义政治经济学的当代价值，推进了剥削理论、阶级理论、资本积累理论、社会再生产理论的研究，学者们围绕新自由主义批判、金融化问题、资本主义生态危机和帝国主义问题展开了研究。新冠疫情进一步加剧了当代资本主义的系统性危机，在此背景下，国外马克思主义政治经济学学者始终以现实问题为导向，回归马克思主义政治经济学经典理论，研究全球经济问题。

二、国外马克思主义政治经济学对中国特色社会主义政治经济学研究的借鉴与启示

国外马克思主义政治经济学学者坚持以现实问题为导向，坚持马克思主义政治经济学经典理论，坚持了理论研究与现实问题研究的统一，对于中国特色社会主义政治经济学研究具有借鉴意义。我国经济发展进入新阶段，2015年11月，习近平总书记在主持中共中央政治局第二十八次集体学习时强调，要立足我国国情和我国发展实践，揭示新特点新规律，提炼和总结我国经济发展实践的规律性成果，把实践经验上升为系统化的经济学说，不断开拓当代中国马克思主义政治经济学新境界。在目前我们研究中国特色社会主义政治经济学、开拓马克思主义政治经济学新境界的过程中，可以从国外马克思主义政治经济学中吸收思想借鉴。

1. 坚持问题导向，研究中国经济发展的新问题新情况

国外马克思主义政治经济学依据当代资本主义的新变化，研究了资本主义经济发展的新问题。我国经济发展进入了新阶段，也出现了许多新问

题、新情况和新矛盾。借鉴国外马克思主义政治经济学，对于中国特色社会主义政治经济学研究来说，非常重要的就是对我国经济结构转变的理解，必须在分清经济结构转变过程中出现问题的不同层次和不同性质的基础上，提出相应的对策来解决问题。

2. 借鉴国外马克思主义政治经济学研究的新进展，概括总结新材料新事实

要重视对新中国经济建设特别是改革开放以来新材料新事实的研究，进而概括总结为系统化的经济学说。2013年6月，习近平总书记在十八届中央政治局第七次集体学习时的讲话中强调："在对历史的深入思考中做好现实工作、更好走向未来，不断交出坚持和发展中国特色社会主义的合格答卷。"我国经济发展进入新常态，出现了许多新问题新情况，也出现了许多新的事实材料。中国特色社会主义政治经济学的创新发展需要系统概括总结这些新的事实材料，探索新常态下经济发展和经济运行的新规律，并把它们上升为当代中国马克思主义政治经济学理论。

3. 借鉴国外马克思主义政治经济学研究的新进展，提炼升华新理论新话语

理论是对现实生活的反映、对实践经验的升华，理论必然要随着实践发展而发展。中国特色社会主义政治经济学的创新发展要在坚持马克思主义政治经济学基本原理的基础上，依据马克思主义政治经济学与时俱进的特征，依据不断发展变化的经济实践，推动当代中国马克思主义政治经济学创新发展。依据新问题、新情况、新矛盾和新事实，不断提炼形成新的当代中国马克思主义政治经济学理论。从中国经济改革、发展和运行的事实中概括出具有中国特色、体现时代特点和世界发展趋势的马克思主义政治经济学的概念、范畴、论断和基本规律，并能形成同世界对话的政治经济学理论体系和话语体系。

三、国外马克思主义政治经济学译丛的形成

2013年,法国调节学派的创始人之一罗伯特·博耶(Robert Boyer)教授来西北大学经济管理学院讲学,做了三场报告,在此次学术交流中,我们发现了法国调节学派的理论价值。次年法国调节学派的会议在巴黎召开,国内许多政治经济学研究者和马克思主义研究者参加了大会,我和康蓉老师也投了稿,文章入选了大会,但是我由于其他事务的耽误未能成行,康蓉老师代替我参加了会议,并作了大会发言。从此,我们就和法国调节学派建立了联系。

罗伯特·博耶教授退休以后,他介绍法国里尔一大的弗洛朗丝·雅尼–卡特里斯(Florence Jany–Catrice)教授和我们联系。2016年,我们通过国家外专局聘任弗洛朗丝·雅尼–卡特里斯教授为我院的专家,在我院做了三次讲座,在讲座期间聘任她为我院的兼职教授,我和她就调节学派和中国特色社会主义政治经济学的相关问题进行了对话,其间她送了自己的三部著作给我,我读了以后深受启发,萌生了翻译的想法,于是委托康蓉老师联系翻译事宜,经过紧张的工作,完成了"法国调节学派学术译丛"的出版,首先出版了弗洛朗丝·雅尼–卡特里斯教授的《财富新指标》《总体绩效:资本主义新精神?》《经济增长值得期待吗?》三部著作,这三部著作翻译出版以后,在国内产生了比较大的影响,许多马克思主义政治经济学的学者鼓励我们继续进行翻译和介绍。与此同时,弗洛朗丝·雅尼–卡特里斯教授又给我们介绍了三部著作:罗伯特·博耶教授的《资本主义政治经济学:调节与危机理论》、贝尔纳·沙旺斯的《制度经济学》、皮埃尔·阿拉里等的《法国货币理论文选汇编》,我们发现这些书的内容非常好,于是在原来三部的基础上,把"法国调节学派学术译丛"扩大到六部。

2019年,在我牵头下,西北大学经济管理学院与教育部人文社会科学

重点研究基地成功获批了科技部、教育部"高等学校学科创新引智计划"（111计划）"国外马克思主义与中国特色社会主义政治经济学学科创新引智基地"，这个基地就是以法国调节学派的学术译丛和2013年以来与法国调节学派的学术联系为基础而建立的。同时，弗洛朗丝·雅尼-卡特里斯教授又给我们介绍了四部研究2008年世界金融危机的政治经济学著作，围绕111引智基地建设，形成了"国外马克思主义政治经济学译丛"，本套丛书包括《危机中的希腊资本主义——以马克思主义视角分析》《危机理论和西班牙经济大衰退》《通胀度量的政治经济学：基于法国案例的分析》和《化石资本：蒸汽动力的崛起与全球变暖的根源》。

四、《危机中的希腊资本主义——以马克思主义视角分析》译介

《危机中的希腊资本主义——以马克思主义视角分析》一书是"国外马克思主义政治经济学译丛"中的一部，主要运用政治经济学理论研究希腊资本主义危机。2008年的美国次贷危机以及由此引发的全球金融危机也对希腊产生了巨大冲击，造成了希腊资本主义的危机。希腊经济作为欧元区危机的主要震中之一，受到国际社会的广泛关注，希腊资本主义危机爆发后，从各种经济角度讨论其性质、成因以及应对危机的经济政策的著作层出不穷。主流经济学提供了支持资本主义制度的解释和政策建议。激进的政治经济学分析认识到了资本主义容易发生危机的本质，将危机归咎于希腊和欧洲各国政府，批评了欧洲货币联盟的新自由主义架构，并主张其解体或彻底改革。

本书认为，马克思主义政治经济学方法更现实地把握了希腊资本主义的现实及其危机，强调生产领域在整个资本循环（生产—交换—分配）中的首要地位，可以认识到渗透进希腊资本主义并导致其发生当前危机的深层结构性问题。本书认为希腊资本主义危机与2007—2008年的全球危机有关，且两者都与利润率相关，将希腊危机的根源归结于生产领域的问题。

一是认为2007—2008年的全球危机是一场马克思式的危机,从根本上看不是金融危机。二是除了希腊问题的"内部"方面,在欧盟内部存在帝国主义剥削关系,这种关系将欧盟分为北方(欧元区核心)经济体和南方(欧元区外围)经济体。

《危机中的希腊资本主义——以马克思主义视角分析》全书共分为三篇。

第一篇是对希腊问题的主流和非主流分析的评论。包括批评对于希腊问题持主流以及激进观点和解释的章节。第一篇包括五章内容。第一章对希腊危机的主流解释进行了批判,区分了三种主要观点。第二章实证检验了希腊的公共赤字和累积公共债务是否应该由工人阶级负责。研究表明对劳动力收入的补贴并非造成希腊财政危机的原因。第三章对"过度加薪导致了危机"这一主流口号进行了批判。第四章分析了欧盟、国际货币基金组织关于希腊问题的战略,分析了"三巨头"的经济调整方案。第五章对金融化分析提出了批评,认为这是对希腊危机的一种不切实际的解释。

第二篇收集了各种马克思主义对希腊危机的解释。第二篇包括三章内容。第六章讨论了战后希腊经济的利润率下降的规律,运用计量经济学方法对该时期马克思主义变量和净利润率存在的下降趋势进行了检验。第七章对希腊经济和危机进行了实证研究,得出三个主要结论:一是希腊的债务危机本质上是一场竞争力危机。二是推翻了国际竞争压力对希腊经济的利润率至关重要这一假设,理由是后者主要集中在不受国际竞争影响的生产性部门(非贸易商品和服务)。三是"三巨头"的紧缩政策之后的大萧条导致希腊盈利能力急剧下降,这主要是由于激活了危机中消费不足的因素。第八章对战后希腊经济的发展进行了实证研究,认为利润率下降趋势在1973年和2007—2008年的希腊经济危机中均发挥了作用。

第三篇研究了希腊经济特定方面的问题,如危机、贫困和劳动力市场。第三批包括三章内容。第九章探讨了当前经济危机和紧缩计划对希腊社会不平等和贫困的影响。认为经济危机对贫困和匮乏的破坏性影响更广泛，超过了失业率的增加和 GDP 的萎缩。第十章考察了劳动力市场的状况。认为危机和新保守主义政策以牺牲工人的利益为代价，推动了劳动力市场的重大结构调整。第十一章研究了当代受危机冲击的希腊地区在紧缩措施背景下非典型就业情况的变化。

《危机中的希腊资本主义——以马克思主义视角分析》一书也是马克思主义政治经济学研究希腊资本主义的著作，由 11 位作者集体完成，本书的特点是依据马克思主义政治经济学理论来研究希腊资本主义危机，在分析和评价对希腊资本主义危机中各种解释的基础上，形成自己的理论解释，并采取实证分析方法提出自己的观点。本书在理论上对于中国特色社会主义政治经济学的研究具有借鉴意义，而且在实践上对于防范和化解房地产风险和金融风险具有现实意义。

本书是 111 引智基地"国外马克思主义政治经济学与中国特色社会主义政治经济学"的阶段性引智成果，该书的翻译，感谢弗洛朗丝·雅尼-卡特里斯教授与我们的合作，她在版权授权方面做了积极的努力。感谢西北大学经济管理学院副院长康蓉副教授在我们与调节学派的联系方面所做的辛勤工作。同时感谢西北大学科研处、社科处、学科办、外事处以及教育部人文社会科学重点研究基地——西北大学中国西部经济发展研究中心在各项工作中的支持。而且感谢中国经济出版社贺静编辑的辛勤工作。

撰稿人 | GREEK CAPITALISM IN CRISIS MARXIST ANALYSES

乔治·安德鲁拉基斯（George Androulakis），希腊帕特雷大学（University of Patras）工商管理系副教授，研究领域为定量方法，本科和研究生阶段于帕特雷大学攻读数学专业，博士学位论文是关于有限制条件或无限制条件的专业优化函数。他的研究领域集中在通过将计算智能优化方法应用于实际或理论问题，如教育中的神经网络、投资组合管理、寻找最佳龙格—库塔（Runge-Kutta）方法、寻找最佳时点序列等；也应用于建立与管理科学相关问题模型的定量方法，如影响电子商务、IT外包流程的因素模型，使用计算机的知识和（或）技能自动测试的定量指标和特点，来开发优化函数的新方法。他是希腊马克思主义研究协会的成员。

乔治·埃科诺梅基斯（George Economakis），帕特雷大学工商管理系政治经济学副教授，曾就读于雅典大学（University of Athens）经济学系（于1984年获得经济学学士学位）、派迪昂政治经济大学（Panteion University of Social and Political Sciences）（于1998年获得区域发展理学硕士学位和政治经济学博士学位）。他是希腊政治经济学协会和希腊马克思主义研究协会的成员。他曾在多家学术期刊上发表文章，并与他人合著多部著作。

斯泰利奥斯·贾利斯（Stelios Gialis），爱琴大学（University of the Aegean）地理系副教授，同时就职于美国佐治亚大学（University of Georgia）和希腊开放大学（Hellenic Open University），1996年毕业于塞萨洛尼基亚里士多德大学（Aristotle University of Thessaloniki）农村和测量工程专业，并于2004年在塞萨洛尼基亚里士多德大学理工学院获得经济地理与区域发展学博士学位。他在经济和劳动力地理学、区域发展、水资源管理（水资源私有化问题）和地理信息系统方面拥有多年的研究和教学经验，目前正在进行博士后研究项目，这项研究由希腊研究与技术总秘书处和欧盟共同资助。他曾在《国际城市与区域研究杂志》（International Journal of Urban and Regional Research）、《人文地理学：一种新的激进地理学杂志》（Human Geography: A New Radical Journal of Geography）、《移民信》（Migration Letters）、《资本主义—自然—社会主义》（Capitalism-Nature-Socialism）等学术期刊上发表文章。他是希腊政治经济学协会和希腊马克思主义研究协会的成员。

亚历克西斯·约安尼季斯（Alexis Ioannides），色雷斯德谟克利特大学（Democritus University of Thrace）社会管理系劳动经济学副教授，于马其顿大学（University of Macedonia）经济学系获得经济学硕士和博士学位，于塞萨洛尼基亚里士多德大学物理系获得物理学学士学位。他的研究兴趣集中在劳动经济学和社会政策领域，包括工作时间的确定、工资差异、劳动力市场的灵活性和流动性；其他研究领域包括政治经济学、劳动价值理论以及计量经济学和统计学方法。他还著有一本劳动经济学著作，并在科学期刊上发表了数篇文章和作品集。他是希腊政治经济学协会和希腊马克思主义研究协会的成员。

萨纳西斯·马尼亚蒂斯（Thanasis Maniatis），希腊雅典大学经济学系副教授，在本科和研究生课程中教授马克思主义政治经济学。他在《激进政治经济学评论》（Review of Radical Political Economics）、《资本与阶级》（Capital and Class）、《剑桥经济学杂志》（Cambridge Journal of Economics）和《政治经济学评论》（Review of Political Economy）等期刊上发表了关于劳动价值理论、生产性和非生产性劳动、危机理论、美国和希腊经济中的马克思主义范畴、绝对贫困的测量、福利国家和社会工资的文章。他是希腊政治经济学协会和希腊马克思主义研究协会的成员。他的研究领域包括从马克思主义角度出发对当前的危机进行实证调查、估计发达资本主义经济体的绝对贫困以及福利国家的作用。

玛丽亚·马卡基（Maria Markaki），曾就读于雅典国家技术大学（National Technical University of Athens）机械工程学院（2002 年获得机械工程学士学位），并于雅典国家技术大学应用数学与物理科学学院获得经济学博士学位，现为雅典国家技术大学理论与应用经济学实验室研究员，曾在诸多学术期刊上发表文章。她是希腊政治经济学协会（2012—2013 年董事会成员）和希腊马克思主义研究协会的成员。

斯塔夫罗斯·马夫鲁迪斯（Stavros Mavroudeas），马其顿大学政治经济学教授，曾就读于雅典国立卡波蒂斯坦大学（National and Capodistrian University of Athens）经济系，获得经济学学士学位（1985 年获一等荣誉）；于伦敦大学东方与非洲研究学院（School of Oriental and African Studies, University of London，SOAS）获得经济学硕士学位（1986 年）；于伦敦

大学伯克贝克学院获得博士学位（1990年）。他曾在马其顿大学经济学系担任政治经济学讲师（1992—1996年）、助理教授（1996年）、副教授（2002—2013年）和教授（2013年至今），教学和研究领域包括政治经济学、经济思想史、劳动经济学、经济增长和发展经济学，曾在《政治经济学评论》（Review of Political Economy）、《激进政治经济学评论》（Review of Radical Political Economics）、《科学与社会》（Science and Society）、《国际批判思想》（International Critical Thought）、《应用经济学》（Economie Appliquee）、《资本主义自然社会主义》（Capitalism Nature Socialism）和《国际多元主义与经济教育杂志》（International Journal of Pluralism and Economics Education）等多家学术期刊发表文章，并撰有多部英文和希腊文著作〔如《监管的限度》（The Limits of Regulation）——爱德华·埃尔加（Edward Elgar）〕，以及合著中的诸多章节。他是希腊政治经济学协会的创始成员，并在其董事会担任秘书（2009—2013年），同时也是希腊马克思主义研究协会的成员。

季米特里斯·帕伊塔里蒂斯（Dimitris Paitaridis），曾就读于潘泰恩大学（Panteion University）公共管理系，2003年获得公共经济学学士学位；于马其顿大学经济系，2005年获得经济学硕士学位，2012年获得经济学博士学位。他是潘泰恩大学公共管理系兼职教师，在本科和硕士生课程中教授宏观经济学。他曾在《政治经济学研究》（Research in Political Economy）、《激进政治经济学评论》（Review of Radical Political Economics）和《国际社会经济学杂志》（International Journal of Social Economics）等多家学术期刊上发表文章，研究领域包括政治经济学的理论和实证问题以及经济思想史。他是希腊政治经济学协会的成员。

德莫帕尼斯·帕帕达托斯（Demophanes Papadatos），希腊潘泰恩大学公共管理系兼职教师，教授经济学课程，曾就读于潘泰恩大学经济和区域发展系，获得经济和区域发展学士学位；于美国社会研究新学院（New School for Social Research）经济学系获得经济学硕士学位；于英国伦敦大学东方与非洲研究学院获得经济学博士学位。他在国际学术期刊和合集上发表过文章，研究领域包括金融、货币理论以及经济发展和宏观经济学。他同时任职于希腊银行部门，也是希腊政治经济学协会和希腊马克思主义研究协会的成员。

赫里斯托斯·帕帕塞奥佐卢（Christos Papatheodorou），色雷斯德谟克利特大学社会管理系社会政策学教授，2010年以来，一直担任"社会政策、贫困和不平等"研究单位（希腊劳工总联合会劳动研究所）的负责人。他毕业于雅典大学经济科学系经济学专业（获一级荣誉），获得巴斯大学（University of Bath）社会政策分析硕士学位、伦敦政治经济学院（London School of Economics and Political Science）博士学位，雅典大学经济学博士学位，并且是伦敦政经——三得利-丰田经济学及相关学科国际研究中心（LSE-STICERD）的博士后研究员和雅典国家社会研究中心社会政策研究所的研究员，希腊贫困、不平等、收入和社会排斥观察中心的高级研究员（2007—2009年）。他是希腊社会政策协会（Hellenic Social Policy Association）的创始人之一，于2010—2011年担任主席，2002—2008年担任董事会成员。他也是希腊政治经济学协会的成员，研究兴趣和著作涉及社会政策中的政治经济学、经济不平等、收入分配和再分配、贫困、社会保障和政府政策的分配影响等领域，作品已发表在图书、学术期刊、研究报告中，并在许多会议上作过报告。

科斯塔斯·帕萨斯（Costas Passas），曾就读于比雷埃夫斯大学（University of Piraeus）海事研究系，获得海事经济学学士学位（2003年）；于雅典大学经济系获得经济学硕士学位（2006年），目前在该系攻读博士学位，同时也是希腊劳工总联合会劳动研究所和公务员联合会（INE/GSEE—ADEDY）的研究助理，研究领域包括政治经济学的理论和实证问题以及经济思想史，曾在《政治经济学评论》（*Review of Political Economics*）等学术期刊上发表文章，并在国家统计局（INE）的出版物上发表各类报告。他是希腊政治经济学协会的成员。

序言 | GREEK CAPITALISM IN CRISIS MARXIST ANALYSES

斯塔夫罗斯·马夫鲁迪斯

如今，希腊经济作为欧元区危机的主要震中之一，受到国际社会的广泛关注。也正因如此，人们认为它对世界经济产生的影响与其规模不成比例。

整个事件始于2009年，当时官方和主流评论员突然"发现"希腊经济正处于惊人的"双赤字"［财政赤字（FD）和经常账户赤字（CAD）］水平。此前在很长一段时间内，希腊的财政赤字和公共债务都居高不下，但能通过内部或（和）外部借款融资，并没有出现严重问题。希腊加入欧洲货币联盟（EMU）后，其财政赤字和公共债务均受到《马斯特里赫特条约》（*Maastricht Treaty*）的约束。然而，不仅是希腊，几乎所有其他欧洲货币联盟国家也都违反了这些规定，因为事实证明，这些限制性规定很难维持。新当选的政府在内部和外部就"希腊统计"问题（历届政府对统计数据的操纵）的谈判过程中，上调了对希腊财政赤字的估计，希腊债务危机爆发。这引发了国际市场对希腊履行债务能力的信任危机，导致债券收益率（尤其是与德国长期国债相关的）利差扩大，信用违约掉期（CDS）的风险保险成本增加。2010年4月，国际信用评级机构将希腊政府债务降级为垃圾债券，这就意味着国际私人资本市场实际上已不再为希腊主权债务提供资金。希腊政府请求欧盟提供援助，其形式为两个援助方案［经济调整方案（EAP）］，分别被概括进希腊政府和所谓的"三巨头"［欧盟（EU）、欧洲央行（ECB）和国际货币基金组织（IMF）经过深思熟虑参与了这项方案］签署的谅解备忘录（MOU）中。尽管第一个方案经过反复修改，但显然还是失败了，因此有必要拟订第二个方案。然而，方案二的表现也不尽如人意，同样没有实现阶段性的目标及预期。

"三巨头"和希腊政府商定的经济紧缩和资本主义结构调整政策对希腊经济产生了灾难性的影响。2010—2013年，希腊经济萎缩逾25%，实际人均国内生产总值（GDP）每年下降5.96%。这一调整的负担落在了工人阶级和中产阶级身上：工资减少了35%～40%，由于政府放松了对劳动力市场的管制，解雇限制放宽，临时工和无薪工作增加，官方失业率从12.6%（2010年）跃升至28%（2013年）。

希腊资本主义危机一经爆发，各种从经济角度讨论其性质、成因以及应对危机的经济政策的著作层出不穷。主流分析（来自主流经济学）提供了旨在支持资本主义制度的解释和政策建议。他们的主要任务是为资本主义制度与生俱来的系统不稳定性开脱，并掩饰自己之前对希腊资本主义的乐观描述以及未能预测这场危机的过失。他们中的大多数人提出了将工人阶级定为危机罪魁祸首的解释，并支持"三巨头"的资本主义结构调整战略，少数人表达了反对意见，主要是针对欧洲货币联盟（EMU）的缺陷，但也只是建议修改资本主义结构调整战略。此外，主流观点没有认识到希腊资本主义危机的根本结构层面，而是将其归结为政策失误和（或）薄弱的结构性缺陷，最重要的是，他们认为希腊危机与2007—2008年的全球经济危机无关，而且后者仅是一场金融危机。

另外，激进的政治经济学分析（源于后凯恩斯主义和马克思—凯恩斯主义的观点）大量涌现。这些研究认识到了资本主义容易发生经济危机的本质，并将危机归咎于希腊和欧洲各国政府。他们还批评了欧洲货币联盟的新自由主义架构，并主张将其解体或彻底改革。然而，他们并没有提出向社会主义过渡的战略，而是把重点放在推翻新自由主义上。并且，大多数激进派的分析都将危机归结于金融化论，他们只关注货币领域而过分忽视了生产领域。因此，虽然他们将希腊危机与2007—2008年的全球经济危机联系起来，但普遍认为后者只是一场金融危机（与主流分析类似）。此外，他们完全无视资本主义运作方式的关键要素，这些要素在他们的分析中没有起到任何作用。正因如此，他们对希腊危机的解释也只停留在薄弱的结构性成因的层面，其政策建议同样是短视的。

本书所包含的章节则持有不同的观点。本书认为，古典马克思主义政治经济学方法更现实地把握了希腊资本主义的现实及其危机，它强调生产领域在整个资本循环（生产—交换—分配）中的首要地位，同时可以认识到渗透进希腊资本主义（甚至是在其表面上成功的时期）并导致其发生当前危机的深层结构性问题。与主流和激进的方法相反，利润率问题理所当然地成为这一分析的核心。由此得出，希腊资本主义危机与2007—2008年的全球经济危机有关，且两者都与利润率相关。因此，马克思主义政治经济学者将希腊危机的根源归结于生产领域的问题，从而提供了一种强有力的结构上的解释。具体地说，他们识别出两个主要的结构上的因素。首先，2007—2008年的经济危机是一场马克思式的危机［源于利润率下降趋势（TRPF）］，在根本上不是金融危机，这代表了希腊危机的"内部"原因。其次，他们表明除了希腊问题的"内部"原因，还有一个"外部"原因。这表现在欧盟内部存在帝国主义剥削关系（广泛的不平等交换），这种关系将欧盟分为北方（欧元区核心）和南方（欧元区外围）经济体。希腊显然属于后者，并承担着其后果。最后，本书中的分析普遍认为，为了使希腊的大多数劳动者受益，摆脱危机必须遵循一个通往社会主义经济的过渡性方案。

本书共分为三篇。第一篇"对希腊问题的主流和非主流分析的评论"

包括批评对于希腊问题持主流以及激进观点和解释的章节。第二篇"马克思主义对希腊危机的解释"收集了对希腊危机的研究，这些研究运用了区别于新古典主义、凯恩斯主义和激进政治经济学的古典马克思主义政治经济学的方法论以及分析与实证工具，具体地说，是将重点放在生产领域和利润率上。第三篇"危机、贫困和劳动力市场"包括研究希腊经济特定方面的章节，如贫困和匮乏、劳动力市场、非典型就业和区域问题。

第一篇包括五章。第一章"希腊危机的主流解读：制造愤怒？"中，斯塔夫罗斯·马夫鲁迪斯和季米特里斯·帕伊塔里蒂斯对希腊危机的主流解释进行了批判。他们区分了三种主要的观点：第一种观点，希腊挥霍无度的"疾病"导致了"双赤字"；第二种观点，欧洲货币联盟结构上的缺陷（非最优货币区）加剧了希腊的罪恶，且这种缺陷无法矫正；第三种观点，欧洲货币联盟的缺陷是可以纠正的。结果表明，所有观点都坚持"双赤字"假说（TDH），并认为工资的过快增长是导致财政赤字（FD）和经常账户赤字（CAD）的罪魁祸首。之后他们研究了主流学派的解释为何会在分析上失败，因为他们没有恰当地解释2007—2008年全球经济危机以及希腊危机深层次结构上的原因。此外，关于"双赤字"假说的有效性和工资增长的因果作用也存在争议。

第二章"希腊的财政危机：谁的错？"中，萨纳西斯·马尼亚蒂斯实证检验了希腊的公共赤字和累积公共债务是否应该由工人阶级负责。通过从源于公共支出的劳动福利中减去劳动税，估算出1995—2011年工人阶级获得的社会净工资。社会净工资率表示社会净工资占GDP的百分比，揭示了工人的净财政状况（或正或负）对整个体系的重要性。结果显示，在考察年份中，社会净工资几乎总是为负数，这表明对劳动力收入的补贴并非造成希腊财政危机的原因。

萨纳西斯·马尼亚蒂斯和科斯塔斯·帕萨斯在合著的第三章"解释希腊经济中不断扩大的工资—生产率差距"中，对"过度加薪导致了危机"

这一主流口号又一次进行了批判。他们证明，在紧随20世纪70年代滞胀危机的新自由主义时期，新生产价值的分配向资本一方转移。他们从计量经济学的角度研究了1986—2008年新自由主义时期希腊经济中收入分配转变背后的因素，其表现为工资—生产率差距的扩大和由此导致的剩余价值率的增加。正如预期，生产资本化、贸易开放度和消费者通胀率提高，特别是工会化率下降等，解释了工资与生产率差距的扩大。

德莫帕尼斯·帕帕达托斯撰写的第四章"欧盟—国际货币基金组织关于希腊问题的备忘录——针对希腊资本主义的一套有问题的战略"分析了"三巨头"的经济调整方案，具体地说，本章认为该套方案是对国际货币基金组织结构调整方案的一种特殊的修订。尽管最初的方案已经是顺周期性的紧缩方案，但希腊的经济调整方案则更甚，因为它们是前紧后松式的，而且缺乏债务重组（最初的版本）和货币贬值这两大支柱。这不仅解释了它们造成比预期更严重的衰退的原因，还说明了一直未能达到预期和阶段性目标的原因。帕帕达托斯表明，希腊资本与国际资本合作，正试图实施一项严苛的战略，以解决其巨额债务的可持续性问题，同时，即使处于全球经济危机当中，也要将自己从国家主导的资本主义体制转变为私营部门主导的资本主义体制。然而，这一结构调整战略却远远超出了其历史和社会界限为希腊社会的革命进程所创造的客观条件。

第五章"金融化与希腊案例"中，斯塔夫罗斯·马夫鲁迪斯对金融化分析提出了批评，认为是它主导了激进派对于希腊危机的解释。首先，他认为金融化这一论点因夸大金融在现代资本主义中的重要性，以及错误地发现"金融主导型"资本主义这一新时期或新阶段而受到质疑。其次，他对希腊危机的三种主要的金融化解释进行了批评，认为它们没有把握住实体经济的重要性，并对希腊经济提出了错误和（或）未经证实的主张。最后，研究表明，所谓的金融化渠道，在希腊经济中过于薄弱和短命，因此，金融化解释只是从外部引入了金融化（作为2007—2008年危机的影响)。本书认为，这是对希腊危机的一种不切实际的解释。

第二篇包括三章。第六章"战后希腊经济中利润率趋于下降的规律"由萨纳西斯·马尼亚蒂斯和科斯塔斯·帕萨斯撰写，讨论了战后希腊经济中利润率趋于下降的规律。他们对1958—2009年主要马克思主义变量进行了估计，并概述和讨论了资本积累和增长的不同阶段。随后，运用计量经济学方法对该时期马克思主义变量和净利润率存在的下降趋势进行检验。事实证明，资本有机构成决定了利润率的变动。两种利润率指标（马克思主义利润率和净利润率）在统计学上均呈现出显著的负增长趋势，这为战后在希腊经济中呈现出的利润率趋于下降的规律提供了实证支撑。

乔治·埃科诺梅基斯、乔治·安德鲁拉基斯和玛丽亚·马卡基在第七章"1960—2012年希腊经济中的利润率与危机：一项调查"中对希腊经济及其危机进行了实证研究，得出三个主要结论。首先，希腊的债务危机本质上是一场竞争力危机。其次，推翻了国际竞争压力对希腊经济中的利润率至关重要这一假设，理由是后者主要集中在不受国际竞争影响的生产性部门（非贸易商品和服务）。最后，研究发现，"三巨头"的紧缩政策之后的大萧条导致希腊盈利能力急剧下降，这主要是由于激活了危机中消费不足这一因素。

在本篇的第三章（本书第八章）"希腊危机——一场过度积累与帝国主义剥削的双重危机"中，斯塔夫罗斯·马夫鲁迪斯和季米特里斯·帕伊塔里蒂斯对战后希腊经济的发展进行了实证研究。研究发现，利润率下降趋势（TPRF）在1973年和2007—2008年的希腊经济危机中均发挥了作用。此外，研究认为，希腊危机有两个相互关联的结构性原因。内部原因是2007—2008年爆发的希腊资本主义过度积累危机。这源于1974年经济危机后开始的利润率下降趋势，军事独裁政权的垮台加剧了该趋势，而随后的新保守主义结构政策也没有彻底解决该问题。外部原因是希腊资本参与欧洲帝国主义一体化工程这一当代"伟大构想"的失败。希腊的资本主义并没有从中等的第二代资本主义上升为一流帝国主义，而是在国际分工中被降级了。综合起来的结果就是当前希腊资本主义的危机。

本书最后一篇由三章组成。赫里斯托斯·帕帕塞奥佐卢撰写的第九章"希腊的经济危机、贫困和被剥夺——新自由主义补救措施的影响"探讨了当前经济危机和紧缩计划对希腊社会不平等和贫困的影响。分析显示，在公共话语中关于危机和贫困的主导观点，都服务于使新自由主义补救措施合法化，并坚持认为这些措施为希腊经济问题提供了正确的解决办法，但这些观点在实证上并不可靠。研究表明，经济危机对贫困和匮乏的破坏性影响更加广泛，超过了失业率的增加和GDP的萎缩。这些影响被"三巨头"的补救政策放大而不是加以纠正，这些措施加强了财政纪律，减少了公共支出，特别是在社会保障和放松对劳动力市场的管制方面。

亚历克西斯·约安尼季斯撰写的第十章"危机前后希腊就业与失业状况的比较研究"考察了劳动力市场的状况，结果表明，危机和新保守主义政策以牺牲工人的利益为代价，推动了劳动力市场的重大结构调整。该研究证明失业率远高于官方公布的统计数据，额外的隐性失业通过劳动力调查微观数据（Labor Force Survey Micro–data）被估算出来。异常高的失业率使工人在所有领域的状况进一步恶化。因此，事实证明，与以往相比，工人被迫无偿加班更长的时间，同时带薪工作时间却比他们希望的要少。这些事实削弱了新古典主义对劳动力市场运作的解释，并为马克思主义解释提供了合理性。

斯泰利奥斯·贾利斯撰写的第十一章"衰退和非典型就业——关注当代希腊大都市区"研究了当代受危机冲击的希腊大都市区在紧缩措施背景下非典型就业情况的变化。与主流说法相反，本章认为，希腊各地区的问题不在于它们没有充分融入全球资本主义经济，而是它们未免融入得太过头了。这一点通过对希腊地区非典型就业情况进行探究得到证实，该研究运用了关于兼职工作、临时工作、自营职业和家庭工作的最新数据，并将其与长期稳定的就业和失业的变化联系起来。这些调查结果是在希腊经济的历史特点以及过去几十年中对其劳动力市场和福利结构进行结构调整的背景下讨论的。

目录 | GREEK CAPITALISM IN CRISIS MARXIST ANALYSES

第一篇 对希腊问题的主流和非主流分析的评论

第一章 希腊危机的主流解读：制造愤怒？
斯塔夫罗斯·马夫鲁迪斯和季米特里斯·帕伊塔里蒂斯 // 3

第二章 希腊的财政危机：谁的错？
萨纳西斯·马尼亚蒂斯 // 37

第三章 解释希腊经济中不断扩大的工资—生产率差距
萨纳西斯·马尼亚蒂斯和科斯塔斯·帕萨斯 // 60

第四章 欧盟—国际货币基金组织关于希腊问题的备忘录
——针对希腊资本主义的一套有问题的战略
德莫帕尼斯·帕帕达托斯 // 79

第五章 金融化与希腊案例
斯塔夫罗斯·马夫鲁迪斯 // 97

第二篇 马克思主义对希腊危机的解释

第六章 战后希腊经济中利润率趋于下降的规律
萨纳西斯·马尼亚蒂斯和科斯塔斯·帕萨斯 // 129

1

第七章 1960—2012年希腊经济中的利润率与危机：一项调查

乔治·埃科诺梅基斯、乔治·安德鲁拉基斯和玛丽亚·马卡基 // 159

第八章 希腊危机

——一场过度积累与帝国主义剥削的双重危机

斯塔夫罗斯·马夫鲁迪斯和季米特里斯·帕伊塔里蒂斯 // 188

第三篇 危机、贫困和劳动力市场

第九章 希腊的经济危机、贫困和被剥夺

——新自由主义解决方案的影响

赫里斯托斯·帕帕塞奥佐卢 // 219

第十章 危机前后希腊就业与失业状况的比较研究

亚历克西斯·约安尼季斯 // 239

第十一章 衰退和非典型就业

——关注当代希腊大都市区

斯泰利奥斯·贾利斯 // 257

常用缩略语 // 281

译后记 // 285

表目录 | GREEK CAPITALISM IN CRISIS MARXIST ANALYSES

表 2.1　1995—2012 年希腊和欧盟 15 国公共支出、税收和预算赤字占 GDP 的百分比（平均值）……………………………………………… 41

表 2.2　社会净工资术语 ……………………………………………………… 43

表 2.3　国家支出中分配给工薪劳动者的福利 ……………………………… 47

表 2.4　工薪劳动者的纳税份额 ……………………………………………… 48

表 2.5　OECD 国家社会支出占 GDP 的百分比 …………………………… 49

表 2.6　OECD 国家养老金占 GDP 的百分比 ……………………………… 50

表 2.7　1995—2011 年希腊劳工福利率、劳动税率和社会净工资率 …… 51

表 2.8　1995—2011 年希腊社会净工资、公共赤字和公共债务利息（平均值）占 GDP 的百分比 ……………………………………… 53

表 3.1　ADF 单位根检验 ……………………………………………………… 72

表 3.2a　Johansen 迹检验，模型 1 …………………………………………… 72

表 3.2b　Johansen 特征值检验，模型 1 ……………………………………… 73

表 3.3　VECM 模型估计结果，因变量为马克思主义生产率—工资差距：CPI 平减指数 …………………………………………………… 73

表 4.1　希腊第一个经济调整方案的宏观经济框架（年度化）…………… 86

表 4.2　希腊第二个经济调整方案的宏观经济概况（主要特点）………… 86

表 5.1	选定发达经济体的负债和杠杆	118
表 6.1a	ARIMA 估计：AIK	139
表 6.1b	ARIMA 估计：SBIC	139
表 6.1c	ARIMA 估计：HQIC	140
表 6.2a	ARIMA 估计：AIK	143
表 6.2b	ARIMA 估计：SBIC	143
表 6.2c	ARIMA 估计：HQIC	143
表 6.3a	原序列的单位根检验	146
表 6.3b	一阶差分序列的单位根检验	146
表 6.4a	因变量净利润率（r）的估计结果	150
表 6.4b	因变量马克思利润率（R）的估计结果	151
表 6.5	带时间趋势的净利润率回归分析	153
表 6.6	带时间趋势的马克思利润率回归分析	153
表 7.1	贸易品和服务*与非贸易品和服务**的比率（以 2005 年不变价格计算的总增加值）	164
表 7.2	2007—2012 年各变量的百分比变动	178
表 8.1	按耕地使用面积大小分类的农畜业场数（1 stremma = 1000 平方米）	199
表 8.2	各变量的年平均增长率	204
表 10.1	劳动力市场统计数字概览	241
表 10.2	按性别划分的主要劳动力统计数据	242
表 10.3	各年龄段人口失业情况	244
表 10.4	就业不足估计	246
表 10.5	实际失业率估计	248
表 10.6	有偿加班和无偿加班	250

表 10.7　兼职和临时就业 …………………………………………… 252

表 11.1　按部门划分的就业和总增加值（GVA）的总量及变化：希腊的两个大都市区和全国数据（2008—2010 年、2008—2012 年）与欧元区数据（2008—2012 年）的比较 ………………………… 269

表 11.2　就业、失业和非典型就业形式的总量和变化：希腊两个大都市区和全国数据与欧元区数据的比较（2008—2012 年） ……… 270

图目录 | GREEK CAPITALISM IN CRISIS MARXIST ANALYSES

图 1.1　1960—2013 年单位劳动成本、实际单位劳动成本和 GDP 平减指数 …………………………………………………………………… 24

图 2.1　1995—2011 年公共赤字和公共债务占 GDP 的百分比 ………… 39

图 2.2　1995—2011 年劳动税占税收总额的份额和劳工福利占国家支出的份额 …………………………………………………………… 49

图 2.3　1995—2011 年希腊劳工福利率与劳动税率 …………………… 49

图 2.4　1995—2011 年希腊社会净工资率 ……………………………… 52

图 2.5　1995—2011 年希腊军费开支占 GDP 的比率与社会净工资率 … 53

图 2.6　1958—2011 年希腊社会净工资率 ……………………………… 54

图 3.1　1960—2008 年整个私营经济中的劳动生产率和实际小时工资 …………………………………………………………………… 68

图 3.2　1960—2008 年生产性劳动生产率和实际小时工资 …………… 69

图 3.3　经 CPI 指数平减的马克思主义劳动生产率与生产性劳动工资之间的差距 …………………………………………………………… 69

图 3.4　主流（q1）和马克思主义（q2）劳动生产率经 GDP 平减指数平减（基期为 1960 年）……………………………………………… 70

图 3.5　脉冲响应 ………………………………………………………… 74

图 5.1 家庭债务占可支配总收入的百分比 ………………………… 119

图 6.1 1958—2011 年马克思一般利润率（R）和净利润率（r）…… 133

图 6.2 非生产性劳动（ul）与生产性劳动（pl）报酬之比 ………… 133

图 6.3 剩余价值率（S/V）和利润份额（Π/Y）…………………… 134

图 6.4 资本有机构成（$k=K/V$）和物化构成（$k'=K/Y$）………… 136

图 6.5 剩余价值率（S/V）和资本—产出比（K/Y）……………… 136

图 6.6 1960—2011 年净利润率和投资份额（I/GDP）……………… 137

图 6.7 1958—2008 年净利润率、金融和非金融部门净利润率 …… 137

图 6.8 1960—2008 年希腊净利润率序列的 ACF 和 PACF 样本 …… 140

图 6.9 1960—2008 年希腊马克思利润率序列的 ACF 和 PACF 样本

……………………………………………………………………… 142

图 6.10 剥削强度和产出增长之间的散点图 ………………………… 144

图 6.11 实际工资与劳动力价值的偏离和产出增长之间的散点图 …… 145

图 6.12 相对过剩人口（z_3）与净利润率（NETR）………………… 145

图 6.13 资本的相对价格（$z4$）与净利润率（NETR）……………… 146

图 7.1 1960—2013 年希腊经济中经常账户余额和子账户余额占 GDP 的

百分比 …………………………………………………………… 162

图 7.2 1960—2012 年净股本收益 …………………………………… 171

图 7.3 1960—2012 年净股本收益与净产品（或收入）的比率 ……… 171

图 7.4 1960—2012 年净产品（或收入）中的劳动份额 ……………… 172

图 7.5 1960—2012 年劳动生产率和平均劳动报酬 ………………… 173

图 7.6 函数流图 ………………………………………………………… 175

图 7.7 相关性图 ………………………………………………………… 176

图 8.1 雇佣劳动力和雇主占农业总就业人口的百分比 …………… 198

图 8.2 生产率和实际工资 …………………………………………… 200

图 8.3　剩余价值率 ··· 201

图 8.4　资本价值构成 ··· 201

图 8.5　一般利润率 ··· 202

图 8.6　净利润率 ··· 203

图 8.7　以 2005 年价格计算的净利润和净投资 ·························· 204

图 8.8　欧盟 15 国内部的贸易条件（进出口价格比）····················· 206

图 9.1　1994—2011 年希腊和欧盟的贫困率（1995—2012 年的调查）
　　　　··· 224

图 9.2　1994—2011 年（1995—2012 年的调查）欧盟 15 国的平均贫困率
　　　　（贫困线设定为全国等值可支配收入中位数的 60%）·········· 225

图 9.3　基于丹麦的贫困线并根据购买力差异和 2009 年收入进行调整的欧盟贫
　　　　困率（贫困线设定为丹麦等值可支配收入中位数的 60%）······
　　　　··· 226

图 9.4　2008 年（2007 年收入）希腊贫困人口所在家庭户主的就业状况
　　　　··· 228

图 9.5　1994—2009 年（1995—2010 年的调查）欧盟 15 国社会转移支付
　　　　（以现金形式）前后的贫困率平均值··························· 229

图 9.6　2008—2011 年（2009—2012 年的调查）希腊贫困状况 ········· 231

图 9.7　2008—2011 年希腊物质匮乏 ································· 232

图 11.1　2000—2012 年在（a）希腊、（b）阿提卡—雅典和（c）马其顿
　　　　中部—塞萨洛尼基的劳动力、就业和失业情况的绝对变化
　　　　··· 272

第一篇
对希腊问题的主流和非主流分析的评论

第一章

希腊危机的主流解读：制造愤怒？

斯塔夫罗斯·马夫鲁迪斯和季米特里斯·帕伊塔里蒂斯

第一节 引言

自希腊危机爆发以来，官方（包括学术界和政府）纷纷急于提出一系列解释。这种"匆忙"的背后有多种原因。首先，他们要掩盖一个明显的矛盾，即在2007年之前他们对希腊经济扬扬得意的评价——希腊经济增长迅速，在欧盟内有良好的发展前景，与突然面临主权破产威胁之间的矛盾；其次，更重要的是，他们必须证明为拯救希腊资本主义而进行的恶性资本主义结构调整是合理的。这些原因并不排除在解释性和政策上的差异，相反，这些差异不仅存在，而且在很大程度上反映了不同的国际、国家甚至部门利益和资本主义派系。

对希腊危机的官方或主流解释基于主流经济学。主流经济学源于新古典经济学（特别是其核心的新自由主义版本），但在很大程度上，特别是在政策性问题上，也源于新凯恩斯主义（当代保守的凯恩斯主义观点）。事实上，正如我们看到的那样，在政策性问题上，新凯恩斯主义理论［如"双赤字"假说（TDH）、财政乘数的作用］发挥了重要作用。因此，对希腊危机的主流解释来自新古典主义和新凯恩斯主义的观点，特别是来自所谓的"新共识"宏观经济学（New Consensus Macroeconomics），该流派是上述二者的融合［阿雷斯蒂斯（Arestis, 2009）］。

主流解释强调政策性错误，不承认"深层次"的结构性问题（与资本主义制度基本机制有关的问题）是希腊危机的根源。这是典型的主流经济学观点，他们认为资本主义不存在内部不稳定因素，因此危机的发生仅仅是由政策性错误和（或）"微弱的"结构性原因（政策构造的过程和机制而非资本主义基本要素）造成的。此外，主流解释只是肤浅地通过畸形的分析透镜来考虑生产领域，在他们的分析中，利润率没有发挥任何作用。同样，这也是主流经济学（在其新古典主义和凯恩斯主义两个版本中）作为流通领域经济学，其基本性质的衍生物（与作为生产领域经济学的古典和马克思主义政治经济学传统相对）。因此，主流的解释都集中在财政、贸易和经常账户的平衡上，而对希腊经济的生产结构关注甚少。

主流解释在两个同时发生的重要问题上达成一致。首先，它们认为2007—2008年的全球经济危机只是一场金融危机。这意味着，正是世界经济中不受监管的金融自由化的结果造成了不可持续的金融泡沫，它不是根植于生产领域，只是影响了实体经济。这一观点也是主流经济学基本原则的必然结果，即只从交换关系（特别是金融关系）的角度看待一切。此外，该观点便于将危机的责任归咎于某些"不负责任"的代理人（如金融投机者），而不是资本主义制度的基本要素。其次，主流解释将希腊危机与2007—2008年的全球经济危机割裂开来。在前者爆发之时，官方言论正在辩称全球经济危机已经结束，除随后对"二次探底"（危机卷土重来）的合理担忧外。因此，国家官方系统性地表明，全球经济危机并未影响到希腊，因为希腊经济的金融杠杆率低于其他经济体；另外，国际社会希望将世界经济中出现的任何问题都归咎于"国家肇事者"。

本章回顾了对希腊危机的主流解释，将其分为三大类，并在分析性和实证性上对其进行了批判。

（1）第一类认为希腊危机是一种"希腊病"（由特殊的国家政策性错误和结构性缺陷造成）。因此，它主要强调政策性错误，只承认结构性缺陷是这些国家特定政策性错误的结果。这种观点通常是由欧盟主流圈子的权威人士提出的。

（2）第二类通常源于盎格鲁—撒克逊（Anglo-Saxon）的评论家，他们认为无论哪个国家的"疾病"，都是由于欧洲货币联盟的结构性缺陷而导致恶化的［作为一个非最优货币区（OCA），容易受到不对称冲击，从而导致国家的"疾病"恶化］。因此，第二种观点强调了欧洲货币联盟的结构性缺陷。它认为，欧洲货币联盟的根本缺陷无法纠正，其崩溃已是板上钉钉的事。

（3）第三类是前两类观点的折中：政策性驱动（国家疾病）加上欧洲货币联盟可纠正的结构性缺陷。该观点认为，希腊危机的根源在其国家，同时也因欧洲货币联盟现有的缺陷而加剧。不过这些缺陷是可以纠正的。

所有这些观点都因未能理解希腊危机的"深层次"结构性特征而受到批评。这些观点要么将危机归咎于政策性错误，要么只承认"微弱的"结构性原因。第一种观点基于典型的新古典主义应对经济危机的方法，认为希腊危机作为一个特例是由不合理的国家政策造成的。第二种观点认识到了极其"微弱的"结构性原因，该原因主要涉及流通领域（共同货币与各国经济之间的关系），与生产领域本身关系不大；同时认为希腊和欧元区的危机主要与欧洲货币联盟的架构有关。第三种观点也将结构性问题归因于流通领域（与第二种观点相反的是，它认为这些问题是能够被克服的），而忽视了生产领域的问题。因此，所有这三种主流观点都没有认识到当前问题的基本结构层面。根据他们的说法，希腊危机、欧元区主权债务危机以及2007—2008年全球经济危机都与生产领域无关，2007—2008年全球经济危机只是一场金融危机，与实际积累毫无关系。但一个更有说服力的解释则应该提及生产领域中出现的更深层次的结构性问题。

随着时间的推移，对希腊危机的主流解释从一元论演变为多元解释，其中比较明确的解释通常将危机根源归结为两类：①内部原因（如过高的公共支出、薄弱的税收机制、腐败）；②外部原因（如欧洲货币联盟的缺陷、2007—2008年全球经济危机的影响）。即便如此，在那些折中解释的背后仍然隐藏着前述三种观点（或它们的组合）。

此外，绝大多数主流解释，无论它们之间是否存在差异，最终都是通过"双赤字"假说的视角来理解希腊危机的内部原因，这是它们的核心分析手段，因为它们都将希腊危机简单地定义为一场由外债危机演变而来的（财政）债务危机（总而言之，只是一场债务危机）。工资被认为是引发财政赤字和经常账户赤字的主要因素，典型的论点是，希腊名义单位劳动成本（ULC）的增长速度高于欧洲其他国家，因此它们使财政赤字和经常账户赤字都恶化了，甚至那些强调竞争力下降而不是财政赤字恶化的人也把责任推到了工资上。

这一论点存在许多众所周知的问题。首先，大量文献对名义单位劳动成本是否是衡量竞争力的一个令人信服的标准提出了争议；其次，正如卡尔多（Kaldor）悖论所言，不是只有工资的下降才带来竞争力的提升，相反，竞争力不仅取决于成本（成本竞争力），还取决于质量因素（结构竞争力）；最后，希腊的工资涨幅并不算高，因为劳动生产率的增长速度比其他较发达的欧洲经济体快，工资水平却始终落后于生产率的增长，因此希腊实际单位劳动成本（产出中的工资份额）几十年来一直在持续下降。

有关希腊危机的主流解释还存在更广泛的问题。首先，他们完全低估了2007—2008年资本主义经济危机在危腊危机中所扮演的角色。如前所述，人们一致认为这只是一场金融危机，没有实际积累领域的根源和原因。其次，他们认为希腊危机是独立于2007—2008年全球经济危机的。后者只是通过恶化国际经济环境、引发对主权债务的灰色预期，从而对希腊经济产生了外生影响。

本章结构如下：第二节至第四节分析了主流解释的三个主要类别，第五节对主流解释的分析和实证论点进行了批判，第六节是本章的结论。

第二节 "希腊病"

第一种主流解释的变体认为，希腊危机是特殊的国家政策性错误和结构性缺陷的结果，因此可以将其称为"希腊病"。然而，随着事态的发展，如今该解释已经变得有些玄乎。在希腊危机爆发之初和欧元区危机爆发之前，这种说法就被大肆宣扬。最初的版本主要是以公共部门为中心，因为大体上看是公共部门受到了第一个经济调整方案的攻击，在第一个经济调整方案被审查之后，私营部门也受到攻击，这个解释便被扩展到整个希腊经济。简言之，这一主流解释将希腊的"疾病"认定为是由希腊经济的两大缺陷引发的：借贷融资带来的持续巨额的财政赤字（造成巨额外债）和竞争力的下降。它认为，这些缺陷是由希腊特殊的国家特征（特殊的政策性错误和结构性缺陷）造成的，即这是希腊的一种"疾病"，因此它主要强调的是政策性错误，并且只承认结构性缺陷是这些国家特定政策性错误的结果。这一主流解释主要由欧盟、欧洲央行、欧元区核心国家的评论员和智囊团提出，也包括签署和支持"三巨头"经济调整方案的希腊政府。当然，它还得到了希腊和国际媒体的响应与宣传，以证明第一个经济调整方案的合理性和合法性。

这一主流解释的要点在于，希腊是一种特殊类型的经济体（和国家），容易在财政上出现挥霍浪费。有学者认为，它的特点是持续巨额的财政赤字和下降的竞争力，这是相对于"谨慎的"北欧而言，"懒散的"南欧的特征。具体来说，主流观点认为，希腊经济的特点是低生产率、高工资和庞大的公共部门。大型公共部门中庇护主义和裙带关系盛行，高工资便是它们的产物（因此是通过提供就业和工资来收买选民的）。此外，公共部门生产力低下，征税能力下降（由于裙带关系助长了逃税行为），因此财政赤字不断累积。这些赤字是通过贷款筹措的，从而导致外债增加（表现为经常账户恶化）。廉价借贷之所以成为可能，是因为自加入欧洲货币联盟以来，希腊受益于低利率。同时，希腊通过篡改统计数据来获取欧盟的补贴，因而违反了《马斯特里赫特条约》（创立欧元的条约）的规定。随着2007—2008年全球经济危机的到来，国际金融市场开始仔细审视财政赤字和外债，结果希腊债务的不可持续性被发现，希腊债务危机爆发。这样一来，它便对第一个经济调整方案中关于大幅削减财政支出的提法提供了解释。这是一个政治性选择，因为希腊和欧盟当权者的目标是逐步通过经济调整方案战略，所以它最开始就把重点放在公共部门和公职人员上，发动了一场真正的诽谤运动，旨在在公共部门和私营部门的雇员之间制造裂痕。"懒惰和腐败的公职人员"——这一偏见就是这个版本的标志。

然而，一旦第一个经济调整方案失败，并严重落后于其自身的设想和时间安排，紧缩政策就不得不扩大到私营部门。为了证明这种扩张的合理性，竞争力问题浮出水面。于是有人认为，不仅是公共部门，私营部门也具有生产率低、工资高和劳动力市场监管僵化等特点，并最终导致竞争力下降，因此，经常账户恶化不仅是因为公共借贷问题，还有出口减少、进口增加的原因。由于国内生产的商品缺乏竞争力，高工资刺激了消费，而消费直接面向进口。这场新的宣传运动的特征是它认为希腊工人集体（私营和公共部门）工资过高，工作效率低下。

欧盟和欧洲央行的理事机构以及希腊银行的文件为这种观点提供了典型例子。例如，在第一个希腊经济调整方案的开头（EC，2010），希腊危机的起源被定义为：

（1）持续的财政和外部失衡导致政府债务和外债的大幅增加；

（2）僵化的产品和劳动力市场。

2007—2008年的全球经济危机暴露了希腊的弱点，随后，银行业受到经济和信心危机的影响（同上：7），即使这不是问题的根源。希腊第二个经济调整方案的导言（EC，2012）以更加严厉的措辞表明了同样的裁断。希腊危机的根源被再次归结为：

（1）被不可靠的统计数据和暂时的高（财政）收入部分掩盖的不可持续的财政政策；

（2）僵化的劳动力和产品市场；

（3）丧失竞争力和外债增加。

它再次重申，"银行业虽然不是起源，但也受到了经济和信心危机的影响"。同样，吉布森等（Gibson，2012）也发现，希腊危机发生的根源在于希腊经济的巨额财政赤字和竞争力下降：

> 虽然加入欧元区有助于一段长时间的强劲增长和低通胀（参照希腊的历史标准），但两个根深蒂固的问题仍未得到解决，该国继续出现严重的财政失衡，该国的竞争力（在加入欧元区时已经是一个问题）继续恶化。

应当指出的是，在2010年的版本中，这一解释强调了财政和外部失衡，并更侧重于前者，竞争力的问题虽被提及，但从某种程度上有所抑制。在第二个经济调整方案中，竞争力问题被提出并强调[1]。

最后，聚集在 greekeconomistsforreform.com 上的一群希腊新保守派经济学家用相当迂腐的措辞重申了同样的论点［如阿扎里亚蒂斯（Azariadis，2010）；德拉斯（Dellas，2011）；约安尼季斯，2012；梅盖亚（Meghir）等，2010］。他们的论点除了存在一些细微差别，并没有什么特别之处（如有些学者认为竞争力下降比财政赤字更关键，如约安尼季斯，2012）。

当欧洲货币联盟的其他成员国（爱尔兰在2010年年底，葡萄牙在2011年年初）也面临问题，并通过"三巨头"的经济调整方案参与救助计划时，希腊的"疾病"这一解释遭到了打击，以前被称为特殊的"希腊病"的问题，现在看来没那么简单。最初的反应是将问题的扩大归咎于"希腊病"的蔓延[2]。这确实是一个相当薄弱的论点[3]，不过，将那些国家（事实上是所有的 PIGS 国家——葡萄牙、爱尔兰、希腊和西班牙）集体冠以"欧洲货币联盟的弃儿"的标签又对该论点进行了补充：这些国家都是在财政上和银行部门容易出现挥霍浪费行为的经济体。结果不只是希腊的"疾病"，整个南部国家的"病"都被发现了。因此，欧洲央行（ECB，2012）的几位经济学家[如科斯特斯（Kosters，2009）；帕内塔（Panetta，2011）；韦德曼（Weidman，2012）]，将财政上的挥霍无度作为欧洲货币联盟主权债务危机的根源。然而，随着欧盟危机扩大到 PIGS 国家之外，并开始触及意大利甚至欧元区核心国家（如比利时、荷兰和法国）时，南部"疾病"的解释有所减少。

从分析的角度来看，希腊（或南部）"疾病"的解释是基于"双赤字"假说，"双赤字"假说认为经常账户余额和政府预算平衡之间存在密切的联系。当一个经济体存在经常账户赤字和财政赤字，且二者之间的因果关系是从后者延伸到前者时，就会出现"双赤字"。在希腊，这一论点表现为：挥霍无度和裙带主义盛行的政府（主要是由于工资增长过快，以及普遍存在的逃税行为）造成了日益增长的财政赤字，为了给财政赤字提供资金，国家大量举债，于是增加了公共债务。加入欧洲货币联盟后，外部借贷成本低廉，而且确实受到欧洲货币联盟规则的偏爱，因此公共债务变成了外部债务，从而使本就存在的经常账户赤字恶化。这时有学者又提出了一个补充论点：经常账户恶化不仅是因为财政赤字，还因为整个经济竞争力的下降。因此，有些学者认为"双赤字"假说得到了验证。然而，这一理论构造却有着相当不稳固的实证基础，"双赤字"假说对希腊的适用性还远不明确（第五节）。

第三节　欧洲货币联盟不是
（不可能是，至少不会轻易成为）最优货币区

第二种主流解释认为，无论希腊存在何种国家"疾病"，都因欧洲货币联盟的结构性缺陷而加剧，也就是说，欧洲货币联盟的特点是非最优货币区，容易受到不对称冲击，从而加剧国家的"疾病"。因此，第二种解释强调的是欧洲货币联盟的结构层面。它认为，欧洲货币联盟的根本缺陷无法得到纠正（欧盟不可能成为类似美国联邦的存在），其崩溃是板上钉钉的事。这种观点对希腊本身的关注只是一带而过，它把希腊和其他 PIGS 国家的情况作为跳板来提出其主要批评：欧洲货币联盟本质上就是存在缺陷的。该观点主要由坚持新自由主义［如费尔德斯坦（Feldstein，2010a）］或新凯恩斯主义［如克鲁格曼（Krugman，2012a）］的盎格鲁—撒克逊评论家们提出。

典型地，费尔德斯坦（2010a）认为：

> 欧洲经济和货币联盟存在双重缺陷。首先，它迫使不同国家采用单一的利率和汇率，而这种利率和汇率却不可能适用于所有成员国。其次，将单一货币与各国独立的预算政策相结合，助长了财政上的挥霍。希腊的情况就是这些缺陷的体现。

费尔德斯坦（2010b）还认为，"希腊的危机以及西班牙和葡萄牙的债务问题暴露了欧元固有的缺陷"。撒切尔经济事务研究所（IEA）重申了费尔德斯坦的立场。P. 布恩（P. Booth，2013）在编辑的一份长达 216 页的研究报告中，以新自由主义的视角对欧洲货币联盟进行了典型的谴责，其核心结论是，欧洲货币联盟本身就存在缺陷（因为它不是最优货币区），它应该以一种有序的方式解体，或者按照更加新自由主义的路线进行彻底的结构调整。

《经济学人》（*The Economist*）（2010）也持同样的观点：

> 希腊危机只是证实了将一群不同的国家捆绑在一个没有中央财政机构等机制的货币区内以解决其内部失衡问题的做法是愚蠢的。欧元区的南北分化看起来比以往任何时候都要明显。北方以德国为例，依靠出口拉动增长，大量储蓄，并实现贸易顺差。希腊等南方经济体过于依赖消费支出，公共财政薄弱，同时依靠外国资本来补充其低储蓄。

但同时，克鲁格曼站在新凯恩斯主义的阵营里也认同了这一观点。在一系列著作中，他力挺最优货币区理论（如克鲁格曼，2012b），并认为当前的危机就是欧元区难以应对不对称冲击的结果（克鲁格曼，2012a）。

准确地说，这些主要由盎格鲁—撒克逊人提出的说法并没有帮助希腊对这一问题所需承担的责任进行开脱，相反，他们（尤其是新自由主义者）通常大肆渲染希腊财政挥霍论。不过，如前所述，他们争论的关键在于反对欧洲货币联盟，这种强调有两个方面的解释。

第一种解释是地缘政治方面的，或者用马克思主义的术语来说，与帝国主义内部的矛盾有关。欧元是欧洲各国政府（以欧盟作为其表现形式）对抗美国、争夺世界霸权的主要工具之一，因此，它从一开始就遭到美国的反感。即使在学术分析中，这个原因也无法被完全掩盖。费尔德斯坦（1997）在评论欧洲货币联盟时，再次用明确的语言表达了这一点："单一货币对失业和通货膨胀的不利经济影响将超过促进贸易和资本流动所带来的任何收益"，尽管它"被认为是一种降低欧洲内部战争风险的方式"，但"更有可能产生相反的效果"，并"导致欧洲内部及欧洲与美国之间的冲突加剧"。

第二种解释是学术性的，与最优货币区理论有关［麦科金农（McKinnon，1963）；芒德尔（Mundell，1961）］。根据这一理论，一个货币联盟

（将几个拥有不同性质和结构的经济体联合起来）要成为最优货币区，必须满足以下几个关键要求：

（1）它必须具有较高的生产要素流动性，这不仅意味着资本的高度流动，也意味着劳动力的高度流动；

（2）它必须产生一个可行的结构性经济趋同过程，这特别意味着类似的商业周期和贸易模式；

（3）它必须拥有一个财政机制（某种程度的财政一体化），以便能够从状况良好的经济体向表现不佳和（或）受到"不对称经济冲击"的经济体转移资金。

美国人普遍认为，欧洲货币联盟远不是这样一个货币区。众所周知，在第一个特征中有关劳动力要素的部分缺失[4]；第二个特征从经济趋同期之后会出现分化期这个意义上来看也非常不稳定[5]；第三个特征简直可以忽略。《欧盟稳定与增长公约》（作为《马斯特里赫特条约》的补充）中关于公共赤字和债务的规则本应弥补这些特征的缺失，但从德国和法国开始，所有欧洲货币联盟中的经济体（除一个国家外）都系统地违反了这些规定，并且这些规则也远不足以填补一个由发展不均的经济体所组成的货币联盟的空白，这些经济体由于严重的全球经济危机而面临"不对称冲击"。

美国学术界对欧洲货币联盟比较反感，基于最优货币区理论的理论性争论而形成。多恩布施（Dornbusch, 2001）很好地总结了大多数美国经济学家对欧元的立场："它不可能发生，因为这是一个坏主意，而且不可能持久。"若农和德雷亚（Jonung & Drea, 2009）对美国经济学家的观点进行了一次比较出色却带有党派色彩（试图为欧洲货币联盟辩护）的调查，他们细致地描绘了不同的立场（如倾向于最优货币区理论的学者与以实际为导向的美联储经济学家）和美国辩论的演变。总的结论是，美国的争论经历了重大变化，并根据实际情况不断发展。20世纪90年代初，由于人们认为欧洲货币联盟不太可能成立，或者至少不能按计划如期成立，从而对其持怀疑的态度，直到 90 年代末接受了欧元，有时还预测它不会持续很长时间。但就在若农和德雷亚准备宣布欧洲政治自愿主义战胜美国怀疑主义之时[6]，欧洲主权债务危机的爆发使他们突然改变了观点。如上所述，美国的批判以报复性的姿态回击，并伴随着美国和欧盟之间日益加剧的冲突。[7]

实际上，最优货币区理论是主流经济学中最接近马克思主义不平衡（或不平衡发展）理论的部分。后者认为，资本主义的特点是单一经济体内的各地区或不同国家之间的发展不平衡，这与根据新古典增长模型的定义得出的趋同理论正好相反[8]。马克思主义政治经济学认为，趋同是一种乌托邦，资本主义在本质上就容易出现不平衡发展，这种不平衡主要是指生产领域，然后表现在流通领域。主流经济学不可能强调以生产为中心，因为它在结构上是交换领域的经济学。最优货币区理论是最接近不平衡性论点的概念。其本质是，除非存在以生产为基础的趋同，否则任何基于流通的统一都是徒劳的。并且它在欧洲货币联盟的问题上得到了证实：欧洲一体化工程，特别是在货币统一方面，由于严重的政治自愿主义一次次走向失败。以往的每个货币统一计划均以失败告终，从维尔纳计划（the Werner Plan）开始，到"洞中之蛇"（蛇形汇率制），再到欧洲货币体系和欧洲货币单位（ECU），每一次失败都以更大胆的飞跃作为回应，欧洲货币联盟和欧元是迄今为止最雄心勃勃的飞跃。然而，它所面临的问题远比之前的计划严重得多（先前的计划并未像它一样规定在失败情况下的有组织的解散机制），并且还面临更具灾难性的失败前景。问题的症结在于资本主义固有的不平衡发展，以及随之而来的无法在经济一体化背景下建立统一国家的问题。

最后，以益格鲁—撒克逊式为主的对希腊危机的解释，虽然与第一种解释的财政挥霍论相同，但承认了一个相当"薄弱"的结构性原因，它主要涉及流通领域（通用货币如何与不同的国家经济相联系），与生产领域关系不大；同时，它认为希腊和欧元区危机主要与欧洲货币体系的结构有关。

第四节　希腊的问题有其国家根源，由于欧洲货币联盟结构上的错误而加剧，但所有问题都可以得到纠正

对希腊危机的第三种主流解释是前两种解释的折中，它可以被看作政策驱动的（国家病）和欧洲货币联盟可纠正的结构性缺陷的结合。它认为，希腊危机是由国家政策性错误（高额的财政赤字和债务）以及欧洲货币联盟不完全的经济统一所造成的问题共同导致的。因此，有学者认为深化欧盟的经济和政治一体化能够解决这些问题。从根本上说，这一解释主要来自欧洲的分析员，他们支持欧洲统一，但对这种统一的实际进程在意识形态和（或）实践上持保留意见。这些观点在很大程度上源于凯恩斯主义（甚至是后凯恩斯主义）。

德格罗韦（De Grauwe）是这一流派的领军人物。他认为希腊危机的主要责任"在于希腊当局，他们对经济管理不善，在预算问题的真正本质上欺骗了所有人"（德格罗韦，2010a）。然后他补充道：

> 这场危机暴露了欧元区的一个结构性问题，过去许多经济学家都曾对此进行过分析，这就是货币政策的完全集权与在国家层面维持几乎所有经济政策工具（预算政策、工资政策等）之间的不平衡。换言之，欧元区的结构性问题是由货币联盟没有嵌入政治联盟造成的。

（同上：4）

在另一篇文章中，他直言反驳了对于西班牙和爱尔兰（但不是希腊）的财政挥霍论调："这些困难是由于不负责任的财政政策造成的吗？希腊可能是这种情况，但西班牙和爱尔兰则不然，因此不能将财政挥霍视为欧元区问题的深层根源"（德格罗韦，2010b）。莱恩（Lane，2012）也表达了同样的观点："尽管希腊（和意大利）有过挥霍债务的记录"，但"欧洲主权债务危机的起源和蔓延可以归结为欧元最初的设计缺陷"。因此，

"主要缺陷是银行业和财政联盟没有伴随货币联盟一同发展"（莱恩，2012）。

后凯恩斯主义经济学家也明确表达了类似的担忧。博塔（Botta，2012）认为，"实际上，当前的欧元区危机似乎是由它最初的制度设置以及相对于一个充分发展的联邦联盟而言它不完整的本质所决定并促成的"。

同样来自后凯恩斯主义阵营的海因等（Hein，2011）强调，欧元区存在的不平衡是导致欧元危机的根本原因。他们明确反对第一种主流解释："许多观察员（尤其是德国以及欧盟委员会中占主导地位的经济政策制定者和顾问）认为当前的欧元危机是一场政府赤字和债务危机"（同上：3）。

> 当前的欧元危机可以更好地解释为之前私人债务和经常账户失衡的后果，而不是公共赤字过高的结果。在上述四个国家中，私营部门的支出明显多于收入，这或与政府盈余（爱尔兰、西班牙）有关，或因政府赤字（葡萄牙、希腊）而扩大，导致四国的经常账户赤字非常高且不断上升。
>
> （同上：9）

后凯恩斯主义强调的是欧洲货币联盟的不平衡，特别是与国际收支（因此是经常账户）有关的不平衡，这一点非常有趣，它指出了欧洲货币联盟的一个结构性特征，这个特征有时被贴上新重商主义的标签：欧元区的结构使得北方国家的贸易顺差是以南方国家的贸易逆差为代价来实现的。正如我们稍后将介绍的，这一论点也可以在更激进的后凯恩斯主义"金融化"对危机的解释中找到。值得注意的是，一些对于希腊危机持第三种解释即折中路线的后凯恩斯主义者也参与了激进的"金融化"论调（如 E. 海因）。另外，经常账户失衡的论点已被更为保守的理论家所采纳，他们并不赞成"金融化"理论，而是旨在实现更加统一的欧洲一体化［如默勒和皮萨尼—费里（Merler & Pisani‑Ferry，2012）］。

第三种主流（以及在其后凯恩斯主义变体中的准主流）观点存在许多问题。第一个问题前面已经提到，即它提供了一个结构性上的解释，但很"薄弱"。它将结构性问题归结于流通领域，从而忽视了生产领域。它赞同第二种主流解释，即通过最优货币区理论来指出关于欧洲货币联盟的问题。但它认为，一个经济和政治上更加统一的欧盟能够解决这些问题，在这一点上，它与第二种解释的强硬版本不同，后者认为，欧盟不可能实现与美国类似的经济和政治统一。这种观点的第二个主要问题是它的政治和经济自愿主义与历史智慧背道而驰。欧洲一直是以民族国家和国民经济为基础的资本主义诞生的主阵地，每个国家边界上的每一寸土地都在与邻国的战争中浸透鲜血，因此，国家的政治和经济认同是根深蒂固的。而且，当前的欧元区危机已经撕碎了"欧洲共同身份"、欧洲团结等苍白的借口，与此形成鲜明对比的是，国家利益以复仇的姿态重新浮出水面。这些使得在政治和经济上统一欧洲的目标成为乌托邦，除非有一个欧洲大国（或其中的一个集团）对欧盟的其他成员国取得压倒性的支配地位。但是，无论德国及其盟友的实力如何，在其成功实现这一目标之前，还有一段漫长而危险的道路要走。

第五节 主流解释：批判

随着时间的推移，对希腊危机的主流解释从一元论演变为多元解释，其中表达较为清晰的解释通常将危机的起源归结为两类原因［如内尔松等（Nelson，2011）］：

（1）内部原因：公共开支过高，税收征管机制薄弱，腐败和裙带关系盛行（有时甚至是任人唯亲），劳动力和产品市场管制过度，工资过高，制度环境对市场不友好，竞争力下降，等等；

（2）外部原因：欧洲货币联盟的缺陷、2007—2008 年全球经济危机的影响等。

尽管如此,这种折中解释的背后仍然隐藏着前述三种观点(或它们的组合)。绝大多数的主流解释,无论其差异如何,最终都是通过"双赤字"假说的视角来理解希腊危机发生的内在原因[9],这是它们的核心分析手段,因为它们都将希腊危机简单地认定为是一场由外债危机演化而来的(财政)债务危机(总而言之,仅仅是债务危机)。有趣的是,这一分析源于凯恩斯主义,而激烈的新自由主义者也采用这种分析论证。当然,有些解释可能会或多或少地丑化现实,尤其是通过强调裙带关系和体制框架的重要性;有些解释不仅将裙带主义延伸到工人阶级和中产阶层(这是典型的论点),甚至扩大到希腊政府。这些论述在希腊资本主义的裙带关系中又加入了上层阶级的任人唯亲,即系统性政党与希腊资本家之间存在密切的裙带关系。裙带关系被指伪造自由竞争,从而通过获取租金来阻碍增长。尽管如此,主流解释的要旨还是建立在"双赤字"假说的基础之上。

然后,工资被假定为是引发财政赤字和经常账户赤字的因素[甚至不考虑"双赤字"和"李嘉图等价假说"(REH)之间的争议]。典型的论点是,希腊(名义)单位劳动力成本的增长速度高于其他欧洲国家,从而使预算赤字(BD)和经常账户赤字恶化。这也可以从其他角度进行分析:例如,正如一些激进派[如斯泰撒基斯(Stathakis, 2010)]和马克思主义解释[马夫鲁迪斯(Mavroudeas, 2010a)]所认为的那样,财政赤字的恶化可以理所当然地被归因于上层阶级臭名昭著的逃税和任人唯亲行为,前者抑制公共收入,后者增加公共支出,二者联合起来,使财政赤字脱轨。然而,出于显而易见的原因,主流解释坚持认为所谓的高工资是导致庞大且持续的财政赤字的主要原因。有大量的证据证明了这一点。从欧盟和希腊政府的高层机构到新保守主义经济学家群体,该论点被一字不差地重申,例如,第一个经济调整方案声明:

在过去十年中,实际工资增长一直超过生产率增长,这在一定程度上反映了公共部门工资的大幅上涨所带来的溢出效应。由此造成的单位劳动力成本的增加削弱了外部竞争力,尤其是相对于欧元区其他国家而言。

(EC,2010:3)

即便是那些强调竞争力下降而不是财政赤字恶化导致希腊危机的人,也把责任推给了工资。例如,约安尼季斯(Ioannides,2012)认为,希腊危机的根本原因是其竞争力的下降,而这主要是由于单位劳动力成本的上升,同时也由于现有的非市场友好型监管框架[10]。

主流逻辑存在许多众所周知的问题。

一、"双赤字"假说:鸡生蛋还是蛋生鸡的困境

主流经济学对希腊危机的解释采用"双赤字"假说是出于政治上的权宜之计,而非分析原则问题。简单来说,"双赤字"假说属于凯恩斯主义论点,新古典主义核心成员拒绝接受,他们支持李嘉图等价假说,声称财政赤字的增加不会影响到经常账户赤字水平[11]。"双赤字"假说的采用明显是出于政治原因,它能够将危机的责任归咎于公共部门(尤其是公职人员,而不是国家对资本主义利润率的支持)。这促使希腊资本主义将公共部门职员和私营部门的雇员划分开来,并逐步通过了第一个经济调整方案的初步措施(第二节)。

从分析上看,双赤字假说存在着主流经济学的根本缺陷(仅仅是流通领域的经济学),它不能正确把握实体经济中发生的事情(生产过程、产业结构、生产率提高等),而是通过流通主义会计关系的畸形视角来理解这一点。因此,它最终陷入了鸡生蛋还是蛋生鸡的困境:是财政赤字恶化了经常项目赤字还是正相反?除非接受高度教条和不切实际的李嘉图等价假说,否则财政赤字与经常账户赤字相关联是毋庸置疑的,但问题是因果关系的方向是怎样的。主流经济学由于其畸形的视角而无法令人信服地解

决这一难题，因此需要对该问题进行实证研究，然而实证研究的结果并不确定。

希腊的情况也是如此，对希腊经济进行"双赤字"假说的实证检验，得出了矛盾的结果。瓦姆武卡斯（Vamvoukas，1999）通过1948—1994年贸易平衡、财政赤字和实际产出或通货膨胀率之间的各种三元因果关系来检验"双赤字"假说，他发现，在长期和短期中均存在从财政赤字到贸易逆差的单向因果关系。同样，庞泰利代斯等（Pantelidis，2009）使用向量自回归模型（VAR）和误差修正模型对1960—2007年的数据进行了检验，也发现在短期和长期内存在从财政赤字到贸易逆差的单向因果关系。然而，在随后的一篇论文中，卡特拉基里蒂斯和特拉察那斯（Katrakilidis & Trachanas，2011）对"双赤字"假说的有效性却持有愈加怀疑的态度，但是他们没有给出支撑李嘉图等价假说的证据。他们批评瓦姆武卡斯和庞泰利代斯等未考虑到可能改变所考察序列整合属性的重大结构性障碍，并认为这种遗漏会导致错误的动态关系和虚假的结果。对于卡特拉基里蒂斯和特拉察那斯来说，这一重要的结构性障碍是1981年希腊加入欧共体（EEC），它对于改变希腊经济的动态起到了决定性作用。因此，他们将1960—2007年分为希腊加入欧共体之前（1960—1980年）和加入欧共体之后（1981—2007年）两个时期。然后，应用自回归分布滞后协整方法和格兰杰（Granger）因果关系检验发现"双赤字"假说只在希腊加入欧共体之前才成立，加入欧共体后，长期因果关系转变为从贸易逆差到财政赤字，因此这种关系是相反的。这些实证结果非常有趣，因为它们揭示了由于加入共同市场而丧失竞争力是财政赤字恶化的原因之一。尼基福罗斯等（Nikiforos，2013）通过类似的方法认定1992年欧洲货币联盟的成立是这一结构性障碍。他们将《马斯特里赫特条约》签订前（1980—1994年）和签订后（1995—2010年）的季度数据区分开来，通过运用格兰杰因果关系检验和向量自回归模型后发现，第一个时期是财政赤字引起贸易逆差，而第二个时期则相反。这一变化归因于希腊加入欧洲货币联盟之前的汇率政策①和欧元在随后一段时期内的高汇率,这两个因素都抑制了出口。

综上所述,"双赤字"假说是一个在分析上存在问题、实证上未经证实的论题,这些都是主流经济学中众所周知的问题。然而,对希腊危机的主流解释却始终坚持这一论点,因为它提供了一个简洁有力的宣传工具。

二、单位劳动成本与竞争力:一种具有偏袒性的分析

主流分析的下一步(单位劳动成本的增加是竞争力下降的原因)[12]同样存在问题,也表现在分析和实证两个方面。

在分析方面,单位劳动成本这一概念存在一些众所周知的问题。首先,有大量文献对于单位劳动成本是否是一个令人信服的衡量竞争力的标准存在争议。[13]正如拉尔(Lall,2001)和其他人指出的,单位劳动成本概念只考虑成本竞争力。然而,竞争力远超越成本和价格层面,还取决于结构和技术因素以及生产过程中的质量方面(如生产专业化、特殊市场条件)。相反,单位劳动成本概念只关注短期发展,过度地将微观行为投射到宏观经济中,这是极其短视的。[14]

其次,这种理论上的短视会导致严重的概念性问题。其中最重要的是[正如特纳和范达克(Turner & Van't Dack,1993)所准确论证的],定义单位劳动成本的两个变量(生产率和工资率,见注释12)是相互关联的,因为生产率是内生的,并且对工资的变化做出反应。如果一个经济体面临工资急剧增长,它可能会通过减少劳动力和退出最容易受到劳动力成本竞争影响的部门来应对,这将导致生产率提高,从而掩盖劳动力成本的上升,表明单位劳动成本的增长幅度不大,具有欺骗性。

最后,更重要的是,单位劳动成本是一个具有偏袒性质的概念:它通

---

① 原文中"Hard drachma"是希腊的一种汇率政策,旨在保持德拉克马(希腊在使用欧元前的本国货币)的高汇率。——译者注

过构造将竞争力的负担转嫁在劳动力而不是资本上。即使撇开结构性竞争力，价格竞争力也不仅仅取决于劳动力成本，还取决于资本的利润率［费利佩（Felipe，2007）］。主流经济学有意识地忽略了这个方面，将竞争力等同于劳动力成本。不难看出，单位劳动成本与工资份额有关，进而与资本和劳动之间的收入分配有关。主流经济学只关注单位劳动成本，将竞争力等同于薪酬限制，并且在不同的经济体竞相降低工资以提高竞争力时策划一场"逐底竞赛"。

这些分析上的不足也导致了严重的实证问题。卡尔多（1978）比较了1963—1975年12个国家的单位劳动成本的增长和出口市场份额价值的增长，他发现，对于其中几个国家来说，这两个变量之间的关系为正相关，这就是著名的"卡尔多悖论"。法格贝格（Fagerberg，1996）对1978—1994年的数据进行了研究，并得到了相同的证据。"卡尔多悖论"的一个重要推论是，竞争力不仅取决于成本，尤其是工资成本（成本竞争力），还取决于其他因素（结构竞争力）。总的来说，研究表明，贸易平衡趋势与单位劳动成本趋势之间并不存在简单、一致的关系。

在希腊的案例中，上述与单位劳动成本相关的问题均得到了体现。

首先，数据并不支持以下假设，即希腊的出口业绩因单位劳动成本的增加而恶化。格罗斯（Gros，2011）认为，在危机前，希腊的商品和服务出口在欧盟27国总出口中所占的份额基本保持稳定，因此，单位劳动成本的上涨并未影响出口。其次，马利亚罗普洛斯和阿纳斯塔萨托斯（Malliaropoulos & Anastasatos，2013）认为，希腊单位劳动成本的增长并不像官方宣称的那样夸张。2000—2009年，相较于35个贸易伙伴国，希腊的单位劳动成本增长了22%，相比之下，欧盟27国平均增长了36%，欧盟17国增长了30%。希腊的单位劳动成本涨幅相对较小，究其原因，尽管希腊名义工资增长迅速，但生产率增长高于欧盟平均水平。官方只是隐瞒了这些结果。

然而，更复杂的主流分析试图超越这个问题。他们认为，正是希腊经济中非贸易部门单位劳动成本的增加导致了工资—价格的螺旋上升，并最终通过希腊与欧盟之间的通胀差异影响了竞争力。戈利耶和维卡尔（Gaulier & Vicard，2012）认为，欧元区的经常账户失衡并不是由出口表现推动的，单位劳动成本与出口增长不相关：成本的增加大部分来自非贸易部门的价格上涨，且对处于危机中的国家影响最大。同样，马利亚罗普洛斯和阿纳斯塔萨托斯（2013）认为，希腊经济竞争力的下降主要与相关劳动力成本的上升以及相对于贸易商品和服务而言的非贸易品和服务价格的上涨有关，其次与出口部门的单位劳动成本增加有关［如同反向的巴拉萨—萨缪尔森效应（Balasa – Samuelson effect）］。[15]这损害了价格竞争力，因为它将资源从贸易品部门抽走，降低了出口部门的生产能力，从而有利于非贸易部门，并且提高了总体价格水平，而后他们拒绝统一降薪，建议只对非贸易部门降薪。

这种温和的立场委婉地承认，希腊工资增长过高只是部分问题，并不是整体情况。但是他们仍然坚持这一立场，主张采取谨慎的经济紧缩政策外加一些增长措施。这也是一个错误立场，因为它提到但随后又忽略了研究价格上涨的作用。马利亚罗普洛斯和阿纳斯塔萨托斯（2013）认为，随着企业将劳动力成本的增加完全转嫁到价格上，恶性通货膨胀（螺旋性膨胀）就开始了：通货膨胀推动工资上涨，使企业为了维持利润率将增加的工资成本转嫁到价格上，从而导致更高的通货膨胀。它默默地回避了这样一个事实，即工资可能正是因为企业利润率的增加而增加的。

希腊工资上涨导致经常账户赤字的主流说法与现实背道而驰。工资一直稳步落后于生产率的增长（本书第三章）。工资的确上涨很快，但同时生产率也迅速提高，希腊单位劳动成本的增长实际上低于欧盟27国的平均水平，因此GDP的再分配并没有向劳动力过度倾斜。如果我们考虑的不是单位劳动成本（ULCs），而是实际单位劳动成本（RULCs），就很容易看出这一点。如图 1.1 所示,在 1960—2013 年,实际单位劳动成本（工资份额）不断下降。如果 GDP 的重新分配有利于劳动,那么单位劳动成本的增加应该与工资份额（实际单位劳动成本）的增加同步进行。而观察到的情况恰恰相反,因此出现了有利于资本的长期再分配。

很容易看出［马利亚罗普洛斯和阿纳斯塔萨托斯（2013）也确实承认这一点］,自 20 世纪 90 年代中期以来,单位劳动成本的恶化在很大程度上是由希腊高于欧洲的平均通货膨胀率造成的[16]。导致通货膨胀差异的原因并不是工资增长［正如马利亚罗普洛斯和阿纳斯塔萨托斯（2013）所说］,而是在大众消费品（工资性商品）中资本利润的过度提高。

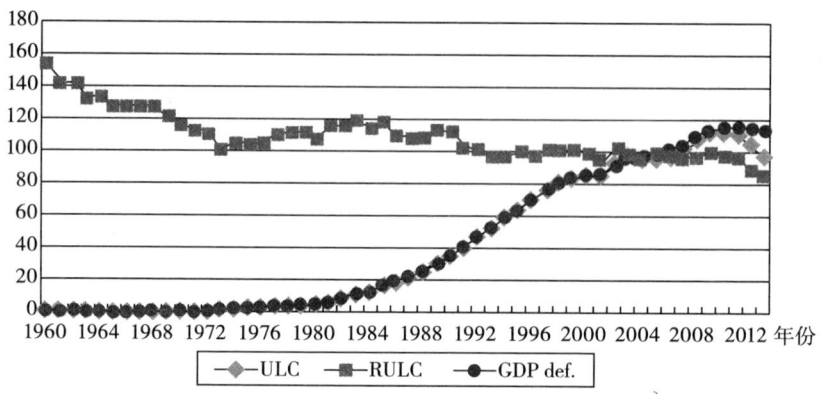

图 1.1　1960—2013 年单位劳动成本、实际单位劳动成本和 GDP 平减指数
数据来源：AMECO。

当希腊加入欧洲货币联盟时,德拉克马被欧元取代,汇率约为 340 德拉克马兑换 1 欧元。与大多数其他欧洲货币联盟经济体相比,其商品价格面额的变化是巨大的,新旧货币单位的购买力之间的巨大差距促进了大众消费品价格的暴涨。传闻和一些研究［如佐格拉法基斯和米特拉科斯（Zografakis & Mitrakos,2005）］都表明,当普通消费者（尤其是老年人）对新货币单位的实际购买力失去感觉时,企业会抬高价格,特别是在大众消费品方面。希腊历届政府都有意识地对这一事件不采取任何预防措施。他们提到了（传统上不可靠的）官方消费价格指数,该指数看似正常,却

忽视了企业提高大众消费品价格的事实,这通过增加利润提高了资本利润率。

价格相对较低、购买频率较高的商品(如服装、食品等小件商品票)的价格上涨较快是意料之中的,欧洲央行(2003)在转换欧元后也确实观察到了这种现象。结果是,以消费物价调和指数(HICP)与感知通货膨胀平衡统计量(PIBS)衡量的通货膨胀率之间似乎存在显著差异。在转换欧元后,希腊的确率先感知到了通货膨胀。

大多数主流观点倾向于拒绝承认这个问题(称之为"欧元幻觉"),或将其低估为短期现象。例如,有学者认为,大众消费品在消费物价调和指数中仅被分配一小部分权重是合理的(因为其价格低);但是,由于它们的购买频率更高,其价格更容易被记住,因此,与价格较高但很少购买的物品(大件商品票)相比,在形成通货膨胀感知的过程中更为重要。此外,虽然消费物价调和指数是对称地评估价格涨跌,但由于消费者的风险厌恶,相对于同等程度的价格下跌,他们往往能更强烈地觉察到价格上涨。因此,消费者会放大他们对于通货膨胀的感知,而实际上通胀率较低。一种较为温和的主流观点坚称,这只是一种短暂的现象,会随着时间的推移逐渐消失。然而,事实是不同类别的消费品之间持续存在显著的通货膨胀差异,这就否定了主流的预期,即这是一种转瞬即逝的现象。

主流观点没有承认这些通胀差异的阶级特征。大众消费品(尤其是小件商品票)代表了大部分工人阶级的消费模式,而且这些商品同时属于贸易和非贸易部门[17],因此超越了巴拉萨—萨缪尔森效应的限制。大众消费品的通货膨胀率加剧意味着:①从劳动向资本的再分配;②事后(因为价格上涨的感知是有时滞的)劳动者有必要为至少挽回一部分失去的购买力进行斗争。因此,资本在大众消费品上的利润加价导致了工资上涨的滞后和不完全。这一点可以从后欧元时代的新现象中得到证明:工人为了维持生活水平而增加负债(本书第五章)。

简言之，资本在大众消费品上的利润加价导致了（较小的）工资增长，并导致了与其他欧洲货币联盟经济体之间的显著通胀差异。希腊单位劳动成本的增加（撇开它在竞争力方面有限的重要性不谈）主要是由价格上涨造成的。

最后，也很重要的是，如果主流解释想要找出希腊竞争力恶化的真正原因，就必须考虑其他结构性因素。例如，在危机开始时甚至欧洲央行（2008）的报告也认为，劳动报酬和生产率的数据表明，几个欧洲货币联盟国家对外账户的疲软来自其经济的国际专业化，而非劳动力市场的"错误管理"。该报告称，在欧洲货币联盟成立的头十年，劳动力密集型行业比重较大的经济体的地位有所下降，取而代之的是具有相对比较优势的新兴经济体，而专门从事价格较高、质量较好的成熟行业和产品领域的经济体甚至获得了市场份额。戈利耶和维卡尔（2012）更进一步地，不仅将希腊危机责任归咎于新兴经济体，而且归咎于德国和欧元区本身。他们认为，外围国家相对于德国缺乏竞争力，并不是因为它们的价格较高（工资率低得多），或是劳动生产率没有提高，而是它们被困在中等技术水平上，陷入陷阱。主流的研究方法很清楚这些论点，但由于指导其分析的阶级利益而不愿采纳。

第六节 以此代为结论

除了上述分析和实证问题，主流分析还存在更广泛的解释性问题。

首先，主流分析学者完全低估了2007—2008年全球资本主义经济危机的影响。如前所述，他们一致认为这只是一场单纯的金融危机，并无实际积累领域的根源。最初的讨论只涉及美国的金融危机，以及欧洲与危机"脱钩"（与危机绝缘）的问题。当危机蔓延到世界其他地区时，"脱钩"被遗忘了，但对危机的金融性质的坚持依然存在。只有对"二次探底"的担忧成为现实时（本应在2009年被克服的危机卷土重来），人们才开始关注危机对实际积累的影响，但因果关系还是从金融部门到生产领域。如果这场危机像它看起来那样严重和漫长，那么它肯定在经济活动的主要领域（生产领域）有一定的初始基础。这一点将在本书第二篇中有所体现。主流分析由于其缺乏生产性而仅具有流通性无法理解这一点。

因此，主流解释一开始就认为希腊危机与2007—2008年的全球经济危机无关，且国际和希腊的权威人士都同意这一点。在希腊危机爆发前，大多数国际报告（包括欧盟、欧洲央行和货币基金组织的报告）都坚持认为，希腊经济与2007—2008年的全球经济危机无关，就算危机爆发，希腊经济也不会受到牵连。有迹象表明，在2009年大选前的一次辩论中，G. 阿洛戈斯库菲斯和N. 克里斯托杜拉蒂斯（G. Alogoskoufis & N. Christodulakis）[18]都认为希腊经济不会受到2007—2008年全球经济危机的影响，因为其银行业的资本化水平高于西方国家。但随着希腊危机的加深及欧元区危机的蔓延，主流的解释也发生了变化。这次人们认识到，2007—2008年的全球经济危机对希腊危机产生了一定影响（但这仅仅是外因），全球经济危机导致国际经济环境恶化，并引发对主权债务的负面（灰色）预期，从而影响希腊危机。

由于其分析上的缺陷和意识形态上的偏见，所有主流解释都没有认识到当前问题的基本结构层面，而是将其归结为政策性错误和（或）薄弱的结构性根源。学者们围绕着双赤字假说这一具有误导性的鸡生蛋还是蛋生鸡的困境进行解释，还煞有介事地试图说服人们，工资是造成财政赤字和经常账户赤字的罪魁祸首。在财政赤字方面，他们有意回避承认国家与大型资本主义集团之间臭名昭著的亲信关系对公共收入和支出的灾难性影响。对于经常账户赤字和竞争力的恶化，他们有意识地忽视了结构性因素的作用，以及欧元区中心和外围国家之间汇率不平衡的关系。主流经济分析再一次表现出它们在解释力上的低效和急于为自己辩解的特征。

注释

1. 第一个经济调整方案的短期目标是财政整顿，中期目标是提高竞争力和改变经济结构，实现以私营部门驱动和以出口为导向的增长模式。然而，在实际操作中只追求短期目标。这是由泛希腊社会主义运动党（PASOK）政府在充分了解"三巨头"的情况下进行的（尽管他们后来争论不休）。

2. 阿尔吉罗尤和孔托尼卡斯（Arghyrou & Kontonikas，2010）在一篇强烈支持经济调整方案的文章中给出了一个典型的例子："希腊的危机蔓延至大多数欧洲货币联盟国家，最突出的是葡萄牙、爱尔兰和西班牙。"

3. 这是一个无力的论点，因为除预期（以及主流经济学赋予它们的神秘属性）外，希腊能够波及其他欧盟成员国的唯一途径就是通过其私人债权人（银行和金融机构）。无论这一渠道有多么重要，在私人部门参与之后都受到了制约，因为希腊的绝大部分债务都掌握在官方放贷人（实际上是"三巨头"）手中。

4. 欧盟内部的劳动力流动性相对较低。根据欧洲央行的报告，2000年，欧盟15国总人口（22.5万人）中只有0.1%的人口在两个成员国之间变更了正式居住地［海因茨和沃德—瓦尔梅丁格（Heinz & Ward – Warmedinge，2006）］，而且这种劳动力迁移反映了东欧移民的涌入。与此形成鲜明对比的是，2000年美国各州之间的劳动力迁移占其总人口的5.9%（海因茨和沃德—瓦尔梅丁格，2006）。

5. 欧盟GDP总量中只有1.24%用于财政转移支付［麦克杜格尔（McDougall，1992）］。

6. 同样，德格罗韦（2003）在接受最优货币区理论并指出欧洲货币联盟的某些缺陷时，也否定了美国的怀疑论："传统的最优货币区理论往往对各国以低成本加入货币联盟的可能性持相当悲观的态度。"

7. 关于美、欧之间帝国主义内部矛盾的分析见马夫鲁迪斯（2010a，2010b，2012）。

8. 关于趋同论断的评述见马夫鲁迪斯和西里奥普洛斯（Siriopoulos，1998）。

9. 第三种解释的后凯恩斯主义变体在双赤字假说方面可能有所不同，它强调经常账户失衡是导致希腊问题的一个独立因素。

10. 有些学者在这一点上存在异议。例如，阿杜维利斯等（Hardouvelis，2010）和马利亚罗普洛斯（2010）似乎并不认同，至少不完全认同工资上涨是竞争力恶化的主要原因。

11. 李嘉图等价假说最早由大卫·李嘉图（D. Ricardo）提出，巴罗（Barro，1974）对其进行了详细阐述。他认为，对于消费者来说，公共支出的增加是通过税收还是通过公共借贷来融资并不重要，消费者会预期通过公共借贷实现的扩张性财政政策将由未来的增税提供资金。因此，为了应对未来的税收负担，他们会增加储蓄而不是消费，减少需求，因此经常账户赤字不受影响。

12. 名义单位劳动成本是指单位实际产出的工资补偿总额，这等于每名工人的名义工资率除以劳动生产率：

$$ULC = \frac{wage\ compensation}{output} = \frac{wL}{y} = \frac{w}{\lambda}$$

其中，w 表示名义工资率；L 表示员工数；y 表示实际产出；λ 表示劳动生产率。

实际单位劳动成本是将名义单位劳动成本除以价格水平得出的，因此与 GDP 中的工资份额相同。

$$RULC = \frac{wage\ compensation}{GDP} = \frac{wL}{Py} = \frac{wage\ compensation}{GDP}$$

其中，P 表示 GDP 平减价格指数。

13. 文献综述请见特纳和范达克（1993）。

14. 另见费利佩和库马尔（Felipe & Kumar，2011），以了解这种投射分析的技术矛盾。

15. 巴拉萨—萨缪尔森效应认为，各部门的生产率增长速度有所不同，而工资往往差别不大。贸易部门的生产率应该增长得更快，随后该部门工资的增长波及整个经济，所有部门的工资增加。因此，非贸易品价格相对于贸易品价格上涨，导致物价总指数上升。鉴于发展中国家的生产率增长通常较快，这一效应意味着它们的实际汇率将随着时间的推移而上升。

16. 单位劳动成本可以分为两个部分：劳动力在 GDP 中的份额（工资与 GDP 之比）和 GDP 平减价格指数。

$ULC = (W/GDP) \times P = $（工资与 GDP 之比）$\times GDP$ 平减价格指数

17. 自希腊加入欧洲共同市场以来，在大众消费品市场上的进口量大幅增加。

18. 他们都是学院派经济学家，曾担任过财政部部长，前者是国家发展部的财长，后者是泛希腊社会主义运动党的财长。

参考文献

[1] Arestis P (2009). "New consensus macroeconomics: A critical appraisal", Levy Institute Working, Paper 564.

[2] Arghyrou M and Kontonikas A. (2010), "The EMU sovereign – debt crisis: A call and an opportunity for a Greek supply – side revolution", http://greekeconomistsforreform. com/ financial – system/the – emu – sovereign – debt – crisis – a – call – and – an – opportunity – for – a – greeksupply – side – revolution/.

[3] Azariadis C. (2010), "Development is the only solution: Seventeen proposals for a new development strategy", http://greekeconomistsforreform. com/ wp – content/uploads/A – I – PDEVELOPMENTw. – abs – 10 – 06 – 10. pdf.

[4] Barro R. (1974), "Are government bonds net wealth?", *Journal of Political Economy* 82(6).

[5] Booth P ed. (2013), *The Euro: The Beginning, the Middle… and the End*? London: IEA.

[6] Botta A. (2012), "Conflicting claims in the Eurozone? Austerity's myopic logic and the need for a European federal union in a post-Keynesian Eurozone center-periphery model", Levy Institute Working Paper 740.

[7] De Grauwe P. (2003), *Economics of Monetary Union*, Oxford: Oxford University Press.

[8] De Grauwe P. (2010a), "The Greek crisis and the future of the Eurozone", EuroIntelligence, March.

[9] De Grauwe P. (2010b), "The financial crisis and the future of the Eurozone", European Economic Policy Briefings No. 21, Bruges, Belgium: College of Europe.

[10] Dellas H. (2011), "Greek wages and international competitiveness", http://greekeconomistsforreform. com/wp-content/uploads/Dellas_competitiveness. pdf.

[11] Dornbusch R. (2001), "The Euro controversy", MIT Department of Economics Editorial.

[12] EC (2010), "The economic adjustment programme for Greece", European Economy, Occasional Paper 61.

[13] EC (2012), "The second economic adjustment programme for Greece", European Economy, Occasional Paper 94.

[14] ECB (2003), "Recent developments in Euro area inflation perceptions", *Monthly Bulletin*, July.

[15] ECB (2008), "Monitoring labour cost developments across Euro area

countries", *Monthly Bulletin: Tenth Anniversary of the ECB*.

[16] ECB (2012), "A fiscal compact for a stronger economic and monetary union", *ECB Monthly Bulletin*, May.

[17] Fagerberg J. (1996), "Technology and competitiveness", *Oxford Review of Economic Policy* 12(3), Special issue on competitiveness.

[18] Feldstein M. (1997), "EMU and international conflict", *Foreign Affairs*, November/December.

[19] Feldstein M. (2010a), "Let Greece take a holiday from the Eurozone", *Financial Times*, 17 February.

[20] Feldstein M. (2010b), "The euro's fundamental flaws: The single currency was bound to fail", *International Economy*, Spring.

[21] Felipe J. (2007), "A cautionary note on the interpretation of unit labor costs as an indicator of competitivenes, with reference to the Philippines", *Philippine Journal of Development* 63(2).

[22] Felipe J, Kumar U. (2011), "Unit labor costs in the Eurozone: The competitiveness debate again", Levy Institute Working Paper 651.

[23] Gaulier G and Vicard V. (2012), "The signatures of Euro area imbalances", Banque de France.

[24] Gibson H, Hall S, Tavlas G. (2012), "The Greek financial crisis: Growing imbalances and sovereign spreads", *Journal of International Money and Finance* 31(3).

[25] Gros D. (2011), "Competitiveness pact: Flawed economies", *CEPS Commentary*, 18 March.

[26] Hardouvelis G, Malliaropulos D, Monokroussos P, et al., (2010), "The Greek economy and its stability programme", *Economy and Markets* 5(3), Eurobank.

[27] Hein E, Truger A, van Treeck T. (2011), "The european financial and economic crisis: Alternative solutions from a (post -) Keynesian perspective", IMK Working Paper 9.

[28] Heinz F, Ward - Warmedinge M. (2006), "Cross - border labour mobility within an enlarged EU", ECB Occasional Paper Series 52.

[29] Ioannides Y. (2012), "Greece, the Eurozone and the debt crisis", http://greekeconomistsforreform. com/wp - content/uploads/Ioannides - Presentation - Fletcher - Oct - 28 - 11 - Text + Figs3. pdf.

[30] Jonung L, Drea E. (2009), "The euro: It can't happen. It's a bad idea. It won't last. US economists on the EMU, 1989 - 2002", European Economy, Economic Papers 395, December.

[31] Kaldor N. (1978), "The effect of devaluations on trade in manufactures", in N. Kaldor, *Further Essays on Applied Economics*, London: Duckworth.

[32] Katrakilidis C, Trachanas E. (2011), "Has the accession of Greece in the EU influenced the dynamics of the country's 'twin deficits'? An empirical investigation", *European Research Studies* XIV (1).

[33] Kosters W. (2009), "Common Euro bonds: no appropriate instrument", *Intereconomics* 44(3).

[34] Krugman P. (2012a), *End This Depression Now*, New York: W. W. Norton & Co.

[35] Krugman P. (2012b), "The revenge of the optimum currency area", *New York Times*, 24 June.

[36] Lall S. (2001), *Competitiveness, Technology and Skills*, Northampton, MA: Edward Elgar.

[37] Lane P. (2012), "The European sovereign debt crisis", *Journal of*

Economic Perspectives 26(3).

[38] McDougall D. (1992), "Economic and monetary union and the European Community budget", *National Institute Economic Review* 140(1).

[39] McKinnon R I (1963), "Optimum currency areas", *American Economic Review* 53.

[40] Malliaropulos D. (2010), "How much did competitiveness of the Greek economy decline since EMU entry?" *Economy and Markets* 5(4), Eurobank.

[41] Malliaropulos D, Anastasatos T. (2013), "The improvement in the competitive position of the Greek economy and prospects for an export – led growth model", *Economy and Markets* VIII(1), Eurobank.

[42] Mavroudeas S. (2010a), "Greece and the EU: capitalist crisis and imperialist rivalries", Paper presented in the 1st conference of IIPPE (International Initiative for Promoting Political Economy) and Greek Scientific Association of Political Economy, University of Crete, 10 – 12 September 2010.

[43] Mavroudeas S. (2010b), "The Greek external debt and imperialist rivalries: 'one thief stealing from another'", *Monthly Review Zine*, www. mrzine. monthlyreview. org/2010/ mavroudeas200210. html.

[44] Mavroudeas S. (2012), "The crisis of the European Union and the failure of its salvation plans", *Spectrezine*, www. spectrezine. org/crisis – european – union – and – failure – its – %E2%80%98salvation – plans%E2%80%99.

[45] Mavroudeas S, Siriopoulos C. (1998), "Testing convergence and divergence: The data from Greece", *Journal of Applied Business Research* 14(1).

[46] Meghir C, Vayanos D, Vettas N. (2010), "The economic crisis in Greece: A time of reform and opportunity", http://greekeconomistsforre-

form. com/wp‐content/uploads/Reform. pdf.

[47] Merler S, Pisani‐Ferry J. (2012), "Sudden stops in the euro area", Bruegel Policy Contribution 2012/06.

[48] Mundell R A. (1961), "A theory of optimum currency areas", *American Economic Review* 51(4).

[49] Nelson R, Belkin P, Mix D. (2011), "Greece's debt crisis: overview, policy responses, and implications", Congressional Research Service, www. fas. org/sgp/crs/ row/R41167. pdf.

[50] Nikiforos M, Carvalho L, Schoder C. (2013), "Foreign and public deficits in Greece: In search of causality", Levy Economics Institute, Working Paper 771.

[51] Panetta F. (2011), "Life in the Eurozone with or without sovereign default?" in Allen F, Carletti E, Corsetti G. (eds), *Life in the Eurozone with or without Sovereign Default?* Philadelphia, PA: FIC Press.

[52] Pantelidis P, Trachanas E, Athanasenas L A, et al. (2009). "On the dynamics of the Greek twin deficits: Empirical evidence over the period 1960 – 2007", *International Journal of Economic Sciences and Applied Research* 2(2).

[53] Stathakis G. (2010), "The fiscal crisis of the Greek economy", Paper presented in 1st conference of IIPPE (International Initiative for Promoting Political Economy) and Greek Scientific Association of Political Economy, University of Crete, 10 – 12 September 2010.

[54] *The Economist* (2010), "A very European crisis", *The Economist*, 6 February.

[55] Turner P, Van't Dack J. (1993), "Measuring international price and cost 'ompetitiveness'", BIS Economic Paper 39, Bank for International Settlements.

[56] Vamvoukas G. (1999), "The twin deficits phenomenon: Evidence from Greece", *Applied Economics* 31.

[57] Weidman J. (2012), "Rebalancing Europe", Speech at the Chatham House Members Event, Rebalancing Europe, London, 28 March.

[58] Zografakis S, Mitrakos T. (2005), "Inflation's redistributive effect in Greece", Economic Bulletin 24, Bank of Greece (in Greek).

第二章
希腊的财政危机：谁的错？
萨纳西斯·马尼亚蒂斯

第一节 引言

目前，这场困扰希腊经济长达 6 年之久的深重危机中最明显的一个方面就是财政危机，表现为巨额公共赤字和创纪录的高额公共债务。此外，正是由于需要偿还这笔巨额债务，过去 3 年中历届希腊政府采取了严厉的顺周期性财政措施，即在经济严重衰退时期增加税收，削减公共开支，使希腊经济和社会陷入大萧条。

我们在其他地方曾论证过，希腊危机源于三个截然不同但又相互关联的过程：一是世界经济危机及随后主要资本主义经济体的停滞；二是希腊经济危机，二者都与利润率趋于下降的规律所导致的资本的低利润率有关；三是希腊政府的财政危机，它因前两个过程而加剧[1]。

本章我们从阶级的角度集中讨论危机中的财政问题，并对希腊工人阶级在整个战后时期（1958—2011 年）的净财政状况进行实证研究，特别强调 1995 年以来的财政状况。

对社会净工资的实证估计有助于进一步澄清政治经济学文献中的两个重要问题。首先，发达资本主义国家的性质和作用，特别是福利国家对工人阶级的收入和生活水平的再分配作用。它也在某种程度上使我们了解到"福利国家"一词的恰当性,它指的是工人和其他类似社会阶层的福利和生活水平。其次,它通过研究国家财政和社会政策对资本盈利能力和积累的影响,从而揭示了其对当前和以往危机事件的影响。简言之,社会净工资的水平和波动对于(劳动力和一般资本的)再生产过程、盈利能力和积累来说都是至关重要的。

主流观点学者和某些激进学者把资本主义世界经济在20世纪60年代末和整个70年代经历的危机主要归结为工资的过度增长［格林、萨克利夫（Glyn & Sutcliffe,1972）；魏斯科普夫（Weisskopf,1979）；阿姆斯特朗（Armstrong）等,1991］,以及在很多情况下给予工人的慷慨的社会福利［鲍尔斯、金提斯（Bowles & Gintis,1982）；金提斯、鲍尔斯,1982；格林,1975、2006；奥康纳（O'Connor,1984）］。根据这一论点的逻辑,市场工资和"社会工资"的增长直接或间接地损害了利润率,最终结束了战后的繁荣。该论点后来在实证上受到争议｛［莫塞莱（Moseley,1987）；谢赫（Shaikh,1987）；谢赫、托纳克（Shaikh & Tonak,1994）］对"工资挤压"论点的反驳,和（托纳克,1994；谢赫、托纳克,1987）对"社会工资诱发的利润挤压"论点的反驳｝,尽管是在危机已经触底、新自由主义时期开始之后。

在希腊,危机仍在继续,且不断演进。对危机的起源、根本原因及其经济和社会影响的全面评估尚未完成。人们目前仍在争论,究竟是金融业的破裂导致了"实体"经济的危机,还是由于在利润率没有完全恢复、"实体"经济停滞不前的情况下,金融过度扩张,当金融泡沫破裂时引发了"实体"和整个经济的严重危机。然而,在危机初期采取的前所未有的财政刺激措施,特别是为救助金融机构而进行的公共支出加剧了财政失衡,许多国家甚至在经济危机爆发前就已经深受其害。从图2.1中可以明显看出,公共赤字自2000年以来处于下降阶段,公共债务占GDP的百分比自20世纪90年代以来保持在100%左右。显然，过去5年间严重的财政危机是由其他原因引发的。但不管怎样，大多数国家特别是希腊和其他南欧经济体都发现自己处于财政危机之中，公共赤字巨大，公共债务不可持续，而在许多国家，当然包括希腊，这种财政危机往往掩盖了潜在的经济危机。

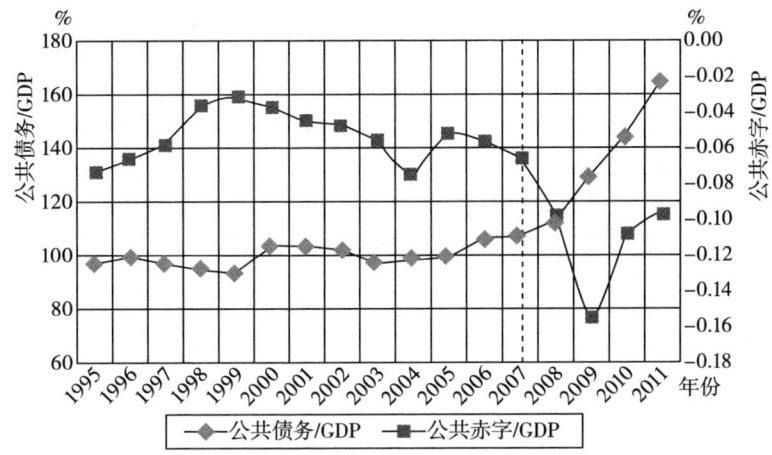

图2.1　1995—2011年公共赤字和公共债务占GDP的百分比

这一时期，政府采取了一定的经济措施以使经济走出深度衰退，危机的影响被分摊到不同的社会阶层。在经历了实际工资多年停滞不前甚至下降之后，执政精英们很难像20世纪70年代那样，将爆发危机的原因归咎于高劳动力成本。然而，随着事态的转变，许多国家的财政困难和"主权债务危机"凸显出来，对于私营和公共部门的工薪阶层来说，意识形态斗争的形势变得更加糟糕。在危机的第一阶段，人们强调的是贪婪和短视的金融资本家的负面作用，或者是在这个时代不平等加剧的不良影响。现在，所有问题都已被统治阶层所遗忘，财政挥霍和慷慨的社会政策被认为是当前经济萎靡不振的罪魁祸首。在许多国家，"财政超支"被用来作为借口，首先攻击公共雇员的工资，而后又攻击一般工人的工资和社会福利（特别是养老金，但实际上是所有权利，如失业救济金、医疗福利等）。在这种攻击的背后往往隐含着一种说法，即工人和养老金领取者对财政危机负有某种责任。人口原因（预期寿命延长、出生率偏低等）一般也被认为是对大多数人口实施财政紧缩政策的原因。然而，受到对人民福利和生活水平不利政策影响的主要是工人、老人和穷人。因此，统治阶级利用财政危机作为加强资本对劳动力的支配地位的机会。资本的意识形态霸权一如既往地强大。不知为何，该体制对两次危机（目前的危机和20世纪70年代的危机）的反应相似，甚至与20世纪70年代末第一次新自由主义初期发生的情况相比，工资和社会福利在当前危机中受到的打击似乎更为剧烈。

关于希腊财政失衡和累积的公共债务应归咎于工人阶级这一说法，要求对公共预算中的阶级方面进行审查，因此需要对希腊的预算赤字和公共债务进行审查。激进主义和马克思主义政治经济学文献对社会工资问题的实证研究给出了答案。简单地说，衡量一个国家劳动者的社会净工资，涉及工薪收入者的净利益的估算，即从他们的支出中扣除其所缴纳的各种税款。

下面简要讨论估算社会净工资的方法，并介绍对希腊经济的估算结果。但在此之前，纵观1995—2012年希腊公共财政的总体情况很具启发性。可以说，至少就希腊（目前财政问题最严重的国家）而言，财政失衡的根源非常明显，几乎可以预测劳动力社会净工资的估计结果。

第二节　希腊与欧盟15国的财政结构比较（1995—2012年）

表2.1简要列出了过去18年希腊与欧盟15国整体财政结构的比较。从中可以看出，尽管有人认为希腊政府挥霍无度，但其开支占GDP的比例与欧盟15国的平均水平相当。实际上，即使是0.6%的GDP这一微小正差，也是在2008年之后产生的，当时由于国民产出急剧下降，希腊公共支出和公共收入占GDP的比例都大幅上升。相反，公共收入占经济活动总量的比重（特别是我们下面讨论的税收）比欧洲平均水平低3.6%。因此，

希腊赤字占 GDP 的比重比欧洲平均水平高 4.3%，其主要原因似乎不是巨额支出，而是国家收入不足。

表 2.1　1995—2012 年希腊和欧盟 15 国公共支出、
税收和预算赤字占 GDP 的百分比（平均值）

类别	欧盟 15 国	希腊	差异
1. 政府支出（1995—2012 年）	48.1	48.7	0.6
2. 政府收入（1995—2012 年）	45.0	41.4	-3.6
3. 预算赤字（1995—2012 年）	-3.0	-7.3	4.3
公共支出（1995—2011 年）			
4. 政府雇员薪酬	10.9	11.6	0.7
5. 教育	5.1	3.5	-1.6
6. 医疗	6.6	5.5	-1.1
7. 社会保障支出	18.8	17.0	-1.8
8. 利息支付	3.5	6.9	3.4
9. 一般公共支出	7.0	12.2	5.2
10. 国防开支	1.6	2.9	1.3
税收/GDP（1995—2012 年）			
11. 税收和社会缴款收入总额	41.0	35.2	-5.8
12. 税收收入总额	26.9	22.1	-4.8
13. （实际和估算的）社会缴款总额	14.2	13.2	-1.0
14. 现行所得税、财产税等	13.3	8.5	-4.8
15. 所得税	12.4	7.8	-4.6
16. 个人或家庭所得（包括资产置存收益）税	9.6	4.8	-4.8
17. 公司所得或利润（包括资产置存收益）税	2.8	2.8	0.0
18. 生产和进口税	13.3	13.4	0.1

资料来源：欧盟统计局，政府财政统计。

进一步审视公共支出的结构，我们注意到，一方面，希腊公职人员的工资（这在所有国家都是新自由主义一贯攻击的目标）占 GDP 的百分比非常接近欧盟平均水平，特别是在 2008 年之前；另一方面，希腊在传统的社会福利支出领域的三类支出（医疗、教育和社会保障，即养老金、失业救济金等）都严重落后于欧洲平均水平。从与工人阶级的福利和收入无关的主要公共开支类别（利息支付、一般公共开支和国防）来看，希腊在这些类别中的支出都高于欧洲平均水平，因为它以利息形式向其（主要是国外的）债权人支付了大量（几乎是欧洲平均水平的2倍）的产出（占GDP的6.9%）。有趣的是，在整个时期利息支付几乎等于预算赤字，这意味着这段时间基本预算平均来看是平衡的。由于利息支出被列入一般公共支出类别（一般行政管理、法院等），因此该支出类别也出现了同样的情况。另外，希腊是一个众所周知的国防开支大国，其国防开支很容易超过欧洲平均水平。

在税收方面，希腊远落后于欧盟平均水平（占GDP的5.8%），主要原因似乎是对收入和财富，特别是对家庭的收入和财富的征税相对较低。这是因为整个欧洲的企业利润税都相当低，个别国家很难出现与平均数相去甚远的情况；希腊的间接税接近欧洲平均水平；社会保障税低于欧盟1%。这是南欧国家税收结构中的一种普遍模式，因为这些国家的劳动力包括大量独立的专业人员（医生、律师和机械工）、农民、小雇主和店主，以及作为上层阶级政治盟友的社会阶层均可享受税收优惠待遇，而唯独工薪收入者不能实施避税行为，这导致国家收入系统性地偏低，同时也是公共预算持续赤字的主要原因。

简言之，社会开支相对较低，而国家官僚机构、利息和军备开支较高，财政浪费严重，再加上依赖社会保障税、消费税，同时对非工人的利润和收入以低税率征税，这些情况表明希腊的财政结构中存在一定的偏倚，需要对公共开支和税收基于阶级进行分析。即使这样粗略地考察希腊的公共财政结构，希腊的社会支出由谁来负担这一问题也不难回答。接下来将讨论希腊劳动力的社会净工资比率的估计问题。

第三节 社会净工资测算的实证方法

一般来说，如果从社会阶层的角度来看待公共预算过程，系统性预算赤字的产生有四个基本原因：

（1）为工人阶级提供过多的福利和转移支付；

（2）为资本和非工人提供过多的福利、转移支付和补贴；

（3）对工人的税收相对较低；

（4）对资本和非工人的税收相对较低。

对社会净工资的估计揭示了工人阶级的净财政状况，即针对工人的社会福利与从其总收入中扣除的税收之间的差额，有助于评估关于对工薪阶层和养老金领取者（前工人）的补贴造成了国家财政危机的说法。

在过去的25年里，出现了许多研究文献，试图估算在将国家对工人的支出和他们支付的税款考虑在内时工人获得的净收益［谢赫，1978，1984；谢赫、托纳克，1987，1994，2000；托纳克，1987；米勒（Miller），1989，1992；格雷罗（Guerrero，1992）；塞佩赫里、切尔诺马斯（Sepehri & Chernomas，1992）；阿克拉姆—洛迪（Akram – Lodhi，1996）；法泽利（Fazeli，1996）；马尼亚蒂斯，2003；谢赫，2003；弗里曼（Freeman，1991）；法泽利，2010；雷弗利（Reveley，2006）]。尽管对某些国家的研究采用的实证方法不尽相同，但总的来说，已经建立了一个共同的方法框架。

表 2.2 总结了社会净工资术语。

表 2.2　社会净工资术语

社会净工资 = 劳工福利 − 劳动税 $N = LB - LT$
劳工福利率 = 劳工福利/GDP $lb = LB/GDP$
劳动税率 = 劳动税/GDP $lt = LT/GDP$
社会净工资率 = 社会净工资/GDP $n = lb - lt = N/GDP$

在衡量社会净工资时，我们沿用了谢赫和托纳克（1987，1994，

2000）开发的方法，并对间接税征税范围的处理进行了调整，以使我们的研究结果与其他对于发达资本主义经济体的研究的结果具有可比性。谢赫和托纳克（2000）注：

> 我们主要关注的是国家在税收和支出方面的参与在多大程度上有助于将国家剩余产品的一部分重新分配给工人阶级，或从工人阶级手中拿过来重新分配。为保持对阶级的关注，我们将"劳动人口"这一类别定义为那些不以拥有资本所有权作为主要收入来源的人口。我们的任务是，通过适当核算针对这部分人口的支出和从他们的收入流中扣除的税收来评估政府活动对他们的收入和消费的影响。

更具体地说，如果我们认为社会只由资本（财产所有者）和劳动力[2]（工薪收入者）组成，则国民净收入就分为劳动部分（工资和薪金）和资本部分（财产收入）。随着国家对所有市场收入开始征税，并将部分收入用于创造和提供卫生、娱乐、文化、教育服务，还用于支付（构成在职和退休劳动者总体生活水平一部分的）养老金、失业救济金和其他转移支付，国民净收入最初的划分方式得到调整。社会净工资被定义为劳工福利和劳动税之间的差额，表明了原有劳动部分受这些活动影响的方式。因此，为了衡量国家支出和税收对劳动力总收入或经济活动总量的净影响，我们计算了3个比率。劳工福利率，定义为从国家获得的劳工福利除以GDP；劳动税率，定义为劳动税除以GDP；社会净工资，定义为劳工福利减去劳动税；社会净工资率，定义为社会净工资除以GDP（见表2.2）。

在衡量社会净工资时有三个关键问题：①界定谢赫和托纳克所谓的"劳动人口"，在本书中被用来代表劳动力或工人阶级；②估算在国家总支出中以货币收入（失业救济金、养老金等）和集体消费（教育、医疗服务等）形式成为劳工福利的部分；③估算在总税收中由劳动力支付的部分。

劳动人口。我们对劳动人口的定义包括所有工薪阶层及其受扶养人，以及在其经济活动中曾作为工薪阶层的退休人员（养老金领取人员）。实际上，劳动者这一定义包括目前、过去或将来主要依靠出售其劳动力进行再生产的人。财政政策对这类人口的市场收入（社会净工资）及其相对于 GDP 的规模（社会净工资率）产生的净效应反映了国家对该类人口生活水平的影响。这正是在所有类似研究中（谢赫、托纳克，1994；阿克拉姆—洛迪，1996；塞佩赫里、切尔诺马斯，1992）采用的对劳动力的定义，因为他们关注的是国家如何改变净国民收入在资本和雇佣劳动之间的市场分配。

工人在国家支出中所占的份额。希腊国民账户将国家总支出分为公共消费支出、补贴、向家庭的净转移支付、向国外的净转移支付、公共投资支出和公共债务利息支付（见表 2.3）。我们可以根据它们与劳动力收入和消费的关系进行区分。

第一类包括面向全体人口进行转移支付和社会消费的政府支出，即公共消费支出中的医疗、教育、社会保障和福利，以及向家庭净转移支付类别中的医疗和教育转移支付。为了确定在这些支出中成为劳动力收入和消费的部分，我们将其乘以劳动力份额，即就业和失业的工薪收入者在经济活动总人口中所占的比例。

第二类包括专门用于劳动力、补贴其收入和消费的国家支出。这些支出包括原工薪收入者的退休金、失业津贴、工伤津贴、家庭津贴和向个人净转移支付类别中的向非营利机构的转移支付，以及公共投资类别中的住房支出。

第三类包括所有不能被视为劳动力收入或消费的国家支出，如用于一般行政、司法、警察和国防的公共消费支出。这些支出都代表了该制度再生产的成本，与战争抚恤金、国外净转移支付、对公司的补贴以及公共债务利息支付等转移支付一起，不包括在劳动人口所获得的收益中。

从国家第一类和第二类支出中获得的劳工福利之和就是每年的劳工福

利总额。

工人在纳税总额中所占的份额。国家总收入主要分为六类：个人所得税（州和地方政府一级）、社会保障缴费和工资税、企业所得税、财产税、间接税或消费税以及需要向地方政府和公共基金缴纳的其他直接税（见表2.4）。

我们可以根据税收与劳动力总收入的关系再次区分三类税收。第一类包括完全从劳动力收入（雇员薪酬和劳动力养老金总额）中流出的税收，如工薪收入者和养老金领取者缴纳的个人所得税及其社会保障费。

第二类包括对全体人口征收的税收，如需要向地方政府和其他公共机构缴纳的直接税、间接税或消费税以及公共垄断收入。为了估算劳动力支付的部分，我们将第一类税收乘以劳动力份额，第二类税收乘以工资总额在私人消费支出中所占的份额。

第三类包括不由劳动力支付的税收，如从利润中支付的企业所得税，直到最近才由富人缴纳的财产税，农民、商人、实业家、独立自由职业者和食利者缴纳的个人所得税。

第一类税收和第二类税收中估计的由劳动力支付的总和就是每年的劳动力税收总额。

社会净工资和社会净工资比率。劳动者从国家获得的劳工福利总额与其缴纳的税收总额之间的差额，等于社会净工资。这种净转移支付是国家对劳动力生活水平的净贡献，它可以是正的，也可以是负的；在后一种情况下，它是对劳动力的净税收。将社会净工资表示为某种劳动力的市场收入衡量指标［如雇员薪酬总额或经济的总产出（GDP）］的百分比，就是社会净工资比率，它表示国家预算与劳动力市场收入或国家经济总产出相比较来看，其净影响的重要性。

表 2.3　国家支出中分配给工薪劳动者的福利

按经济职能划分的公共支出类别	劳工福利
一、公共消费	
1. 一般公共服务	—
2. 国防	—
3. 公共秩序与安全	—
4. 教育	劳动力份额
5. 医疗	劳动力份额
6. 社会保障和福利	劳动力份额
7. 住房和社区服务	100%
8. 娱乐、文化和宗教	劳动力份额
9. 经济服务	—
（1）燃料和能源	
（2）农林渔业	
（3）采矿业、制造业和建筑业	
（4）交通和电信	劳动力份额
（5）其他经济服务	
10. 其他功能	
二、补贴	
企业补贴	—
三、向家庭的经常性转移	
1. 养老金	100% 或劳动力份额
2. 失业补助	100%
3. 家庭津贴	100% 或劳动力份额
4. 疾病津贴	100% 或劳动力份额
5. 福利转移	100%
四、公共投资	
1. 一般公共服务	—
2. 国防	—
3. 住房	劳动力份额
五、（对他人）财产性收入的支付	
1. 利息	—
2. 租金	—

表 2.4　工薪劳动者的纳税份额

税种	劳动税额
1. 个人所得税	劳动力份额
2. 地方政府税	劳动力份额
3. 企业所得税	—
4. 工薪收入者社保缴费	100%
5. 工资税	100%
6. 财产税	—
7. 间接营业税（消费税）	劳动力份额
8. 其他税	劳动力份额

第四节　希腊的社会净工资

关于社会净工资率及其组成部分——劳工福利率和劳动税率的结果如下所示。首先，我们关注 1995—2011 年的社会净工资。

在图 2.2 中，我们观察到，劳动力缴纳的税款在税收总额中所占的份额远高于其享受到的福利在国家支出中所占的份额。前者在 2000 年之前基本保持在 65% 左右，然后上升至 70%，直至本研究讨论期结束。相反，劳动力享受到的福利在国家支出中所占的份额较少（反映出除其他因素外，工资劳动者在总就业人数中的比例相对较低，在本研究讨论期结束时约为 65%），从 30% 稳步上升到 45%，反映了社会支出，特别是养老金支出的增加，这些我们将在下文讨论。

由于围绕着公共预算两边（收支）的形成而进行的阶级斗争，劳工福利率和劳动税率的变化趋势最终如图 2.3 和表 2.5 所示。劳动税率在 2000 年之前有一个初步的上升，然后略有下降，之后整个时期都稳定在其均值 24% 附近。劳工福利率在 2000 年之前一直保持在 16% 左右，之后大幅跃升至 23% 直到期末。尽管关于国家在新自由主义时期退出社会福利领域的观点普遍存在，但劳工福利率和劳动税率仍在上升，虽然速度缓慢。[3]

第一篇　对希腊问题的主流和非主流分析的评论

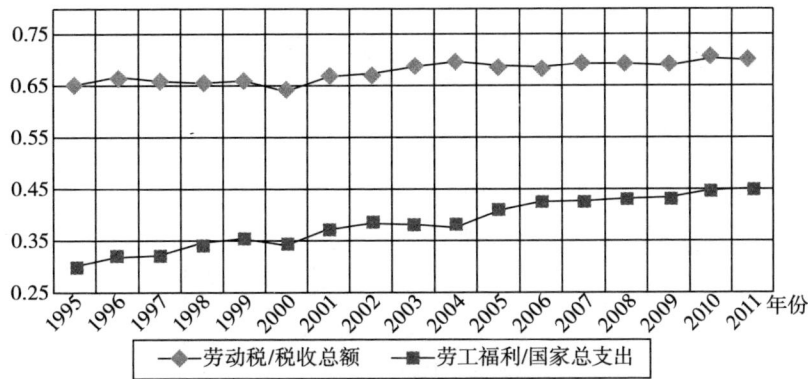

图2.2　1995—2011年劳动税占税收总额的份额和劳工福利占国家支出的份额

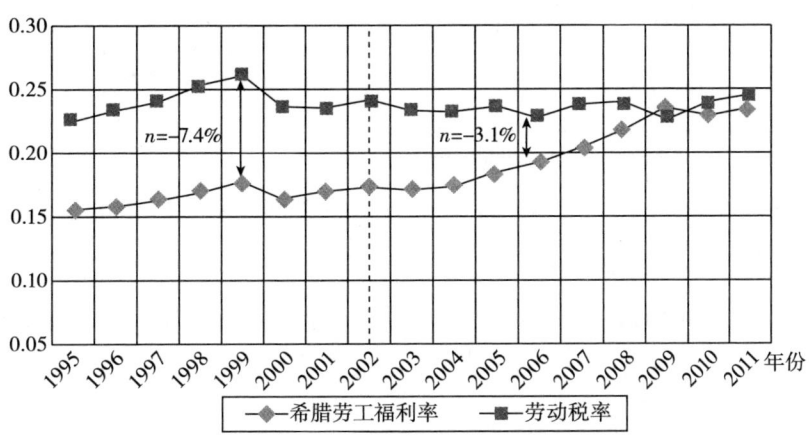

图2.3　1995—2011年希腊劳工福利率与劳动税率

表2.5　OECD国家社会支出占GDP的百分比

国家/地区	1980年	1985年	1990年	1995年	2000年	2005年	2007年	2009年	2011年
澳大利亚	10.3	12.2	13.2	16.2	17.3	16.5	16.4	17.8	18.1
加拿大	13.7	17.0	18.1	18.9	16.5	16.9	16.8	19.2	18.3
丹麦	24.8	23.2	25.1	28.9	26.4	27.7	26.5	30.2	30.0
法国	20.8	26.0	25.1	29.3	28.6	30.1	29.7	32.1	32.1
德国	22.1	22.5	21.7	26.6	26.6	27.3	25.1	27.8	26.2
希腊	10.3	16.1	16.6	17.5	19.3	21.1	21.6	23.9	23.5
爱尔兰	16.5	21.1	17.3	18.1	13.4	16.0	16.7	23.6	23.5
意大利	18.0	20.8	19.9	19.8	23.1	24.9	24.7	27.8	27.6

49

续表

国家/地区	1980年	1985年	1990年	1995年	2000年	2005年	2007年	2009年	2011年
日本	10.2	11.1	11.1	14.1	16.3	18.5	18.7	22.4	—
荷兰	24.8	25.3	25.6	23.8	19.8	20.7	21.1	23.2	23.7
新西兰	17.0	17.6	21.5	18.6	19.0	18.1	18.6	21.2	21.5
挪威	16.9	17.8	22.3	23.4	21.3	21.6	20.5	23.3	22.6
葡萄牙	9.9	10.1	12.5	16.5	18.9	23.0	22.7	25.6	25.2
西班牙	15.5	17.8	19.9	21.4	20.2	21.1	21.3	26.0	26.0
瑞典	27.1	29.5	30.2	32.0	28.4	29.1	27.6	29.8	27.6
英国	16.5	19.4	16.7	19.9	18.6	20.5	20.4	24.1	23.9
美国	13.2	13.2	13.6	15.5	14.5	16.0	16.3	19.2	19.7
OECD 30国	15.6	17.3	17.6	19.4	18.9	19.8	19.2	—	—
OECD 34国	15.5	17.2	17.6	19.5	18.7	19.7	19.2	22.1	21.7
欧盟 21国	18.5	20.6	20.5	22.8	21.6	22.7	22.1	25.4	24.9

资料来源：OECD Social Expenditures。

我们在表2.5中看到，希腊——一个福利国家发展中的落后者，是1995—2007年大幅提高社会支出的少数国家之一（2007年之后由于危机降低了GDP并导致社会支出增加，各国社会支出占GDP的比重都有所提高）。如表2.6所示，在希腊和其他南欧国家，使社会支出增加的主要是养老金支出。

表2.6 OECD国家养老金占GDP的百分比

国家/地区	1980年	1985年	1990年	1995年	2000年	2005年	2007年	2009年
澳大利亚	3.6	3.4	3.0	3.6	3.8	3.3	3.4	3.5
加拿大	3.0	3.7	4.2	4.7	4.3	4.1	4.1	4.5
丹麦	4.8	4.7	5.1	6.2	5.3	5.4	5.5	6.1
法国	9.4	10.5	10.6	12.0	11.8	12.4	12.5	13.7
德国	10.4	10.3	9.7	10.5	11.1	11.4	10.6	11.3
希腊	5.4	8.7	9.9	9.7	10.8	11.8	12.1	13.0
爱尔兰	5.1	5.5	4.9	4.3	3.1	3.4	3.6	5.1
意大利	8.9	11.1	10.1	11.3	13.5	13.9	14.0	15.4
日本	3.9	4.7	4.8	6.1	7.3	8.7	8.9	10.2

续表

国家/地区	1980 年	1985 年	1990 年	1995 年	2000 年	2005 年	2007 年	2009 年
荷兰	6.4	6.2	6.7	5.8	5.0	5.0	4.7	5.1
新西兰	7.1	7.6	7.4	5.7	5.0	4.3	4.3	4.7
挪威	4.5	4.7	5.6	5.5	4.8	4.8	4.7	5.4
葡萄牙	3.7	4.1	4.9	7.2	7.9	10.3	10.7	12.3
西班牙	6.2	7.5	7.9	9.0	8.6	8.1	8.1	9.3
瑞典	7.1	7.6	7.7	8.2	7.2	7.6	7.2	8.2
英国	5.5	5.6	4.8	5.4	5.3	5.6	5.3	6.2
美国	6.2	6.2	6.1	6.3	5.9	6.0	6.0	6.8
OECD 34 国	5.8	6.4	6.4	6.9	6.9	7.0	7.0	7.8

资料来源：OECD Social Expenditures。

如表 2.7 所示，除 2009 年外[4]，整个时期的社会净工资率均为负值，这表明整个工人阶级实际上是在补贴国家预算，这项补贴（或对工人的净税收）的平均值为 GDP 的 5.1%。此外，我们可以从图 2.4 中推断出，社会净工资率在 1999 年之前先是小幅下降，而后在 1999—2002 年小幅上升，2002 年之后才大幅上升，直至 2011 年。

表 2.7　1995—2011 年希腊劳工福利率、劳动税率和社会净工资率

年份	劳工福利率	劳动税率	社会净工资率
1995	0.155	0.226	−0.070
1996	0.158	0.233	−0.075
1997	0.163	0.240	−0.077
1998	0.169	0.252	−0.083
1999	0.176	0.261	−0.085
2000	0.162	0.235	−0.073
2001	0.170	0.234	−0.064
2002	0.174	0.241	−0.067
2003	0.170	0.234	−0.064
2004	0.173	0.231	−0.058
2005	0.183	0.236	−0.053
2006	0.192	0.229	−0.037

续表

年份	劳工福利率	劳动税率	社会净工资率
2007	0.203	0.237	-0.034
2008	0.218	0.238	-0.020
2009	0.233	0.227	0.006
2010	0.228	0.238	-0.010
2011	0.233	0.244	-0.011
平均	0.186	0.237	-0.051

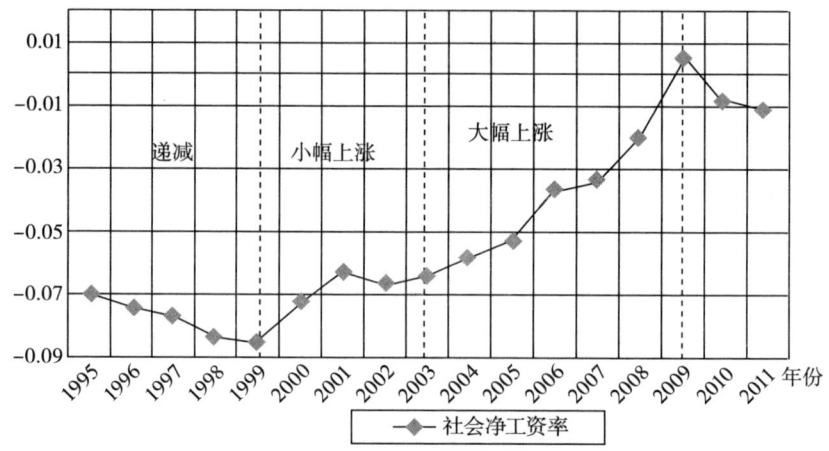

图 2.4　1995—2011 年希腊社会净工资率

如图 2.3 所示，社会净工资率在本研究讨论期前半段的平均值为 -7.4%，远低于 2003—2011 年的 -3.1%。

表 2.8 汇总了 1995—2011 年公共赤字、公债利息和社会净工资的平均值，均以占 GDP 的百分比表示。很明显，至少在过去 18 年中，公债利息支付是造成公共赤字的原因。工人用他们的净税收（负的社会净工资）为公共财政做出了积极贡献，帮助国家平衡基本预算，也就是说，从国家总支出中扣减利息费用。

表 2.8 1995—2011 年希腊社会净工资、公共赤字和公共债务利息（平均值）占 GDP 的百分比

项目	占比
公共赤字/GDP	−0.073
已付利息/GDP	0.069
社会净工资率	−0.051

在图 2.5 中可以看到，至少在 2006 年之前的两个阶段，军费和社会净支出（此处仅针对工人）之间存在标准的负相关关系。之后，社会净支出的上升幅度非常大，以致军费和社会净支出同时上升，直到 2010 年和 2011 年采取严厉紧缩措施时两者才同时下降。

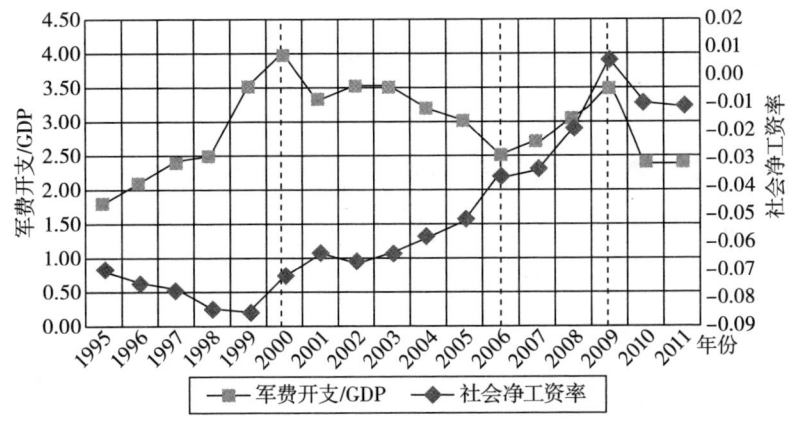

图 2.5 1995—2011 年希腊军费开支占 GDP 的比率与社会净工资率

在图 2.6 中，我们给出了 1958—2011 年社会净工资率的估计值。根据社会净工资率的表现，我们可以将希腊福利国家的发展进程分为 4 个不同阶段。从 1958 年一直持续到 20 世纪 70 年代中期为资本积累和增长的"黄金时代"，社会净工资率为负值并不断下降，因为最初在职工人的税收很容易超过用于医疗和教育服务的低社会支出以及相对较少的退休工人的养老金支出。1967—1974 年的军事独裁统治通过减缓社会开支、镇压工会和政党，进一步降低了社会净工资率。即使在军事独裁政权垮台后，由于与土耳其的冲突导致军事开支增加，挤占了社会支出，社会净工资率仍持续

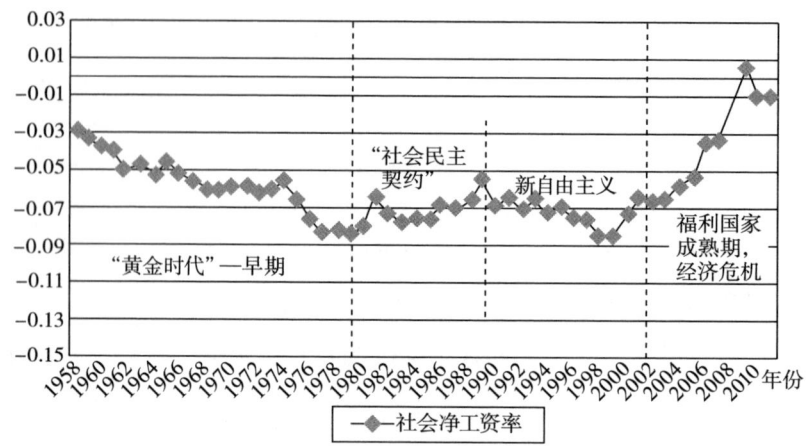

图2.6 1958—2011年希腊社会净工资率

下降直到1980年。之后,20世纪80年代,希腊第一个社会民主政府大幅增加了社会支出,社会净工资率开始上升,尽管它仍然为负。到20世纪90年代初,新自由主义意识形态和政策在希腊经济和社会中牢固树立,与其他发达资本主义经济体一样,右翼政府和社会民主政府都在努力缩小政府在整个经济再生产过程中的作用,结果社会净工资率的上升趋势被打断,直到2000年才恢复。

如前所述,福利国家制度在希腊的成熟,特别是有关退休以及2008年后的毁灭性经济危机的安排,提高了社会净工资率,甚至在2009年将其推到了正值领域。这是整个战后时期唯一的例子,从2010年开始,由于政府首次实施了大规模的紧缩措施,它又恢复了下降趋势。由于迫切需要在合理水平上重建资本利润率,即使在社会净工资为负的情况下,也有必要对其进行攻击。

第五节 结论

考虑到我们的实证调查和类似研究的结果,"福利国家"一词似乎并不符合资本主义国家在劳动收入分配中所发挥的作用,这是因为社会净工资实际上是对劳动力的净税收。正如谢赫和托纳克（1987）所指出的那样，福利国家和社会福利工资是一个"神话"，30 年后依然如此[5]。这一事实意味着劳工应该反对削减社会开支、推迟退休年龄和增加劳动税，因为这些措施会进一步降低社会净工资率。国家和政府的这些政策，并不完全源于世界各国政府遭遇的财政困难。现如今，减少劳动力的市场收入份额和后财政收入份额对于该体制来说更为必要。这是因为资本主义经济在新自由主义时期，特别是在当前危机期间的表现严重落后于"黄金时代"，不允许在工资或社会福利工资上有任何的妥协与让步。相反，在生产潜力不断下降的时代，要想使该制度得以延续下去，就必须在收入和生活水平方面进一步打击在分配斗争中已经节节败退的阶级。反对新自由资本主义的斗争之所以至今尚未收到成效，是因为第一轮新自由主义被其对手（尤其是激进分子）视为一种在政府和资本方面低效的政策机制，而不是资本主义在其目前的生产能力下所能采取的唯一形式。反对新自由主义的斗争只有在反对整个制度而不是某些假设条件下的错误或不公的政策时才会有效。

注释

1. 见马尼亚蒂斯（2012）、马尼亚蒂斯和帕萨斯（Passas，2013）。

2. 即从中等社会阶层如个体经营者和小农中抽离出来。

3. 哈曼（Harman，2007）指出，阶级斗争以及制度对健康和有效劳动力的需求，使得国家不能大幅削减社会开支。当然，实证分析表明，这些支出（其中大部分作为养老金支付给退休工人）是由（在职）劳动者自己支付的。

4. 2009 年 GDP 下降了 3.6%，许多递延的政府义务（尤其是医疗保健服务）被划入当年的预算，因此出现了占 GDP 15.6% 的巨额赤字，劳工福利率显著上升，使得社会净工资为正。

5. 即使是非马克思主义者也对国家在工人阶级生活水平中起到了所谓仁慈的作用持怀疑态度。正如米什拉（Mishra，1984，原文中强调）早前就指出的：

> 无论如何，我们在这方面可以指出，把社会福利的提供当作"社会福利工资"（正如一些马克思主义者所认为的那样）可能会非常具有误导性。因为这表明，"社会福利工资"是工人阶级"经济工资"的附加，而事实是，从工人手中拿走一部分经济工资，然后以社会服务的形式返还（给工人和其他人）。

参考文献

［1］Armstrong P, Glyn A, Harrison P. (1991), *Capitalism since* 1945, Oxford: Basil Blackwell.

［2］Akram – Lodhi H. (1996), "The public finances of the United Kingdom: A re – interpretation", *International Review of Applied Economics* 10(2).

［3］Bowles S, Gintis H. (1982), "The crisis of liberal democratic capitalism: The case of the United States", *Politics and Society* 11(1).

［4］Eurostat, epp. eurostat. ec. europa. eu/portal/page/portal/government_finance_statistics/data/ Database (accessed 8 June 2013).

［5］Fazeli R. (1996), *The Economic Impact of the Welfare State and the Social Wage: The British Experience*, Avebury: Brookfield.

［6］Fazeli R, Fazeli R. (2010), "The impact of the welfare state and social policy on the working population: The recent British experience", *Forum for Social Economics* 39(2).

［7］Freeman A. (1991), "National accounts in value terms: The social wage and profit rate in Britain, 1950 – 1986", in Dunne P (ed.), *Quantitative*

Marxism, London: Polity Press.

[8] Gintis H, Bowles S. (1982), "The welfare state and long-term economic growth: Marxian, neoclassical and Keynesian approaches", *American Economic Review* 72(2).

[9] Glyn A. (1975), "Notes on the profit squeeze", *Bulletin of the Conference of Socialist Economists* 4(1).

[10] Glyn A. (2006), *Capitalism Unleashed*, Oxford: Oxford University Press.

[11] Glyn A, Sutcliffe T. (1972), *British Capitalism, Workers and the Profit Squeeze*, Harmondsworth: Penguin.

[12] Guerrero D. (1992), "Labour, capital and state redistribution: the evolution of net taxes in Spain (1970-1987)", *International Journal of Political Economy* 22(3).

[13] Harman C. (2007), "Theorising neoliberalism", *International Socialism* 117(winter).

[14] Maniatis T. (2003), "The net social wage in Greece, 1958-1995", *International Review of Applied Economics* 17(4).

[15] Maniatis T. (2012), "Marxist theories of crisis and the current economic crisis", *Forum for Social Economics* 41(1).

[16] Maniatis T, Passas C. (2013), "Profitability, capital accumulation and crisis in the Greek economy, 1958-2009: A Marxist analysis", *Review of Political Economy* 25(4).

[17] Miller J. (1989), "Social wage or social profit? The net social wage and the welfare state", *Review of Radical Political Economics* 21(3).

[18] Miller J. (1992), "A negative net social wage and the reproduction crisis of the 1980s", in Moseley F. and Wolff E. (eds), *International Perspec-

tives on Profitability and Accumulation, London: Edward Elgar.

[19] Mishra R. (1984), *The Welfare State in Crisis*, New York: St. Martin's Press.

[20] Moseley F. (1987), "The profit share and the rate of surplus – value in the United States 1975 – 1985", *Cambridge Journal of Economics* 11(4).

[21] O'Connor J. (1984), *Accumulation Crisis*, New York: Basil Blackwell. OECD (various editions), *National Accounts*, Paris.

[22] OECD (2012), "Government social spending", www. oecd – ilibrary. org/social – issuesmigration health/government – social – spending – 2012_socxp – gov – table – 2012 – 1 – en.

[23] Reveley J. (2006), "Taxing times: state – led income redistribution in New Zealand's 'golden age'", *Australian Economic History Review* 46(3).

[24] Sepehri A. and Chernomas R. (1992), "Who paid for the Canadian welfare state between 1955 – 1988?" *Review of Radical Political Economics* 24(1).

[25] Shaikh A. (1978), "National income accounts and Marxian categories", mimeo, New York: New School for Social Research.

[26] Shaikh A. (1984), "On the social wage", mimeo, New York: New School for Social Research.

[27] Shaikh, A. (1987), "The falling rate of profit and the economic crisis in the US", in Cherry R, D'Onofrio C, Kurdas C, et al. (eds), *The Imperiled Economy*, New York: Union of Radical Political Economists.

[28] Shaikh A. (2003), "Who pays for welfare in the welfare state? A multi – country study", *Social Research* 70(2).

[29] Shaikh A, Tonak E. A. (1987), "The welfare state and the myth of the social wage", in Cherry R., D'Onofrio C., Kurdas C., Michl T., Moseley

F. and Naples M. (eds), *The Imperiled Economy*, *Book I*, New York: Union of Radical Political Economists.

[30] Shaikh A, Tonak E A. (1994), *Measuring the Wealth of Nations: The Political Economy of National Accounts*, New York: Cambridge University Press.

[31] Shaikh A, Tonak E A. (2000), "The rise and fall of the US welfare state", in Baiman R., Boushey H. and Saunders D. (eds), *Political Economy and Contemporary Capitalism: Radical Perspectives on Economic Theory and Policy*, New York: M. E. Sharpe.

[32] Tonak E A. (1987), "The US welfare state and the working class, 1952 – 1980", *Review of Radical Political Economics* 19(3).

[33] Weisskopf T. (1979), "Marxian crisis theory and the rate of profit in the postwar U. S. economy", *Cambridge Journal of Economics* 3(4).

第三章
解释希腊经济中不断扩大的工资—生产率差距
萨纳西斯·马尼亚蒂斯和科斯塔斯·帕萨斯

第一节 引言

实际工资与生产率之间关系的本质一直备受关注,因为固定汇率制度下可能出现的单位劳动成本上升,以及不平等加剧所带来的影响一直都是欧洲和美洲非常关心的问题。不过,这并不是什么新鲜事,因为工资和生产率之间的关系已经牢牢根植于主流微观经济理论之中,但实证表明,从长期来看,特别是在20世纪70年代中期以后,这种关系并不稳固。

劳动生产率的增长率与实际小时工资增长率之间的差距日益扩大,即工资—生产率差距被认为是新自由主义时期的特征之一,尤其是被非主流经济学中的消费不足主义和分配主义流派认为是当前新自由主义末期的经济危机的主要原因之一。希腊的新自由资本主义末期处于20世纪80年代下半叶,是继战后第一个资本积累和增长的所谓"黄金时代"结束后的20世纪70年代滞胀危机之后的时期,它早于美国和英国等发达资本主义国家近10年。

自弗格森(Ferguson,1996)较有影响力的文章发表以来,人们提出了许多计量经济学模型,用以估计工资—生产率差距不断扩大的决定因素。在所有提议中，新自由主义时期工会密度的下降占据了突出地位，其论点集中在劳动力控制工作节奏从而控制生产率的能力下降，同时实现实际工资增长的能力下降。此外，其他决定工资—生产率差距的因素也被提出，如经济的开放程度、失业率、技术变革的速度等。

研究工资—生产率差距的解释因素对于当代希腊尤其重要，因为人们的讨论仅限于本次危机期间对劳动力的攻击所带来的工资急剧下降，而不是生产率的发展。应当指出的是，在投资不足的情况下，生产率的提高是随着生产过程的强化而实现的。在这种情况下，工薪劳动者两面受挫：作为消费者，他们的购买力和收入同时下降；作为生产者，他们被迫在相同的工作时间内更密集地劳动。

变量的恰当定义对于估计工资—生产率差距至关重要。特别是劳动生产率，尽管其一般定义——作为一种将产出与劳动投入联系起来的衡量标准看似简单，但也可以根据所采用的理论范式以多种方式进行具体衡量。分子可以是增值、折旧总额或净额，也可以是总产出，即包括中间投入，它还可以是马克思主义理论中提出的附加值（谢赫、托纳克，1994；马尼亚蒂斯、帕萨斯，2013）或传统增值。[1] 分母可以是工作时间，也可以是雇员人数。更重要的是，如果我们使用古典政治经济学和马克思所发展的生产性劳动和非生产性劳动之间的区别，那么由于只有生产性劳动才能创造新的价值和财富，我们对生产率和实际工资增长的估计与使用传统意义上的劳动的情况相比会有很大变化。

本章其余部分内容如下。第二节，对有关生产率和工资之间差异的文献进行简要综述。第三节，重点讨论对有关变量进行适当测量的意义，特别是讨论两个具体问题：第一个问题与生产率和实际工资的平减指数的选择有关，第二个问题与生产性劳动和非生产性劳动的区分有关，以便正确衡量劳动投入。最后，我们将对向量误差修正模型（VECM）进行估计并给出结论，该模型包含了工资—生产率差距的决定因素。

第二节 分配理论

基本的微观经济理论认为,在短期内,当企业只能选择劳动力雇用数量,而对资本存量的使用没有选择余地时(因此被认为是固定的),企业的利润最大化行为在边际成本(劳动成本)等于边际收益的点上决定其产出——边际工资和边际劳动生产率的均衡决定了均衡产出。因此,假设经济处于均衡状态,工资和生产率应随着时间的推移发生等量的变化,其因果关系是从生产率到工资。从中长期来看,当企业可以同时选择劳动力的雇用数量和生产过程中使用的资本存量时,描述短期的简单框架会发生一些重要变化。第一,一般意义上的工资谈判尤其是工会开始发挥作用,从而使工资偏离生产率[布兰查德(Blanchard,2006);卡尔姆弗斯(Calmfors)等,1988]。在这种情况下,还应该加上工资刚性、相对于劳动生产率的一般变化而言的工作强度的变化、进入或流动限制、工作场所的性别和年龄歧视,以及雇员技能差异的影响。第二,国际竞争可能会削弱工会的力量,从而限制其对工资制定的影响[当坦、亨特(Danthine & Hunt,1994)]。第三,通过允许对资本存量进行投资,企业可能会决定用资本替代劳动,或者相反,从而改变资本劳动比率,造成全要素生产率(TFP)与劳动生产率的背离。然而,由于主流理论只是简单假定在完全竞争均衡的生产过程中,各要素都以其边际产品被支付报酬,因此不可能存在系统的、长期性的工资—生产率差距。

与主流理论相反,在马克思理论体系中不存在边际劳动生产率递减的规律,因为技术进步是该体系的核心。在马克思对于分配的分析中,工资是劳动力的价格,或者是劳动者从事有用劳动的能力的价格。在正常情况下,劳动力的价格被理解为与劳动力供给无关,即劳动力供给是具有完全弹性的,这是因为失业或劳动力后备军系统性的存在,迫使工人以市场上提供的任何工资水平寻找工作,而工资水平取决于资本积累率和对劳动力的需求。正如马克思在《资本论》第一卷中所指出的,资本积累率是自变量,实际工资是因变量。在经济强劲增长、失业率几乎被消除的时期,工资往往上升到生存水平以上(这一水平有"历史和道德因素"加以补充),利润受到挤压,积累速度放缓,失业率上升,因此工资又恢复到历史上给定的新的"生存"水平。在这个抽象水平上,剩余价值和利润是由技术和生产力状况决定的总产出减去生产性劳动报酬后的剩余。综上所述,根据马克思主义理论,工资主要取决于资本积累的速度和由此产生的对劳动力的需求,也取决于劳动和资本争夺新产出价值的分配的结果。然而,就收入的长期阶级分配格局而言,由于任何资本主义企业或部门都不可能在工资增长超过生产率增长的情况下生存,经典的马克思主义分析认为,工资—生产率差距扩大意味着生产性劳动的工资份额下降(如果非生产性劳动报酬和其他类似成本与生产性劳动报酬和成本的比率增加到足够大时,可能导致利润份额下降),而这在资本产出比上升时,不一定会引起利润率的上升。

20世纪70年代滞胀危机期间发展起来的两大马克思主义思潮对长期分配格局的预测分别基于利润份额的下降和上升。第一大思潮与"利润挤压"理论有关,该理论认为生产率的提高和实际工资的增长由一组或多或少共同的因素[2]("社会"和"技术")同时决定,并声称在战后"黄金时代",低失业率、降低的"失业成本"、福利国家对工人保障的安排以及不断变化的阶级权力关系导致工资相较于生产率系统性地更大幅度地增长,利润份额下降。这种方法尽管在20世纪70年代和80年代占主导地位,但在新自由主义时期,随着生产率的提升明显超过实际工资的上涨,它便开始衰落了。阶级收入分配的发展更符合马克思主义的另一个主要传统,即消费不足—垄断资本法,它认为技术先进的大资本单位(垄断企业)已经实现了高水平生产率,大大超过了实际工资(限制在一个以阶级和剥削直接生产者为基础的社会制度中),从而造成了工资—生产率差距和不断上升的（潜在的）利润份额，进而导致了实现问题①。

因此，可以说，马克思主义理论的三大思潮中，有两大思潮都预测工资—生产率差距在中长期内不断扩大是一种正常的发展态势。现在，我们对处于战后发展时期新自由主义阶段的希腊经济中可能造成这种差距扩大的一些变量进行计量识别和估计。

第三节　工资—生产率差距的决定因素

在讨论工资—生产率差距不断扩大的可能决定因素之前，有必要以更详尽的形式来表达这一术语。根据定义，如果工资和产出分别被 CPI（Pc）和 GDP 平减指数（Py）平减，则工资—生产率差距可以分解为：①劳动力的贸易条件，即以 GDP 平减指数衡量的产出价格与以 CPI 衡量的劳动力消费的产品价格之间的比率，以及②劳动在产出中所占的名义份额，因为工资总额和产出总额均除以工作时间。

$$w - y = W/GDP + (Py / Pc)②$$

也就是说，工资—生产率差距扩大转化为名义劳动份额的下降或劳动力贸易条件的恶化，或者两者兼而有之。

一、资本—劳动比

资本—劳动比上升所反映的资本深化，与劳动生产率增长之间的关系在有关生产率决定因素的文献中有很详尽的记载，恩兰德和格尼（Englander & Gurney, 1994）以及叙韦森（Syverson, 2011）认为，资本—劳动比的上升会导致生产率的提高。另外，新的资本投资通过劳动力构成的变化来影响工资，因为新的资本设备要求更多的技能，所以非技术工人的工资相对于高技能工人的工资往往会受到抑制；同时通过资本和劳动力之间

---

① 原作者释为消费不足的问题，指无法在市场上实现生产中所产生的价值。——译者注
② 该公式与原著中不一致，因为经与原著作者沟通，原著作者对此公式进了订正。——译者注

的替代效应来影响工资,尽管工资谈判机构在最终的结果中会发挥重要作用［克鲁格曼,1994;柯尼格尔、莱奥纳尔迪(Koeniger & Leonardi,2007)］。因此,资本—劳动比的提高会导致劳动生产率的提高,而不一定会导致小时工资的类似增加,因此很可能导致工资—生产率差距扩大。

二、消费者物价指数

消费者通货膨胀对生产率的影响在文献中颇有争议,因为证据表明两者之间同时存在正相关和负相关关系。布尔曼和西蒙(Bulman & Simon,2003)提出,通货膨胀会破坏价格中的部分信息,从而造成大量的配置效率低下,导致生产率增长放缓,并通过税收制度的扭曲来影响生产率,因此两者之间存在负相关关系。与这些观点相反,韦克福德(Wakeford,2004)等提出了一种正相关关系,即较高的工资通胀既直接增加了工人的"失业成本",也造成了资本对劳动力的替代,从而提高了生产率。从实证来看,通货膨胀对实际工资的影响至少在高通货膨胀时期是负面的(布罗曼,2004),尽管其他人［亨德里(Hendry,2001)］认为可能出现相反的情况,因此,通货膨胀的增加更有可能导致工资—生产率差距的扩大,尽管这一结果并不明确。

三、"失业成本"——失业

在非主流的传统中,特别是在积累的社会结构学派中,"失业成本"即失业率水平、失业期长短、失业救济金水平和失业前后净工资的综合影响,被发现对生产率的增长有显著影响。该领域的实证研究［魏斯科普夫等,1983;雷比泽尔(Rebitzer,1987)］表明,失业成本的增加对生产率提高会产生积极影响。但其他研究(魏斯科普夫,1987)则揭示出一种更为复杂的关系,因为失业被发现对生产率有反向影响,尤其是在一个国家的社会经济制度环境建立在劳资合作关系以及工人保障的基础之上的情况下。

四、工会密度

弗格森(1996)指出,从20世纪80年代开始,工会力量的下降导致劳工无法实现与生产率水平提高相当的实际工资的增长。弗格森的分析表明，工会密度的下降以两种不同的方式对工资—生产率差距产生正向影响：一是工会组织比率下降的行业无法保障就业水平，二是在这些行业无法将工资保持在生产率增长的水平上。与弗格森的部分论点相反，扎沃德尼（Zavodny，1999）得出的结论是，尽管工会力量的下降可能对工资—生产率差距的扩大起到了一定作用，但这种作用可能并不重要，因为在工会力量下降的行业，工资—生产率差距扩大的速度往往没有明显加快。因此，我们有理由相信，工会力量的下降倾向于增大工资—生产率差距。

五、国际竞争（进口渗透）

贸易开放通常被认为会对生产率产生积极影响（叙韦森，2011）。在这样的论点中，贸易开放对受国际竞争影响的行业施加了创新的压力，显然，这反过来又会转化为生产率的提高。有证据表明，贸易开放导致工资的下行压力加大［斯通、塞佩达（Stone & Cepeda，2011）］，主要是通过削弱工会的力量，特别是在发达资本主义国家。因此，一般而言，国际竞争尤其是贸易开放，预计会对工资—生产率差距产生正向影响，因为它往往会提高生产率，降低实际工资。

六、劳动力构成（年龄、性别、受教育程度）

人们认为，由于失业率较低，青年工人和妇女更多地加入劳动力队伍，使技能较低的工人进入了劳动力市场，从而导致生产率增长下降。这一观点最初由诺德豪斯（Nordhaus，1972）等基于20世纪70年代的"生产率放缓"提出。根据这一论点，劳动力从农业涌入制造业后，由于新劳动成员的效率低下，生产率增长放缓。此外，一些研究发现，年龄、性别和种族等劳动力特征均会影响收入，年轻工人和女性工人的工资低于年长工人和男性工人的工资。因此，年龄和性别对工资和生产率的影响是一致的，这些变量预计只会根据其范围和规模但不一定按照特定的方向来影响工资—生产率差距。除此之外，还有一些研究发现［伊尔马库纳斯、马利兰塔（Ilmakunas & Maliranta，2002）］，年龄和性别变量对工资—生产率差距有正向影响。

在主流文献中，明确处理"人力资本"的宏观内生增长模型［曼基夫（Mankiw）等，1992］为"人力资本"和增长之间关系的建立提供了理论基础。在这一传统中，正式的教育程度［本哈比布、施皮格尔（Benhabib & Spiegal，1991）］和非正式的工作技能学习［德客、英格拉姆（DeJong & Ingram，2001）］被确定为与生产率增长呈正相关关系的因素。然而，在一些研究中，与资本深化相比，人力资本的重要性微乎其微［施韦尔特、图奈宁（Schwerdt & Tuunen，2007）］。另外，教育和工资的正相关关系是劳动经济学文献中最为著名且备受检验的论断之一，无论是基于"人力资本"方法，还是基于激励模型或其他类似模型［曼塞（Mincer，1958，1974）；拉齐尔（Lazear，1979）］。这里的主要论点是，收入是通过学校教育和工作经验积累的人力资本的函数，随着年龄的增长而增加。由于积累的人力资本的增加同时提高了生产率和工资，其对工资—生产率差距的影响并不是预先确定的。

第四节　实际工资、生产率、平减指数和非生产性劳动与生产性劳动的比率

在简要介绍了相关文献之后，我们转向对希腊经济中工资和生产率之间关系的实证考查。劳动生产率和工资都是指整个私营经济中每小时工作的不变价值计量。

图 3.1 显示了战后希腊经济中劳动生产率的演变，以总工作时长产生的实际增加值总额和实际小时工资来衡量。由于文献中常见的一个论点［如博斯沃思、佩里（Bosworth & Perry，1994）；费尔德斯坦，2008］认为，工资—生产率差距的存在只是产出（GDP）平减指数和 CPI 的演变所

产生的差异在统计上的假象，我们用这两个平减指数对生产率和小时工资进行平减。就私营经济总量而言，我们可以推断，自1985年以来，当然也是1990年[3]以后，生产率的增长明显且系统性地超过了实际工资的增长，这意味着希腊新自由主义时期的到来。

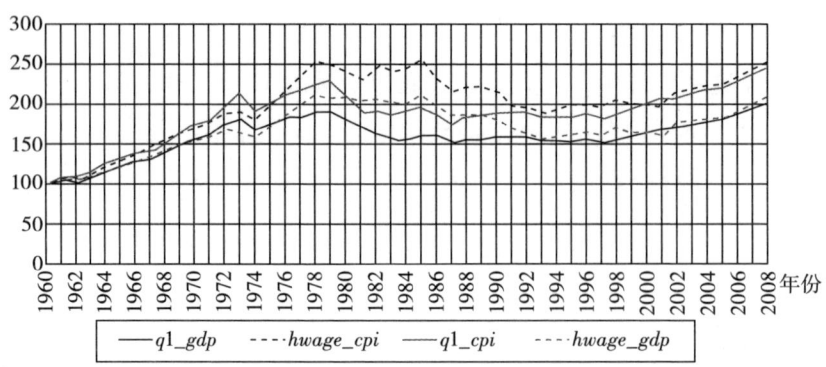

图3.1　1960—2008年整个私营经济中的劳动生产率和实际小时工资

注：$q1\_gdp$为经gdp平减指数平减的劳动生产率；$q1\_cpi$为经cpi指数平减的劳动生产率；$hwage\_cpi$为经cpi指数平减的实际小时工资；$hwage\_gdp$为经gdp平减指数平减的实际小时工资。

在图3.2中，当对生产性劳动和非生产性劳动进行区分时，我们分别用以下变量来表示总工资和总就业生产率。产出是马克思主义理论中的实际增加值，工资是生产性劳动或可变资本的工资，生产率变量中的劳动投入是生产性劳动的工作时间。在这种情况下，尽管不同平减指数的选择会产生差异，但工资增长系统性地滞后于生产率的增长。在图3.3中，我们展示了马克思主义理论中的劳动生产率与生产性劳动工资之间的差距。这个变量是以马克思主义生产率指数与生产性劳动实际工资指数之差来衡量的，基期为1960年。因此，差距的增加可以理解为剥削率的增加。从图3.3可以明显看出这两个变量都被相同的价格指数（CPI）平减时存在差距，从20世纪80年代中期即希腊新自由主义时期开始，这一差距便开始系统性增加。

应该指出的是，生产性劳动和非生产性劳动之间的区别通过两种不同

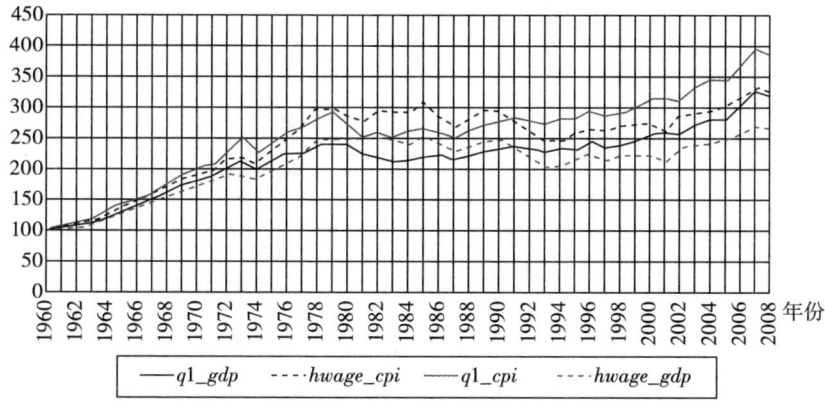

图 3.2　1960—2008 年生产性劳动生产率和实际小时工资

注：$q1\_gdp$ 为经 gdp 平减指数平减的劳动生产率；$q1\_cpi$ 为经 cpi 指数平减的劳动生产率；$hwage\_cpi$ 为经 cpi 指数平减的实际小时工资；$hwage\_gdp$ 为经 gdp 平减指数平减的实际小时工资。

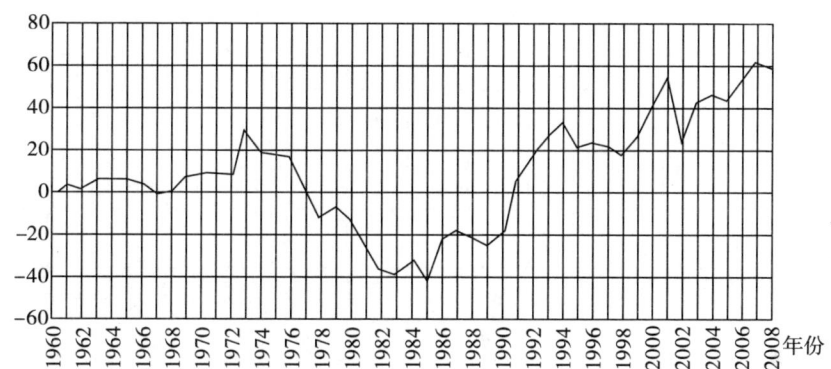

图 3.3　经 CPI 指数平减的马克思主义劳动生产率与生产性劳动工资之间的差距

的渠道影响对劳动生产率的衡量。

首先，生产率的分母——劳动投入，仅限于生产性劳动工时，而不是总劳动工时。究其原因，在主流传统中，产出是总劳动投入的结果，而在马克思主义和一般的古典政治经济学传统中，如果我们将独立的自营商品生产者的价值生产抽象化，就会发现价值和剩余价值完全是被归为生产性劳动力的那部分劳动力的劳动活动的结果。换言之，在古典和马克思主义传统中，只有生产性劳动的投入才会创造可供积累的价值和剩余价值，而非生产性劳动则被认为是积累的成本和障碍。因此，非生产性劳动是消耗而不是增加了生产性劳动创造的剩余价值。其次，劳动生产率的分子是马克思主义增加值（Marxian Value Added），这一指标被定义为贸易部门的中间投入与生产、贸易、金融和保险部门的增加值之和（谢赫、托纳克，1994）。我们注意到，在马克思主义增加值中不包括主流国民账户中虚构的增值部分，特别是不包括公共行政管理和强制性社会保障以及房地产部门报告的增加值。图3.4显示了马克思主义和主流生产率衡量指标之间的关系。马克思主义劳动生产率在默认情况下比相对应的主流劳动生产率水平高，这是因为分子较大而分母较小，增长率的差异源于非生产性劳动占总劳动的比率和贸易的中间投入与主流增加值的比率的演变。

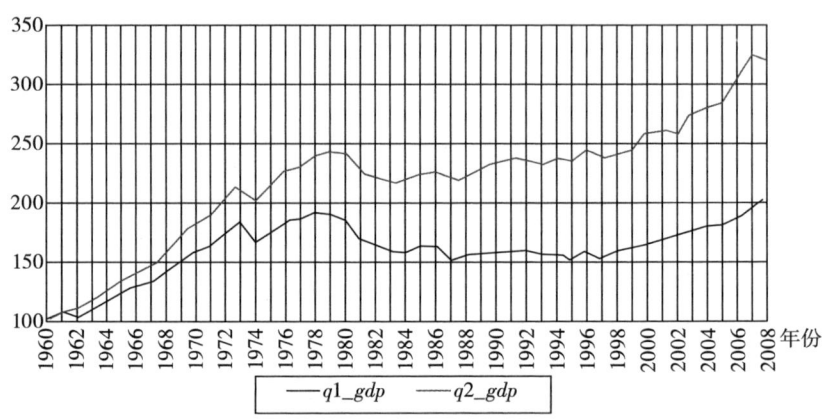

图3.4 主流（$q1$）和马克思主义（$q2$）劳动生产率经GDP平减指数平减
（基期为1960年）

第五节 对工资—生产率差距决定因素的计量经济学估算

我们要检验的假设是，工资—生产率差距受到资本—劳动比率、失业率、工会密度、进口渗透率和通货膨胀的影响。资本—劳动比率预计会对工资—生产率差距产生正向影响，因为在其他条件不变的情况下，人均生产资料的增加会提高生产率，而不必增加工资。失业率的上升预计也会导致工资—生产率差距的扩大，因为受到更高失业率压力的劳动力不太可能成功地获得与生产率变化相适应的工资增长。工会密度预计会对工资—生产率差距产生负向影响，因为工会化程度的提高有望使劳动力增加工资，而不一定会使生产率得到等量的提高，或减少劳动强度和劳动力的提取，从而使生产率增长放缓，而没有类似的工资削减。进口渗透率预计会通过加剧国际竞争来降低工资，或者提高生产率而未反映在工资增长上，从而扩大工资—生产率差距。最后，CPI 的上涨预计将对工资—生产率差距产生正向影响，因为工资不与消费品价格的变化挂钩，而且通常在通货膨胀显著的情况下，消费者的购买力也无法得到有效保护。

方程（3.1）给出了需要检验的关系：

$$GAP_t = \alpha + \beta[(KL_P)_t] + \gamma[(UNEMP)_t] + \delta(UNION_t) + \varepsilon(IMP_t) + \zeta(CPI_t) + \varepsilon_t \tag{3.1}$$

其中，α 为常数；GAP 是指工资—生产率差距，定义为马克思主义生产率指数与生产性劳动的实际小时工资指数之差；KL_P 为固定私人资本与生产性劳动之比；UNEMP 为失业率；UNION 为工会密度；IMP 为进口渗透率指标，以进口商品占 GDP 的比重来衡量；CPI 为消费价格指数的对数；t 表示时间。CPI 平减了增加值和工资。需要注意的是，运用方程（3.1）估算的是工资—生产率差距开始扩大之后的时期（1986 年之后），也就是上文中提到的，当时希腊经济为建立新自由主义制度进行了第一次尝试。

按以下步骤对方程（3.1）进行估计。首先，对变量进行单位根检验，以了解它们的差分阶数，避免出现伪回归。其次，如果发现变量均为一阶单整序列［I（1）］，便对其进行协整检验，以检验是否存在可能的协整关系。最后，如果发现变量间存在协整关系，将使用向量误差修正模型（VECM）来估计其关系。

为了检验变量中是否存在单位根，根据施瓦茨信息准则（Schwarz Information Criterion）确定 4 个滞后阶数，并采用扩展的迪克—福勒检验

（ADF）进行单位根检验。表 3.1 中的结果表明，除了变量 log CPI 是平稳的，其他变量均为在一阶差分后平稳。

表 3.1　ADF 单位根检验

ADF 检验	程度		一阶差分	
变量	t 统计量	5%P 值	t 统计量	5%P 值
GAP	-1.263 305	0.627 4	-5.186 109	0.000 5
KL_P	1.885 843	0.999 6	-3.978 205	0.006 6
UNEMP	-1.489 343	0.519 2	-3.182 915	0.035 6
UNION	-0.818 194	0.794 0	-3.463 480	0.020 6
IMP	-1.523 306	0.502 5	-2.884 746	0.064 1①
log CPI	-3.936 511	0.007 6	-4.207 516	0.004 9

在确定上述变量为一阶单整序列 I(1) 和零阶单整序列 I(0) 后，对其进行 Johansen 协整检验，并假设一阶差分的滞后阶数为 1。之所以采用该滞后期数，是因为待估计数据为年度时间序列。表 3.2a 和表 3.2b 中的迹检验和特征值检验结果都表明，在 95% 的置信水平下，模型中存在不超过两个协整方程。由于存在时间趋势时协整关系成立，因此我们根据 Pantula（1989）提出的原理采用无时间趋势和无截距项的形式来检验协整关系。

表 3.2a　Johansen 迹检验, 模型 1

原假设	特征根	迹统计量	5%临界值	P 值**
None*	0.990 605	178.005 1	83.937 12	0.000 0
At most 1*	0.888 372	79.985 66	60.061 41	0.000 4
At most 2	0.521 209	33.941 37	40.174 93	0.184 0
At most 3	0.439 772	18.475 07	24.275 96	0.226 1
At most 4	0.259 114	6.307 438	12.320 90	0.399 5
At most 5	0.000 445	0.009 345	4.129 906	0.937 0

注：＊＊表示 5% 的显著性水平。

---

① 据原著作者所释，IMP 变量一阶差分的 P 值虽在 5% 的显著性水平下不显著，但在 10% 的显著性水平下显著，因此并不影响原文中"其他变量均为在一阶差分后平稳"的结论。——译者注

表 3.2b Johansen 特征值检验,模型 1

原假设	特征根	最大特征值统计量	5%临界值	P 值**
None*	0.990 605	98.019 45	36.630 19	0.000 0
At most 1*	0.888 372	46.044 29	30.439 61	0.000 3
At most 2	0.521 209	15.466 30	24.159 21	0.467 4
At most 3	0.439 772	12.167 64	17.797 30	0.286 4
At most 4	0.259 114	6.298 093	11.224 80	0.317 0
At most 5	0.000 445	0.009 345	4.129 906	0.937 0

注:**表示5%的显著性水平。

在确定变量间具有协整关系之后,继续对包含一个滞后期的一阶差分和一个协整关系的 VECM 模型进行估计。表 3.3 列出了长期系数和误差修正项(ECT)的估计结果。表 3.3 以模型 1 的形式呈现了方程(3.1)的估计结果,结果发现,除了失业率不显著且符号与预期不一致外,其他变量都高度显著且与预期影响方向一致。因此,在剔除了失业率这一变量后重新估算方程(3.1)。当然,在对方程(3.1)进行估算前,我们同样使用少数变量进行了 Johansen 检验,结果与之前相同。VECM 模型的估计结果如表 3.3 中的模型 2 所示,所有变量的显著性和符号均无变化,因此证明了估算的稳健性。

将 VECM 模型 2 的系数代入方程(3.1),得到关系式:

$$GAP2CPI = 23.73KL_P - 339.58UNION + 212.88IMP + 45.328CPILOG$$

值得注意的是,工会密度的系数值最高,表明工会化对工资—生产率差距的影响非常重要。

表 3.3 VECM 模型估计结果,因变量为马克思主义生产率—工资差距:CPI 平减指数

变量	值	标准差	值	标准差
	模型 1		模型 2	
ECT	-0.355 347	(0.188 78)	-0.268 853	(0.155 68)
KL_P	-32.800 58	(6.280 31)	-23.727 71	(10.647 4)
UNEMP	43.333 39	(69.986 5)		
UNION	258.798 2	(27.455 3)	339.583 7	(28.204 7)

续表

变量	值	标准差	值	标准差
	模型1		模型2	
IMP	−159.540 6	(21.069 7)	−212.884 6	(30.087 3)
CPI LOG	−45.515 48	(2.490 80)	−45.327 79	(3.430 17)
R^2	0.441 342		0.416 048	
adj R^2	0.201 917		0.221 398	
AIC	7.802 882		7.751 924	
SBIC	8.151 056		8.050 359	

此外,还对VECM模型残差进行了自相关性检验、正态分布检验和异方差检验(为简洁起见未作报告),结果显示,该模型通过了这些常规检验。最后,图3.5展示了来自各变量的一个标准差的冲击对工资—生产率差距的影响。

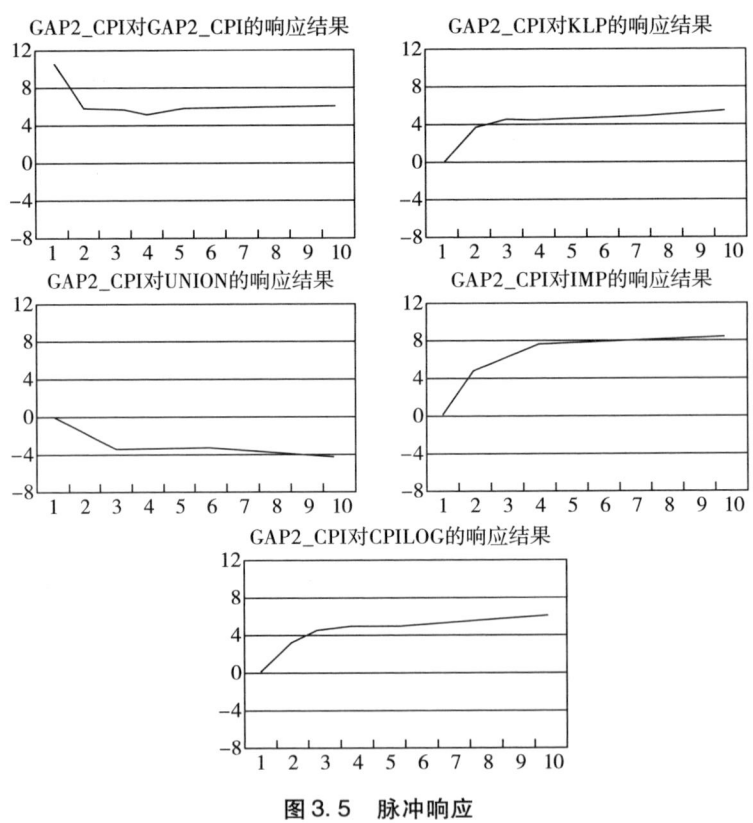

图3.5 脉冲响应

第六节 结论

新自由主义时期最鲜明的特征之一是收入的阶级分配偏向资本。在这一时期，所有的分配指标、剩余价值率、利润—工资比率以及收入差距的统计数据（如基尼系数）都朝着资本和富人的方向移动。这种移动的确切机制和根本原因尚未得到彻底探讨，尤其是在希腊。我们对 1986—2008 年的数据进行了实证检验，结果表明，从古典经济学和马克思主义政治经济学对分配关系的分析中得出的论点对于希腊的经济状况是适用的。生产的机械化和资本化（在失业率略微上升的时期将活劳动从生产过程中驱逐出去）在提高生产率的同时对劳动者的议价能力产生了消极影响，从而扩大了工资—生产率差距，提高了剥削率，并可能增加利润份额。随着"全球化进程"即全球范围内资本主义竞争加剧，像希腊这样生产率较低（平均而言）的国家资本越来越多地面临国际竞争（特别是在欧元区几乎没有任何保护措施的情况下），因此它们更有可能提高对工人的剥削率，尤其在利润率不断下降的背景下。此外，可能是由于这种日益激烈的竞争环境的影响，工人们在面对消费品价格上涨时无法像在 20 世纪 70 年代通货膨胀时期（当时工资—生产率差距正在缩小）那样有效地保护自己的购买力。最后，可能最重要的是，正如政治经济学方法所预期的，新自由主义时期不断下降的工会化率在很大程度上造成了实际工资的停滞和工资—生产率差距的扩大，即生产性劳动工资比重下降以及剩余价值率上升。

注释

1. 根据谢赫和托纳克（1994）制定的方案，马克思主义增加值不同于官方国民账户中的常规增加值，因为它包括贸易部门的中间投入以及生产和贸易部门支付给特许权使用费部门的收入，但不包括公共部门的增加值和传统方法中的其他估算。

2. 参见戈登(Gordon,1987)对马克思主义分配理论的评论。

3. 关于战后希腊资本主义根据利润率表现进行的阶段划分,见第六章。新自由主义时期始于1985年前后,1990年后逐渐牢固确立。

参考文献

[1] Benhabib J,Spiegel M. (1991),"Growth accounting with physical and human capital accumulation", Working Papers 92 – 24.

[2] C. V. Starr Center for Applied Economics, New York University, New York.

[3] Blanchard O. (2006),"European unemployment: the evolution of facts and ideas", *Economic Policy* 21(45).

[4] Bosworth B, Perry G. (1994),"Productivity and real wages: is there a puzzle?" *Brookings Papers on Economic Activity* 1994(1).

[5] Braumann B. (2004),"High inflation and real wages", *IMF Staff Papers* 51(1).

[6] Bulman T, Simon J. (September 2003),"Productivity and inflation", RBA research discussion papers rdp 2003 – 10, Reserve Bank of Australia.

[7] Calmfors L, Driffill J, Honkapohja S et al. (1988),"Bargaining structure, corporatism and macroeconomic performance", *Economic Policy* 3(6).

[8] Danthine J – P, Hunt J. (1994),"Wage bargaining structure, employment and economic integration", *Economic Journal* 104(424).

[9] DeJong D, Ingram B. (2001),"The cyclical behavior of skill acquisition", *Review of Economic Dynamics* 4(3).

[10] Englander S, Gurney A. (1994),"OECD productivity growth: medium – term trends", *OECD Economic Studies* 22.

[11] Feldstein M. (2008), "Did wages reflect growth in productivity?" NBER Working Paper Series 13953.

[12] Ferguson W. (1996), "Explaining the rising wage - productivity gap of the 1980s: Effects of declining employment and unionization", *Review of Radical Political Economics* 28(2).

[13] Gordon D. (1987), "Distribution theories", in Eatwell J, Milgate M, Newman P. (eds), *The New Palgrave: Marxian Economics*, New York: W. W. Norton & Co.

[14] Hendry D. (2001), "Modelling UK inflation, 1875 - 1991", *Journal of Applied Econometrics* 16(3).

[15] Ilmakunnas P, Maliranta M. (2002), "Labour characteristics and wage - productivity gaps", *New Zealand Economic Papers* 36(1).

[16] Koeniger W, Leonardi M. (January 2007), "Capital deepening and wage differentials: Germany versus US", *Economic Policy* 22.

[17] Krugman P. (1994), "Past and prospective causes of high unemployment", *Economic Review*, Issue QIV.

[18] Lazear E. (1979), "Why is there mandatory retirement?" *Journal of Political Economy* 87(6).

[19] Maniatis T, Passas C. (2013), "Profitability, capital accumulation and crisis in the Greek economy 1958 - 2009: A Marxist analysis", *Review of Political Economy* 25(4).

[20] Mankiw G, Romer D, Weil D. (1992), "A contribution to the empirics of economic growth", *Quarterly Journal of Economics* 107(2).

[21] Mincer J. (1958), "Investments in human capital and personal income distribution", *Journal of Political Economy* 66(4).

[22] Mincer J. (1974), *Schooling, Experience, and Earnings*, New York:

Columbia University Press.

[23] Nordhaus W. (1972), "The recent productivity slowdown", *Brookings Papers on Economic Activity* 3(3).

[24] Pantula S G. (1989), "Testing for unit roots in time series data", *Econometric Theory* 5.

[25] Rebitzer J. (1987), "Unemployment, long-term employment relations, and productivity growth", *Review of Economics and Statistics* 69(4).

[26] Schwerdt G, Tuunen J. (2007), "Changes in human capital: Implications for productivity growth in the euro area", *Ifo Working Paper Series* 53.

[27] Shaikh A, Tonak A. (1994), *Measuring the Wealth of Nations*, Cambridge: Cambridge University Press.

[28] Stone S, Cepeda R. (October 2011), "Wage implications of trade liberalisation: Evidence for effective policy formation", *OECD Trade Policy Papers* 122.

[29] Syverson C. (2011), "What determines productivity?" *Journal of Economic Literature* 49(2).

[30] Wakeford J. (2004), "The productivity-wage relationship in South Africa: An empirical investigation", *Development of Southern Africa* 21(1).

[31] Weisskopf T. (1987), "The effect of unemployment on labour productivity: An international comparative analysis", *International Review of Applied Economics* 1(2).

[32] Weisskopf T, Bowles S, Gordon D. (1983), "Hearts and minds: a social model of U.S. productivity growth", *Brookings Papers on Economic Activity* 14(2).

[33] Zavodny M. (1999), "Unions and the wage-productivity gap", *Economic Review* Q2.

第四章

欧盟—国际货币基金组织关于希腊问题的备忘录
——针对希腊资本主义的一套有问题的战略
德莫帕尼斯·帕帕达托斯

第一节 引言

今天,希腊资本主义正处于国际发展的中心。它的经济危机与全球资本主义危机以及与之相关的欧元区危机紧密相关,并对它们产生重大影响。

自2009年以来,资本主义一直处于全球危机当中,众所周知,这场危机始于美国,是所谓的次级抵押贷款资产支持证券危机。当前的希腊危机和欧元区危机都是2007—2009年全球危机的延续,而后者又是之前一系列危机的延续和高潮。系列危机(如墨西哥比索危机、俄罗斯卢布危机、土耳其里拉危机以及亚洲和阿根廷危机)在1987年纽约证券交易所(NYSE)美股崩盘之后爆发的频率异常之高。所有这些危机都有一个共同的根源,那就是1973年全球经济危机,及其利润率下降的原因和不良影响。随后的资本主义结构调整浪潮只是成功地恢复了部分资本的利润率,换句话说,利润率再也没能回到1973年以前的水平。

希腊资本主义对当前危机的回应是发起一场全面的结构调整,旨在将其从一种以国家和公共部门为驱动力的资本主义转变为以私营部门为主导的资本主义。这一战略是通过"三巨头"的备忘录来实施的，它有一个严格的"外部"限制：这一重大的结构调整必须在全球经济危机的不利环境下进行。

本章首先简要描述全球资本主义危机的背景，在这一背景下，希腊资本主义正经历着自身的危机。随后将"希腊备忘录"的一般理论框架与国际货币基金组织新自由主义结构调整模型进行比较分析。接下来展示希腊"备忘录"的具体特点和特殊性。最后，揭示其系统性失败的原因，以及使"备忘录"战略不可行的更广泛的历史、经济和社会制约因素。

第二节 "备忘录"的理论和政治背景：新自由主义出口导向型增长方式

"备忘录"战略的理论和政治背景可追溯到 20 世纪 70 年代末 80 年代初，由于 1973 年的全球资本主义危机，欠发达国家爆发了所谓的债务危机。主要帝国主义经济体的利润率不断下降，经济活动随之减少，导致国际收支出现严重赤字，特别是在欠发达国家。与此同时，美国为了通过实施货币主义学说来抑制通货膨胀而修订的货币政策突然给那些以美元借贷的经济体带来了额外的负担，迫使它们为贷款支付巨额利息，同时其出口（以及由此产生的收入）也开始下降。这导致了债务危机的发生，这场危机始于 1982 年墨西哥危机，并迅速蔓延到整个发展中世界，特别是在拉丁美洲以及许多非洲和东欧国家。同时，所谓的社会主义国家的解体为西方帝国主义在全球范围内推行新自由主义政策扫清了一切障碍。国际货币基金组织和世界银行在制定和实行这些政策方面发挥了重要作用，因此，许多在之前谴责这些政策带有新帝国主义色彩的发展中国家，也不得不屈从于它们的"援助"，并采用它们的政策和结构性规定，以换取贷款。

对于新自由主义理论而言，许多国家的债务问题被认为是偿债能力问题（如果它们不承诺进行重大的经济和结构改革，就无法支付债务利息），而不是流动性问题（可以通过向它们发放短期贷款和调整政策来解决）。2007—2009年全球危机之前，新自由主义结构调整的理论依据是J.威廉森（J. Williamson）的"华盛顿共识"。这一术语概括了工业化经济体和国际机构中的官员、新自由主义知识分子就新自由主义结构调整方案的主要指导原则达成的广泛共识：自由市场统治、贸易自由化、不受限制的资本流动、私有化和公共部门的缩减等（马夫鲁迪斯、帕帕达托斯，2007）。

这一议程在全球范围内的实施，促进了西方资本主义主导下的国际经济在更大程度上的一体化。这种国际一体化的特殊性质有利于维护国际和国际化资本中最具侵略性部分的利益，这部分主要表现为西方跨国企业。因此，商界精英和保守派知识分子之间结成联盟，以推动新自由主义企业的"全球化"，其主要手段之一是扩大当时的关贸总协定（GATT），并于1996年成立世界贸易组织（WTO）。

实现内部和外部自由化的新自由主义方案的一个关键要素是，欠发达经济体要采取出口导向战略。这背后的逻辑是，欠发达经济体的资本有机构成较低，并且有可能提高剩余价值率。因此，当西方跨国公司可以无限制、无风险地向这些经济体投资时，它们就可以获得额外的利润。根据新自由主义的方案，出口导向必须与审慎的财政和货币政策相结合，特别是为了消除严重的通货膨胀需要平衡预算，而这扭曲了创业计划和期望。此外，通货膨胀被认为是一种降低了资本盈利能力的间接税。这与新自由主义的观念相吻合，即"应正确确定价格"，不允许政府扭曲价格。据称，这些改革的实施很有可能会激发私营部门的主动性，从而带来额外的"增长红利"。最后，新自由主义强调制度改革的必要性，从根本上讲，这意味着应该取消过去有利于国家资本（通过裙带关系）和（或）工人权利的制度安排，而且必须在不受民主和宪法限制的情况下进行制度改革。在实施这些新流程方面，那些理应"清廉"的经济技术官员（最好曾在国际组织和企业中任职）更受青睐。

国际货币基金组织调整方案所概括的新自由主义战略的主要内容如下：

（1）通过向国际资本开放，使国民经济融入全球经济；

（2）汇率贬值，以提高竞争力，并在短期内避免过度衰退；

（3）实现劳动力市场自由化以提高竞争力；

（4）财政整顿，以缩小公共部门规模，降低公共社会成本（如医疗保险、教育、生活质量），并将这些领域交由私人资本开发；

（5）"削减"公共债务（假如它是不可持续的），在不给经济带来过度衰退负担的情况下促进方案的实施。

战略目标是加强长期国际竞争力，使国家成为对跨国企业具有吸引力的外国直接投资的目的地，以生产出口产品（商品和服务）。因此，新自由主义议程中的发展战略强调国家的外向型，特别注重出口增长和吸引外国直接投资。

这一战略在墨西哥的经历中得到了较好的体现［帕利（Palley，2011）］。结构调整使墨西哥转变为一种"生产平台"，为全球化的跨国公司提供可出口的商品和服务。这意味着墨西哥的工业基础设施并不主要遵循其内部分工的需要，相反，新的工业基础设施符合跨国公司推动的"全球化"生产和金融的要求。

然而，这种新自由主义战略存在争议。如果"外向型经济确实增长更快"这一新自由主义观点正确，那么出口和外国直接投资（FDI）应该增加总投资（或至少不减少投资）。根据威克斯（Weeks，2007）对发展中国家的统计，尽管在20世纪80年代和90年代出口和外国直接投资的增长速度都比以前快，但GDP却并没有始终同步增长。此外，在贸发会议1992年的《世界投资报告》中，外国投资促进投资和促进出口增长的作用均受到了质疑。该报告指出，外国直接投资在发展中国家国内投资中所占份额非常小（低于5%），并且在许多情况下，跨国公司的活动并不总是有助于通过贸易实现长期的可持续的增长，有时跨国公司还会滥用其市场力量，阻碍当地投资的增长［贸发会议（UNCTAD，1992）］。

南非的经历也很有特色［盖尔德、布莱克（Geld & Black，2004）］。南非是一个中等收入的半工业化经济体，有着稳固的工业基础，并伴随着高失业率的细分劳动力市场以及20世纪90年代的实际汇率贬值。它采取了一项经济政策，通过吸引外国直接投资和融入全球生产网络来促进出口带动的增长，以解决储蓄不足的问题（储蓄不足被认为是固定投资率偏低的根本原因），然而，从产出输出到全球生产网络的意义上讲，南非大多数新的外国直接投资并不是生产全球化进程的一部分，相反，新的外国直接投资集中在国内和区域市场。许多投资者通过限制其投资的不可逆转性、生产外包或将重点放在提供服务而不是资本要求较高的制造业务上以降低风险。大多数公司进行投资都是为了寻求市场，尽管这些相关市场既包括邻国市场，也包括国内经济，而国内生产过程融入全球网络的程度仍然有限。总的来说，20世纪90年代南非的外国直接投资水平很低，因此通过它增加产出和就业的政策目标并没有实现。

另外，在1980年之前，就国际收支核算的所有实际目的而言，外国直接投资都相当于资本形成，1980年以后，随着资本账户的自由化和最初与"华盛顿共识"相关的私有化，外国直接投资的性质发生了实质性的变化。由于公共资产被出售给外国公司，私有化采取了债务和股权互换的形式。外国直接投资发生的这些变化产生了重要的后果。1980年以后，外国直接投资流的意义与以往不同，因为从国际收支核算的角度推断外国直接投资会导致资本形成的说法已经不再成立，不能再假定全部或部分外国直接投资会创造新的资产。随着资本账户管制的放松以及与其有关的国际公司对国内资产的收购，对外国直接投资优势的强调从直接促进资本积累转变为更具投机性的结果，外国直接投资产生的可能性包括以下情况：①获得无法以其他方式获得的技术和技能；②进入新的出口市场；③产业扩散效应，提高国内公司的管理或技术效率（贸发会议，1999）。然而，实证论据表明，无法就这些可能性得出一般性结论，因为这取决于每个国家的具体情况。

第三节　希腊的"备忘录"战略

希腊的"备忘录"遵循了国际货币基金组织结构调整方案的指导原则，但对其作了重大修改。根据希腊的情况，必须修改国际货币基金组织的典型方案，因为这是该组织历史上第一次将如此庞大的方案强加给发达经济体，也是首次对欧洲货币联盟等货币联盟成员国的经济实施此类方案。这些事实带来了一些技术和政治上的困难。应该注意的是，希腊的经济调整方案是一个4年期计划，这与国际货币基金组织典型的3年期的结构调整方案形成了对比，反映出希腊对这一方案调整的规模和复杂性。

与国际货币基金组织的标准方案一样，财政整顿和劳动力市场自由化是希腊"备忘录"的关键支柱。希腊作为欧盟成员国其经济已经开放，因此向国际资本开放经济并不需要采取重大行动。[1]希腊方案中真正缺少的是货币的初始贬值，因为该国是欧元区成员，不能自行对其货币进行贬值，这就是出现问题的根源。由于缺少了国际货币基金组织标准程序的一个重要因素，给该方案的其他支柱造成了额外负担，特别是汇率无法贬值导致它需要采取更严厉的紧缩措施以恢复竞争力。

希腊"备忘录"中另一个突出的要素是，该方案不仅是顺周期性的，而且大部分艰难的措施都是在第一年实施的［魏斯布罗特（Weisbrot）等，2009；魏斯布罗特、蒙特西诺（Montesino，2012）］。众所周知，这是欧盟的要求，与国际货币基金组织的观点相反。国际货币基金组织认为，前期负荷过重的方案加上货币贬值因素的缺失加剧了希腊的经济衰退，但欧盟为了尽快遏制希腊问题以避免危机蔓延到其他国家（当然，出于一系列原因，这种情况已经发生了），²依然要求实施这一方案。

希腊"备忘录"的目标是应对一场被视为债务危机的危机，这场危机的主要原因是过度的财政赤字，与2007年全球资本主义危机无关。同时，该方案旨在根据国际货币基金组织结构调整方案的标准对希腊经济进行结构性改造，更具体地说，它的目标是将希腊资本主义从一个以国家为驱动力的体系转变为由私营部门掌控经济的体系。因此，该战略包括两个方面：①面对眼前的流动性问题（由于公共债务过高）和②实施希腊资本主义的结构转型（简单来说，就是以提高竞争力为目标）。然而，没有公开说明的是，所有这些努力都是在与更广泛的欧盟危机相联系的全球资本主义危机中进行的。这确实是一项极其艰巨的任务（对于资本主义的每一个问题来说都是如此），其重担落在了劳动人民的身上。

"备忘录"战略是通过两个经济调整方案及其多次的临时修订来组织安排的。第一个经济调整方案于2010年3月启动。它发放了1100亿欧元贷款（800亿欧元来自欧盟国家，300亿欧元来自国际货币基金组织），利率为5.5%，用于偿还外债和满足希腊经济的需要，期限（就贷款而言）至2013年。之后人们认为希腊将不再需要支持，可以直接在国际市场上借款，这意味着该贷款方案计划是在2010—2013年实施的。此外，按照计划，2014年的预算赤字将不到GDP的3%，并且预计在该方案的前2年，经济将萎缩约6.6%，在2012—2014年则将累计增长5.3%（见表4.1）。

但是，从对该计划的第一次复审来看，它的预测被证实是非常不现实的。随后，2011年7月第二个经济调整方案出台。该方案提供了1300亿欧元的分期贷款［来自新成立的欧洲金融稳定基金（EFSF）和国际货币基金组织］，直到2014年（该方案的期限被延长至4年：2010—2014年）。它同样预计在2014年年底，经济在经历了更深层的衰退之后将恢复增长，财政赤字和债务将得到控制，国家可以重新从国际市场上借款（见表4.2）。

表4.1 希腊第一个经济调整方案的宏观经济框架（年度化） （%）

	2009年	2010年	2011年	2012年	2013年	2014年
实际GDP增长	-2.0	-4.0	-2.6	1.1	2.1	2.1
内需贡献	-2.5	-7.5	-5.9	-0.7	0.8	1.0
净贸易贡献	0.7	3.5	3.2	1.7	1.4	1.1
失业	9.5	11.9	14.8	15.3	14.9	14.6
消费物价调和指数衡量的通胀（平均）	1.3	1.9	-0.4	1.2	0.7	0.9

资料来源：希腊当局和欧盟委员会服务部门。

表4.2 希腊第二个经济调整方案的宏观经济概况（主要特点） （%）

	2009年	2010年	2011年	2012年	2013年	2014年
实际GDP（增长率）	-3.2	-3.5	-6.9	-4.7	0.0	2.5
财政内需贡献*	-3.6	-7.0	-10.0	-7.2	-1.4	1.5
净贸易贡献	3.1	3.1	2.8	2.3	1.4	1.2
就业（增长率）	-0.7	-1.9	-6.3	-4.8	-0.2	1.6
失业率（占劳动力的百分比）	8.9	11.7	15.9	17.9	17.8	16.7
私营部门雇员的人均薪酬	0.6	-0.3	-3.2	-13.0	-3.8	-2.2
单位劳动成本（增长率）	4.3	-1.6	-1.0	-7.8	-1.3	-1.9
消费物价调和指数衡量的通胀	1.3	4.7	3.1	-0.5	-0.3	0.1
恒定税率下消费物价调和指数衡量的通胀	1.1	1.4	1.2	-1.2	-0.8	0.1
经常账户余额（占GDP的百分比）	-14.3	-12.3	-10.3	-6.9	-5.3	-4.6
相对于世界其他地区的借款净额（占GDP的百分比）	-13.3	-10.6	-8.3	-4.8	-3.1	-2.4
净外债（占GDP的百分比）	-112.9	-101.9	-116.0	-88.1	-90.0	-89.6
政府赤字总额（占GDP的百分比）	-15.8	-10.6	-9.3	-7.3	-4.6	-2.1
政府基本盈余总额（占GDP的百分比）	-10.6	-5.0	-2.4	-1.0	1.8	4.5
政府债务总额（占GDP的百分比）	129.3	144.9	165.3	161.4	165.4	162.1

注：*表示不包括存货变动和贵重物品的净购置。
资料来源：欧洲委员会。

在中期复审之后，这些预测也很快被打破，因此"三巨头"被迫在2012年2月接受了希腊"削减"对私营部门（PSI）的债务这一事实，并向希腊提供额外的小额贷款,以使该国能够管理"削减"所带来的内部影响。新的基期是 2020 年,在此期间,假设债务与 GDP 的比率将达到 GDP 的 120.5%,从国际市场的角度来看,这将是一个可持续的债务水平,它们将恢复向希腊提供贷款。当然,120% 的规模是具有"政治"性质的,因为从经验来看,债务占 GDP 的 60%~80% 才是可持续的,之所以选择 120%,是因为它与意大利的债务水平比率相对应,而欧盟绝不希望意大利卷入救援方案,因为欧盟无法为如此大规模的"救助"配置必要的资金。

第四节 "备忘录"战略的系统性失败

如上所述,"备忘录"战略的执行无论是在其预测还是时间安排方面,均系统性地失败了,规划者对 GDP 增长的预测在 2010 年 5 月—2013 年 5 月间不得已下调了 8 次,正是这一举动表明了它的失败。相应地,"三巨头"不得不将自己对财政调整的预测下调了 7 次:最初的财政紧缩措施需要实现 250 亿欧元,而最新的估计已经将其累计金额上调至 660 亿欧元。在预测政府债务、外债与 GDP 之比、失业水平等方面也存在类似的失误,其结果令人无法接受。那么这些失误背后的原因是什么?

布兰查德和利(Leigh,2013)的一项研究引发了一场官方辩论,该研究认为希腊的经济调整方案低估了财政乘数,这意味着该方案的规划者以为结构变化(将私营部门转变为经济的推动力)和公共部门的萎缩不会对经济产生如此严重的衰退影响。虽然在辩论中没有提到这一点,但私营经济活动并没有替代经济中减少的公共活动,原因很简单:在危机形势下(而且在全球经济衰退的情况下),实施没有确定结果的结构调整,不会有私人资本(潜在的冒险家和经济雇佣兵除外)进行投资。当然很快又有国际货币基金组织的另一项研究否认了布兰查德的结果[拉恩等,2013]。

有趣的是,财政乘数的概念是凯恩斯主义的概念,而布兰查德是新凯恩斯主义者。这表明，尽管凯恩斯主义的言论说服了持相反观点的人，但国际货币基金组织的方案并不是纯粹的新自由主义，而是新自由主义和保守的凯恩斯主义的结合。事实上，无论是"华盛顿共识"还是"后华盛顿共识"（经过20世纪90年代的各种危机和2007—2009年的插曲），都代表了这样一种结合。因此，一方面是"紧缩鹰派"，另一方面是"平稳管理"和灵活让步的倡导者之间的正式辩论极具误导性。

然而，这个问题远比其技术层面（如财政乘数的大小）要宽泛得多。"备忘录"战略及其方案的根本问题是，它必须处理危机带来的即时短期问题（如财政赤字和外债），同时在全球经济衰退的情况下改变经济结构。这是一项极其艰巨的任务。直接的经济措施和结构性改革都破坏了希腊资本主义的整个战后结构，并产生了深刻的政治和经济后果。

第一，希腊资本的内部结构发生了剧烈变化，影响到公司集团、进出口活动部门和子部门的结构、零售贸易等，这意味着过去强大的经济集团正面临风险，而新的经济集团正试图涌现。由于这个过程非常艰难且需要时间，它使资本主义内部的竞争和冲突变得极其残酷。此外，外国资本的重要性以及它在希腊经济中的活动范围以牺牲国内资本为代价而扩大。

第二，由于中小型企业（SMEs）主要与旧的经济结构相联系，它们的全部活动范围随着资本集中化的不断深入而迅速萎缩。在希腊历史上，中产阶级是一支非常庞大的队伍（在西方标准下），它的急剧萎缩对社会产生了巨大影响。这一发展具有重要意义，因为它削弱了希腊社会中最基本的阶级联盟之一，该联盟在经济、政治和社会上均支持希腊资本主义的战后模式。这种中产阶级的"无产阶级化"对希腊资本主义的社会和政治稳定构成了严重威胁。此外，它还破坏了关键的经济关系和制度功能的稳定，而这些关系和功能并没有得到其他新建立的有效经济关系的充分补充。

第三，"备忘录"战略必须即刻将欧元区外围国家的生活水平转变为巴尔干甚至第三世界经济体的生活水平。只有劳动力价值的迅速贬值以及对劳动力剥削的相应增加才能恢复利润率；只有通过资本的大幅贬值，同时提高其利润率，希腊资本主义才能摆脱危机，恢复资本积累过程（经济增长）。但是，如前所述，这需要很长一段时间的深度衰退。此外，经济增长的重启并不意味着紧缩政策的结束，而恰恰相反，为了维持资本的利润率，紧缩政策应该继续且不断深化，否则恢复的资本主义积累将再次停止，经济衰退随即卷土重来。最后，即使资本主义积累过程重新开始，希腊资本主义在国际资本主义体系中的地位也会被降级和削弱。

总而言之，整个战略极其艰难又颇具风险，因为经济活动和社会平衡被严重破坏，从最初的经济危机转变成了社会和政治危机，而这可能在任何时候（甚至在经济增长似乎恢复正常的阶段）导致不受控制的社会政治大爆炸。尽管如此，希腊和欧盟的统治阶级知道他们别无选择。凯恩斯主义的反周期政策和温和紧缩政策［因为即使是在凯恩斯主义的情境中（至少是在严重情况下）也规定了某种紧缩政策］在全球危机爆发时已经被运用过，并且表明它无法解决危机。左翼的官方圈子和社会民主界唯一讨论的政策，即保守的凯恩斯主义刺激需求的政策（阿拉克鲁格曼），并没有规定对整个人口中的工人阶级以任何形式进行收入再分配（正如战后时期的进步的凯恩斯主义政策），而主要是采取限制资本贬值的反衰退措施。这些政策只有在危机爆发的第一个关键阶段才会发挥作用，因为这些政策的实施有助于避免出现大规模且无法控制的企业破产浪潮，从而可能导致经济立即崩溃。然而，在第一个关键阶段结束后，这些政策就会失去作用，因为它们无法解决资本过度积累的问题（事实上还会导致其恶化），而且对劳动力剥削以及工资下降情况的加剧毫无帮助。因此，顺周期经济政策路径对于处于危机中的资本主义制度来说是唯一的选择。

尽管"备忘录"经过多次修订和调整，但是由于其技术进度始终跟不上预定计划，因此所有问题在战略中仍然显而易见。支持"备忘录"的希腊政经集团（政府是其主要拥护者）声称，2013年将标志着经济的复苏，该方案将是一个"成功的故事"。然而，即使只是简单审查"备忘录"中所宣称的政策目标，也可以证明任何对"成功故事"的期望都是徒劳的。具体而言，该方案的主要目标如下：

（1）使公共债务具有可持续性：允许希腊资本主义恢复以实际可行的利率在国际市场上借贷，即以希腊经济能够支付的利率借贷。这意味着利率应与经济增长率大致相当。

（2）将希腊经济转变为出口导向型经济（有系统的贸易顺差的经济），从而通过海外收入来支持GDP的增长。这将有助于管理反映在经常账户赤字上的流动性问题（特别是海外支付）。

关于第一个目标，已经有学者提出，是由于意大利仅122.5%的债务/GDP就被随意假定成为进入国际资本市场的门槛。仅仅对这一比率的前景进行分析就可以发现这极不现实。众所周知，只有当债务/GDP比率在60%~80%，可持续的长期债务管理才是可行的，否则它会要求过高和不切实际的GDP增长率。希腊债务的长期可行性问题是欧盟的所有国际竞争者都极力强调的，国际货币基金组织目前对该问题的反对和保留意见当然也反映了这一点。更具体地说，根据国民账户关系，财政稳定（以及主权债务的可持续性，即管理债务的能力）取决于四个因素：

（1）债务与GDP的初始比率。就希腊而言，这是历史性的，从危机发生时债务占GDP的120%开始，之后由于从"三巨头"处获得贷款而一路上升。因此，目标是到2022年将其限制在GDP的120%左右。

（2）基本盈余相对于GDP的比率。它是唯一受政府控制的因素。基本预算盈余意味着公共部门不再出现赤字，而是开始通过还款逐步减少赤字负担。政府坚称从2013年起将出现基本盈余。这是通过令人难以置信的统计"魔术"完成的，而贷款人也完全知晓（因此也准许）。由于系统性地未达到这一目标，政府采取了各种大大小小的"招数"，例如，增加隐性税收（增加预扣税款、预征税款、隐性消费税），欧元体系将欧洲央行从持有希腊债券中获得的利润计入收益，私有化出售，国家应付款的内部违约（国家的逾期付款），以及大幅削减公共投资计划（PIP）。令人惊讶的是，政府对于基于希腊财政部公布的数据人为地实现了基本盈余表示庆祝。然而，希腊银行提供的数据（更接近公共部门的实际现金状况）显示，预算赤字仍在继续。赤字继续的主要原因不在于公职人员的工资（毕竟工资已经大幅缩水），而是对私营公司公开的和隐性的补贴，有时甚至是明目张胆的偏袒。应该指出的是，即使为了便于讨论我们接受基本盈余的实现，但这并不意味着不存在财政赤字，从而也不存在资金问题，因为后者取决于总体财政平衡，而这承受着来自还款的巨大负担（偿还外债的支出，其中必然包括"三巨头"的贷款）。

（3）公共贷款的实际利率。这取决于"三巨头"债权人，在"备忘录"贷款的整个期限内，实际利率估计为4.5%。问题是在2014年贷款分期付款结束后会发生什么，届时希腊政府应该能够以现实中的利率（估计在5%~5.8%）进行借贷，然而我们很清楚这一点还远不能确定。即使有传言说一些长期债券（如10年期债券）抵押成功了，它也是通过某种特殊的"运作"来实现的，而且不能确定这种情况在未来是否会继续。

（4）GDP增长率。这是最重要的一个因素，目前政府对其的管控非常松散，因为可供政府用于控制其规模的基本工具已被清除了（如公共投资计划）。至于对可能实施的欧洲马歇尔计划的预期，似乎并没有基于任何事实，因为欧盟的预算和所谓的国家战略参考框架（NSRF）都在缩水。此外，由于可用的国家资金有限，以及国家公共投资计划的连续缩减，先前的国家战略参考框架的吸收率极低；即便是在希腊国家参与率（联合筹资率）已经悄然下降到国家战略参考框架方案成本的5%之后。与此同时，希腊经济由于"备忘录"战略陷入了螺旋式下滑衰退当中。这种螺旋式衰退有三个主要后果：第一，GDP累计损失超过24%；第二，即使衰退开始缓和，至少还要持续 2 年，损失很可能超过 GDP 的 27%，这对债务可持续性的 4 个参数中的 3 个都会产生负面影响，并致使政府需要采取新的紧缩措施，以致基本盈余成为唯一受政府影响的参数；第三，根据经验可知，为了使债务管理具有可持续性，经济增长率应大致等于贷款利率。显然，由于经济的螺旋式衰退，这种情况不太可能发生。

此外，"备忘录"战略的另一个基本目标，即促进出口，也遇到了严重问题。由于经济调整方案实行的紧缩政策，贸易平衡有所改善。这种改善几乎完全来自进口的急剧减少。相比之下，出口方面则表现出极不稳定的走势。希腊危机爆发后，出口略有改善，但并不稳定。出口的突然复苏是由于经济调整方案导致国内消费减少，促使国内资本努力加快寻找海外市场。然而，希腊经济的现有结构加上全球衰退的影响（目前尚未结束），降低了出口带动增长的可能性，至少在短期内如此。

要彻底改善希腊经济的出口表现，就必须进行突破性的结构转型，就连"令人震惊和敬畏的"经济调整方案的政策也需要时间。国际经验表明，这是一个长期的、不确定的过程，其结果的出现具有明显的时间滞后性，所以短期内实现经济中出口增长的努力很快就会遇到严重的困难。例如，希腊的许多出口都依赖于中间产品的进口，因此这些出口都依赖于进口。石油产品很典型，因为它是希腊近期出口增长的主要组成部分。这表明，2013 年前 4 个月，希腊出口（不包括石油）与 2012 年相比仅增长了 0.8%。因此，进口下降与出口增长所存在的问题相互关联。此外，金融疲软（意味着由于国内外危机而无法获得私人贷款、出口信贷和担保等）也阻碍了出口业绩的改善。

最后，希腊出口导向型增长战略的成功还有一个极其重要的障碍。正如本章第一节所述，向出口经济的结构转型是一项战略，同样也是强加给希腊资本主义的主要竞争经济体的一项战略（埃科诺梅基斯等，2013）。因此，希腊经济要想获得成功并实现大幅增长，仅具备对其他出口导向型经济体的竞争力是不够的。如果我们考虑通过降低工资来实现价格竞争力，就会发现这个问题变得显而易见：劳动力在出口转型中首当其冲，工资降幅惊人。然而，这似乎还不够，因为直接竞争对手也降低了自己的工资。

另一个涉及希腊资本主义竞争力以及经济调整方案其他方面的问题是，希腊经济的通货紧缩相对较弱。[3]出口导向型经济战略要求希腊经济具有竞争性的通货紧缩，即希腊产品价格普遍下降，使其在国外更具竞争力。然而，虽然工资被无情"放水"，但销售价格要么没有下降，要么下降得非常缓慢，典型的只有在2013年第三季度总体价格水平出现了小幅下降。这是经济调整方案的又一败笔。通货紧缩不到位的主要原因是，希腊资本（特别是与居民大众消费相关的部门）组织了垄断和寡头垄断的局面，以保持其利润率，甚至利用并未传递到价格上的工资的减少来增加利润。

"备忘录"战略的设计者也寄希望于一些其他因素，这些因素可以说是"意外收获"，其中最重要的是旅游业、寻找和开发自然资源以及外国投资。外国投资同样与出口导向型增长战略相联系。这些因素将在一定程度上带来"意外收获"，希望有助于缓解债务压力，促进经济结构转型。但是，它们都是极不稳定且靠不住的。旅游业在很大程度上取决于国际政治和经济环境。全球性的经济衰退（或基本旅游国家的经济衰退）以及类似于地中海军事冒险等事件的发生很容易对旅游业产生负面影响。类似地，即使确认了预测的自然资源储备，也需要一段时间才能开始生产。最后，关于外国投资，私有化方案的经验非常具有启发性。这一经验表明，在目前的情况下，外国资本已经准备好进入希腊并收购国内资产，但价格很低，因此在创造新资产方面对经济的影响非常有限。所以有充分的证据表明，1980年后外国直接投资的负面国际经验很可能会在希腊重演。

上述所有技术问题都表明，政治经济方面的制约因素对希腊"备忘录"中目标的实现造成了重重困难。此外,希腊资本主义危机是在2007—2009年危机之后的全球深度衰退中解决的,这一事实进一步加剧了这些限制性,同时表明2007—2009年全球危机远未得到解决。所有这些因素都以多种方式影响着希腊方案的实施,其中一些方式源于希腊危机是在欧洲危机的大背景下发展的这一事实。由于欧洲霸权资本主义本身也面临压力,它们往往在执行方案时用力过猛,并且在各种社会和政治问题上缺乏必要的灵活性,而这些问题恰恰是由于在执行方案时过于刻板造成的。此外,由于他们也感受到了经济危机的压力,因此,即使经济危机已经威胁到了自家经济的"后院",他们也不愿意在希腊(也包括其余PIGS国家)花费过多的资金。这就使得经济调整方案的目标变得不切实际(特别是再加上帝国主义间的竞争),使一个本已充满风险的游戏变得更加岌岌可危(马夫鲁迪斯,2013)。

第五节 结论

"备忘录"战略之所以失败,并不是因为它作为贬值和资本破坏政策的一般逻辑上的错误,而是因为它的时间范围和成功所需的对生产力的破坏程度从历史的角度来看十分巨大。由于欧盟霸权帝国主义的压力,财政紧缩的时间跨度过短,而危机的总体发展以及与其他主要资本主义中心(美国和日本)竞争的加剧,又使欧盟霸权帝国主义受到压力。这进一步增加了希腊经济的融资成本,而希腊的欧洲"伙伴们"似乎并不愿意承担必要的部分。希腊和欧洲的资本家都在设法避免资本遭到破坏,以持续恢复利润率并克服危机,这意味着调整的重担全部落在了工人阶级和中产阶级身上。劳动力价值甚至贬值到第三世界水平,这些中产阶级——希腊资产阶级战后的重要盟友,也被大规模毁灭。这是一种远超出希腊资本主义社会和历史界限的变革,并且为希腊社会的革命进程创造了客观条件。

注释

1. 然而，在希腊经济中还有一个臭名昭著的"裙带关系"，希腊资本利用其与政治精英的密切"纠葛"，将国际资本拒之门外。希腊银行业的资本重组及其最终结果将证明希腊资本能否成功地将"裙带关系"机制维持到最后。

2. 欧盟的政策制定者认为，他们可以通过在国内实施限制性的货币和财政政策来避免全球金融泡沫被打破（由美国极度宽松的货币和财政政策造成的），这一事实表明，他们没有充分认识到在资本自由流动的情况下，任何国家都无法规避泡沫破裂后果的影响。

3. 价格总水平的降低将使经济调整方案减轻对员工的负担，因为他们至少可以维持部分原有的生活水平。这将减少社会对"备忘录"战略的不满，同时降低对国内需求的不利影响。

参考文献

［1］Blanchard O, Leigh D. (2013), "Growth forecast errors and fiscal multipliers", IMF Working Paper, No. 13/1.

［2］Economakis G, Androulakis G, Gotsoulias K, et al., (2013), "FDI in Greece and Bulgaria: A comparative investigation" [in Greek], in Miltiades J. Kipas (ed.), *Economic and Social Development in Eastern Europe and the Balkans*, Athens: Herodotus.

［3］Geld S, Black A. (2004), "Globalisation in a middle – income economy: FDI, production and the labour market in South Africa", in Milberg W. (ed.), *Labor and the Globalisation of Production: Causes and Consequences of Industrial Upgrading*, New York: Palgrave Macmillan.

[4] Mavroudeas S. (2013), "Development and crisis: The turbulent course of Greek capitalism", *International Critical Thought* 3(3).

[5] Mavroudeas S, Papadatos D. (2007), "Reform, reform the reforms or simply regression? The 'Washington Consensus' and its critics", *Bulletin of Political Economy* 1(1).

[6] Palley I T. (2011), "The rise and fall of export – led growth", Levy Economics Institute, Working Paper No. 675.

[7] Ran B, Haonan Q, Roaf J. (2013), "Assessing the impact and phasing of multi – year fiscal adjustment: A general framework", IMF Working Paper, No. 13/182.

[8] UNCTAD (1992). *World Investment Report: Transnational Corporations as Engines of Growth*, Geneva: UNCTAD.

[9] UNCTAD (1999). *World Investment Report: Foreign Direct Investment and the Challenge of Development*, Geneva: UNCTAD.

[10] Weeks J. (2007), "Exports, foreign investment and growth in Latin America: Skepticism by way of simulation", in Shaikh A. (ed.), *Globalisation and the Myths of Free Trade: History, Theory, and Empirical Evidence*, London: Routledge.

[11] Weisbrot M, Montesino J A. (2012), "More pain, no gain for Greece: Is the Euro worth the costs of pro – cyclical fiscal policy and internal devaluation?" Working Paper, Washington, DC: CERP.

[12] Weisbrot R, Cordero J A, Montesino J A (2009), "IMF – supported macroeconomic policies and the world recession: A look at forty – one borrowing countries", Washington, DC: CERP.

第五章
金融化与希腊案例
斯塔夫罗斯·马夫鲁迪斯

第一节 引言

近年来,金融化理论在激进主义和马克思主义政治经济学中广受欢迎,并在对2007—2008年全球资本主义经济危机的解释中占据了突出地位。因此,它在对希腊危机的解释中也有着很强的存在感。正如本书序言中所述,对希腊危机的解释可分为三大类:主流、激进和马克思主义解释。从本质上讲,金融化主导了激进主义的解释,并且在马克思主义解释中占有重要地位,除了更经典的马克思主义方法(如本书中介绍的方法)以外。它在激进主义的解释中之所以能够占据主导地位,是因为他们更加传统的关于消费不足的解释与希腊的情况显然毫无关系。人们一致认为,危机前一段时期的特点是消费显著增长,因此,任何关于需求不足的说法都是站不住脚的。类似地,2007—2008年的全球经济危机也是如此,这导致消费不足理论被金融化方法所取代〔以每月评论学派(Monthly Review School)为例〕。

本章批评了关于希腊危机的金融化解释,认为其不仅在分析上存在问题,在实证上也靠不住。本章第二节介绍并批评了金融化理论,简言之,认为金融化理论夸大了金融在现代资本主义中的重要性，其关于"金融主导"或金融化资本主义的新阶段的论断是毫无根据的。从本质上讲，金融化理论坚持认为，货币资本不仅独立于"生产"资本，同时支配后者，而且它从后者的盈利渠道中获得了自主权。本章认为，这种分析是不切实际的，并且不合理地将短期现象上升为结构性、系统性的变革。此外，关于2007—2008年全球经济危机，金融化理论认为，这不是一场马克思式的危机（植根于生产领域），而是一场金融危机（金融化资本主义危机），这一论点再次被否定。

第三节介绍并分析了希腊危机的主要金融化解释，并区分了三个版本。第一个版本由拉帕维塔斯等（Lapavitsas，2010a，2010b）提出，并遵循了他对金融化的理解。他对希腊危机的分析强调了竞争力问题，并接受了主流分析中关于单位劳动成本的概念，[1]但他却由此得出了相反的结论，认为欧洲货币联盟是一个新重商主义结构，它将欧盟划分为有贸易顺差的欧元区中心和贸易逆差的欧元区外围。因此，他建议希腊退出欧洲货币联盟（Grexit）。有人批评拉帕维塔斯的做法并未提及希腊和其他欧洲货币联盟经济体的生产结构，因此他也没有发现欧元区中心和欧元区外围之间存在的"广泛的不平等交换"关系（本书第八章）。这样看来，他提出的"退出欧洲货币联盟"的政策建议是不可持续的，除非这些建议是完全脱离欧盟及其共同市场这一更广泛的战略的一部分。

米廖斯和索蒂罗波洛斯（Milios & Sotiropoulos，2010）提出了对希腊危机的第二种金融化解释。他们的解释与拉帕维塔斯的大相径庭，认为不是竞争力的丧失导致了高负债，而是正相反。具体地说，欧洲货币联盟通过将增长率和利润率截然不同的国家聚集在一起，引起了欧元区外围国家的高借贷（由其较高的利润率吸引了欧元区中心的资金）。在这一点上，他们不加批判地复制了主流学术界和官方圈子在危机前提出的完美无瑕的成功故事（"强大的希腊"Strong Greece），即外国贷款刺激了欧元区外围国家的内需，因此造成了通货膨胀的加剧和竞争力的恶化。然而，米廖斯和索蒂罗波洛斯拒绝接受欧元区中心和欧元区外围之间差异的重要性，认为这是一个存在问题的依赖理论论点。接着他们将希腊危机的爆发归因于现代资本主义的金融化，并且认为它通过过度杠杆化和金融泡沫导致了2007—2008年的危机——一场纯粹的金融危机。这场全球性的金融危机破坏了当时满怀恶意的欧元区外围国家的经常账户赤字，为了维持它们，外围国家增加了财政赤字，而这导致了这些国家的崩溃。欧洲货币联盟在这一事件中只扮演了一个边缘角色。尽管米廖斯和索蒂罗波洛斯承认欧洲货币联盟不是一个最优货币区，而是一个新自由主义项目，但他们不想让希腊退出欧洲货币联盟，并主张欧盟进行渐进式的结构调整。米廖斯和索蒂罗波洛斯的金融化解释受到了批评，因为他们不加批判地接受了"强大的希腊"这一论点，并且没有把握住欧盟内部存在的帝国主义剥削关系（本书第八章），因此，他们对欧洲货币联盟和欧盟的分析过于简单，导致其萌生了渐进式结构调整的虚幻想法。

第三种金融化解释是由阿尔吉蒂斯（Argitis，2012）提出的，他遵循了明斯基（Minsky）的理论。他认为，希腊资本主义的特点为：①技术结构迟缓；②结构上竞争力薄弱；③资本与国家之间任人唯亲。阿尔吉蒂斯认为，最后一个特征类似于明斯基的"强国"概念，是建立在强大的中央银行基础上的。希腊加入欧洲货币联盟削弱了这种"强国"概念及其在功能上管理收入分配、通胀和通缩的能力，并导致了经济的金融化（其增长建立在金融杠杆的基础上），这一新的特征增加了其金融的不稳定性。之后，阿尔吉蒂斯认为，2007—2008年的全球危机摧毁了希腊资本主义本就受创的结构，导致了希腊危机。这种明斯基式的对希腊危机的解释被批评为是现象学上的，未能充分考虑实体经济。此外，希腊危机并不是由过高的私人债务引起的，因为这些债务规模很小，尤其是与西方水平相比。因此，辩称希腊危机是私人债务通胀和通缩过程失败后的结果并没有说服力。

本章最后一节对于希腊危机的金融化解释提出了更全面的批评。认为，金融化解释没有建立起一条令人信服的金融化控制希腊经济的渠道。金融化的主要渠道有两个：①经济中的金融杠杆（包括国家和私营部门）；②私人家庭的过度负债。研究表明，这两条渠道在希腊经济中都相当薄弱且短命，特别是与西方的同类型渠道相比。因此，在希腊经济中并没有发现有说服力的金融化渠道。那么它必然是从外部引入的：归根结底，所有的金融化解释都是通过2007—2008年所谓的金融危机的外生影响引入的。总的来说，大家认为这是一种薄弱且不可持续的分析。

第二节 金融化理论："一条死胡同"

金融化理论认为，在现代资本主义中，金融（货币资本的运作）相对于资本的其他主要部分（生产资本和商业资本）而言，其地位越来越重要。[2]

在马克思主义中，该理论的起源可以追溯到希尔弗丁（Hilferding，1910、1981）的开创性著作以及其隐含概念（从未明确指出），即与古典政治经济学和马克思主义所了解和分析的资本主义相比，现代资本主义已经发生了根本性的转变：金融已经取代了生产资本的主导地位。更具体地说，希尔弗丁认为一种新的资本类型（金融资本）正在支配着整个资本循环。金融资本是生产资本与银行资本在后者支配下的融合。尽管希尔弗丁的分析基本上撇开了马克思主义劳动价值论（LTV），但在当时，该分析在马克思主义政治经济学内部极受欢迎，它不仅被跟他在同一思想体系内的朋友所采纳，而且被他的反对者［如列宁（Lenin）］所接受。希尔弗丁的论题后来被斯威齐（Sweezy，1942）重新提出。然而他们都没有突破经典的马克思主义关于剩余价值和利益之间关系的学说。剩余价值从生产领域的生产资本中提取出来，然后在利润（计入生产资本）、利息（计入非生产性货币资本）和商业利润（计入非生产性商品资本）之间重新分配。

应当指出的是，金融资本概念的实证有效性受到了合理的质疑［邦德（Bond，2010）］。事实证明，在资本主义世界的大部分地区，生产资本与银行资本的融合并没有得到实证检验，例如，特别是在盎格鲁—撒克逊国家，证券交易所而不是银行系统曾经是、现在仍然是私营企业融资的主要渠道。因此，金融资本组合既不是主要的，也不是占据支配地位的资本类型。

关于生产资本与金融之间关系的辩论到20世纪末发生了重大转折。20世纪最后几十年发生的重大变化对人们对金融体系作用的看法产生了关键影响。1973年全球利润率危机之后漫长的"无声衰退"时代，引发了几波资本主义的结构调整浪潮。这些调整措施只是部分地抵消了利润率下降和随之而来的资本过度积累问题（本书第二篇）。这种资本主义的不完全复苏导致了一系列举措：该体系大力采用虚构资本[3]运作，以维持和活跃资本积累，因此，从20世纪90年代开始了所谓的金融化。金融业迅速放松管制，走向国际化，将在经济生产部门过度积累的资本转移到金融部门，通过虚拟资本运作获取额外利润。这些发展催生了关于资本主义新纪元崛起的广泛而流行的经验性看法（或程式化的事实)[4]：金融已经摆脱了生产资本的束缚，建立起了对整个资本主义体系的独立自主的支配地位。从20世纪90年代开始，一些新马克思主义和激进的政治经济学理论（如调节理论）得出了这一结论。

就这样，金融化理论在21世纪初被构建起来。这一术语最初是由接近每月评论学派且与之相关的后凯恩斯主义和新马克思主义方法所创造的。斯威齐（1994）已经暗示过这个方向，在他发表的一篇文章中，斯威齐将"资本积累过程的金融化"称为世纪之交的三大经济趋势之一（另外两个是垄断力量的增长和经济停滞）。但严格来讲，这个词是在由克里普纳（Krippner，2005）、[5]克罗蒂（Crotty）等撰写的一系列论文中被首次提出的，这些论文被收录在克里普纳（2005）编辑的一本颇具影响力的论文集中。比较奇怪的是，后来每月评论学派将注意力转向其传统的消费不足主义观点，并没有进一步阐述金融化理论。但后凯恩斯主义者却积极采用了这一术语，他们发展了这个概念及其分析［如斯托克哈默（Stockhammer，2004）］，有时还将这一术语视为他们专属所有的［如范特里克（van Treeck，2008）］。很少有后凯恩斯主义者将金融化置于资本主义理论的某一个阶段中，他们认为资本主义的新阶段在20世纪末已经出现了，这个新阶段的特征就是"金融主导的资本主义"（海因，2013）或"金融主导的积累制度"（斯托克哈默，2009），后者采用了调节理论的方法论。后凯恩斯主义推出的"金融化"一词是基于凯恩斯主义的"食利者"的概念，即一个"非生产性"的社会阶层，他们收取各种租金，而这些租金是从可用于生产性投资的利润中减去的部分，因此，食利者是资本积累的阻力。

"食利者"一词稍晚一些被纳入马克思主义分析，但在马克思主义中被重新提出并不是源于每月评论学派，该学派在"食利者"一词流行之后重新使用它是为了解释2007—2008年全球经济危机，因为纯粹的消费不足理论很难对这场危机进行解释［如福斯特（Foster，2010）］。它在马克思主义政治经济学中要么是以"粗略"的方式进行描述，或者是在更精准、更宏大的分析中运用。

布赖恩（Bryan，2009）等认为，金融化标志着资本主义经济关系的划时代转变。从20世纪80年代开始迅速发展的证券化过程和金融衍生品，都涉及金融的商品化，将货币过程转化为商品关系。这种商品化模糊了货币和资本之间的区别，使一系列曾经被认为是简单的交换过程的货币互动关系被赋予了新的意义。因此，他们认为需要重新定义马克思主义的范畴，特别是重新理解阶级和阶级之间的互动关系。他们关于金融化正在将劳动转化为一种资本形式的观点引起了巨大争议，并且他们坚持认为劳动的再生产是以利息支付和"日常生活金融化"为形式进行剩余价值转移的来源。

另外,法恩(Fine,2009、2010)使用的金融化概念与前面提到的理论有不同的含义。对于他来说,金融化并不构成资本主义的新阶段,当然金融资本也不可能获得自主地剥削工人阶级的渠道(它将始终依赖于生产资本对剩余价值的提取)。因此,金融化只是新自由主义的一个特殊阶段,新的货币资本运作方式和新的制度安排是资本为克服其问题和矛盾所采用的政策。

拉帕维塔斯(2008)则从后凯恩斯主义的分析中借鉴了金融化的概念,并试图赋予其宏大的马克思主义血统,但这同时又与马克思主义分析的基本原则相矛盾。从本质上讲,他赞同那些坚持认为金融化代表了资本主义新阶段(或者用更形象但理论上缺乏连贯性的术语说是一种新的"社会秩序")的分析,到目前为止,他的论点与以往的定义相比,并没有独创之处。而使它变得别有风味的是这样一个论断:在资本主义的新阶段,金融资本[6]不仅支配着生产资本,而且通过高利贷活动直接剥削工人阶级。在这一点上,他同意布赖恩等的观点[7],具体地说,金融化并不仅仅牵涉金融杠杆和虚构资本活动的扩张,这一渠道通过剩余价值从生产资本向金融资本的再分配,为后者带来利润。金融化的全新要素同时也是赋予其鲜明时代特征的要素使它获得了另一种获利渠道,即通过提供贷款直接剥削工人。[8]拉帕维塔斯认为对工人家庭的信贷扩张(或者确切地说,扩大它在当代的程度范围)是真正新颖的,在这种情况下,金融资本以高利贷的方式侵吞了工人的部分收入。第二个金融化渠道给予金融资本一个独立于生产资本的利润积累机制,因此,"金融剥削"一词被最初创造出来。由于资本主义剥削与资本主义之前的高利贷剥削常被混为一谈,在受到一系列批评(法恩,2009)之后,这个词被修饰为"金融掠夺",然而,其基本含义并未改变。

金融化论调极具误导性,导致在分析、实证和政治上都陷入了"死胡同"。首先，它屈从于短期和偶然现象的欺骗性印象主义，过度地将其上升为长期的结构性变化。因此，在方法论上，它重蹈了 20 世纪八九十年代激进的中层理论走过的弯路（如调节理论、积累的社会结构（马夫鲁迪斯，2012），结果令人沮丧。

其次，它过分宣称 20 世纪 90 年代后虚拟资本运营的扩张现象几乎是不存在的。在资本主义危机期间，这种扩张并不是新鲜事，也不是反常的事情，如前所述，当资本面临长期的利润率下降和过度积累时，往往会诉诸于此类活动。这一现象之所以具有鲜明的（但不是结构性的）特征，是因为资本主义从以往的危机中吸取了处理危机的重要经验教训。具体地说，它已经构建起一套复杂的政策组合工具，以便至少可以缓解或推迟危机，但并不能最终避免危机（正如较早和较新的"有组织的资本主义"理论所倾向于认为的）。这场金融化争论的最后一个堡垒是金融衍生品。诚然，它们在当代的扩张构成了一种新的元素，但是金融化的支持者过分强调了它的范围和意义。

再次，特别是关于拉帕维塔斯和布赖恩认同的第二个金融化渠道，它认为资本主义不知不觉回到了资本主义之前的阶段，即资本主义关系尚未诞生的时期，商人和银行家等资本主义出现之前的人物在封建主义内部运营，为资本主义的诞生创造了条件[9]。封建主义时期商人和银行家运作的关键是以不平等交换和高利贷作为规则，而资本主义时期的规则是等价交换。这种以不平等交换为基础的运作方式之所以能够实现，是因为封建制度下的垄断和严格管制。然而资本的原始积累一旦发生，资本主义建立起来后，垄断的封建统治便被废除，资本主义竞争占据统治地位，然后货币资本的运作采用了资本主义特有的运作方式。金融化理论认为，这一点已经被推翻了，于是就回到了资本主义前的运作模式。换言之，金融化理论认为，利息不再是剩余价值的一部分，它获得了独立的地位。相应地，货币资本不仅从生产资本中独立出来，而且支配着后者。但是，如果生产资本是财富的最终来源，那么这种支配必然会扼杀生产性投资，从而扼杀资本的积累，这实际上是许多金融化理论的结论。

复次，金融化论题不切实际地模糊了阶级界限和阶级分析。拉帕维塔斯和布赖恩都认为，在金融化理论中，金融资本从资本的其他部分中分离出来，获得了独立的地位。对于后凯恩斯主义者来说，这在阶级分析中并不是一个严重的问题，因为他们采用的是凯恩斯主义的"食利者"概念。然而，它对于马克思主义版本的金融化理论来说却至关重要，尤其是拉帕维塔斯的"金融掠夺"和布赖恩的剩余价值转移概念。对于金融资本与其他资本部分的结构性分离，通常的论点是，金融利润在相当长的时期内都展示出明显优于非金融利润的表现。这的确是事实，它源于之前分析过的过度积累和虚拟资本运作之间的相互作用。但是，这远不是一个永久性的、刻画在结构上的制度特征。如前所述，资产阶级的这种结构性分化对于后凯恩斯主义方法来说不是问题，但对于马克思主义方法来说却存在问题。正如法恩（2009）所准确批评的那样，也如马克思主义政治经济学所论证的那样，如果金融化是一种长期的结构转型，那么它就意味着金融资本不参与一般利润率的形成。那什么可以阻碍资本流向金融部门，从而使部门间的利润率趋于均衡呢？一般利润率的形成不只是一个简单的技术过程，也是支持资产阶级统一的要素之一。如果一部分企业（家）不依赖于以工资关系（以及无偿劳动时间的榨取）作为牟取暴利的手段，而且在结构上与其他企业（家）的利润率不同，那么必然的结论就是，它构成了一个独立的阶级。这是一个非常不切实际而且确实牵强的立场。由于这些原因，它还没有被提出来，尽管如果两条金融化渠道成立，它应该被提出来。拉帕维塔斯提出的一些观点指出：由于生产资本也正在被金融化，各资本部分不存在结构上的分离。这与其说是一个令人信服的论点，不如说是一块"遮羞布"（把一切都转向金融化，从而模糊了不同资本部分在任何结构和功能上的特殊性）。同样的问题也存在于布赖恩等身上：从逻辑上讲，将劳动重构为一种资本形式，导致了对工人阶级定义的质疑。这又是一个极富争议性且未经证实的命题。

又次，金融化理论导致了不必要的分析上的不确定性。福斯特（2010）提供了一个典型的例子，他在评论斯威齐时指出，在我们这个时代资本的巨大谜团是"积累的金融化"，用他自己的话说，这就意味着质疑所有的经济学传统都在不同程度上所做的一件事，那就是通过分析把金融的作用与"实体经济"区分开来。这种趋势几乎在所有的金融化文献中都很明显。几乎所有的资本主义活动都应该被金融化，因此，必须设计新的概念和分析框架，并且从根本上改革旧的概念和分析框架（如剥削和资本总循环的定义）。从剥削的例子中可以看出，这些变化并没有澄清反而模糊了对资本主义基本经济和社会进程的理解。对金融化狂热的一个必然结果是，几乎所有东西都被披上了金融的外衣，生产领域不再是被关注的中心，马克思主义经济学的基本范畴（特别是劳动—时间）在概念上被蒸发了。

最后，关于2007—2008年全球经济危机，金融化理论认为它不是一场马克思式的危机（植根于生产领域的危机），而是一场金融危机（金融化资本主义危机）。在这一点上，他们同意主流观点对危机的解释。本书第二篇的章节对这一论点进行了反驳。此外，正如托梅（Tomé，2011）所恰当指出的那样，金融化最终应归结为凯恩斯主义的危机可能性理论。这是一个非常薄弱的危机理论，至少就其马克思主义变体而言如此。拉帕维塔斯（2014）就是一个典型的例子，他指出，金融化的发展与马克思主义的利润率下降趋势无关，而且他还断言，资本主义生产中利润率的下降从来都不是金融兴起背后的关键因素。最后，在他的总体金融化理论中，金融几乎渗透并吞噬了资本主义的一切，同时不受任何其他过程的影响。这是一个奇怪的理论：一方面要求得到马克思主义的认证，另一方面又摒弃了马克思主义的主要分析概念（利润动机和利润率）。金融化理论忽视利润率并痴迷金融的一个必然结果是，它们实际上很少或根本不关注生产领域。

第三节　希腊危机的金融化解释

人们对希腊危机提出了三种主要的金融化解释。第一种解释是由拉帕维塔斯提出的，当然是将其归结为他的金融化概念。第二种解释是由米廖斯和索蒂罗波洛斯所表达的，与后凯恩斯主义的金融化概念有相似之处，但仍在两个实际问题上存在主要分歧：①欧盟的南北分化；②希腊是否应该继续留在欧洲货币联盟。第三种解释是由阿尔吉蒂斯提出的，并遵循了明斯基的观点。

一、金融掠夺

拉帕维塔斯等（2010a，2010b）认为，希腊危机是一场债务危机，在这一点上，他们同意主流的解释。但他们补充说，它"是一种更广泛且难以描述的问题的症状"（同上：11），其根源在于金融化的资本主义和欧洲货币联盟。金融化的资本主义导致了2007—2008年的全球经济危机，这不是一场马克思式的危机，而只是一场金融危机，利润率在其中没有起到任何作用，拉帕维塔斯认为（但没有试图证实这一点）"它（利润率）没有下降，但也没有上升"。这场危机是由不受控制的金融杠杆造成的，它制造了不可持续的泡沫。危机影响了欧洲货币联盟脆弱的基础。欧洲货币联盟不是最优货币区，根据拉帕维塔斯等的说法，最优货币区基于三大支柱：

（1）控制货币政策的独立的欧洲央行；

（2）财政紧缩；

（3）对工资持续施压以确保竞争力。

拉帕维塔斯准确指出，欧洲央行的货币政策遵循欧元区核心国家（北方）的需求。然而，第三点关于竞争力的看法则与主流观点一致，他不加批判地赞同存在问题的主流单位劳动成本理论只考虑成本竞争力。正如本书第一章所阐明的：①单位劳动成本理论存在问题；②即使按照这一理论，主流解释关于希腊相对工资增长使竞争力恶化的观点也是错误的。然而，拉帕维塔斯等认为，北方（尤其是德国）在压低工资方面更有能力，从而获得了对南方（欧元区外围国家）的永久竞争优势。这与主流论点正好相反：造成问题的不是懒惰的南方人，而是过于谨慎的北方人。希腊（以及整个欧元区外围国家）危机的结果是竞争力下降，加剧了经常账户赤字。欧元区两极分化，北方存在贸易顺差，南方有债务，北方向南方提供贷款，以便后者购买他们的产品。

与此同时，希腊经济在内部金融化和外部贷款的推动下实现了显著增长。拉帕维塔斯等认为，内部金融化是通过两种渠道进行的：①金融和非金融企业被金融化；②工人和中产阶级的家庭深陷债务泥潭。关于利润率，拉帕维塔斯和库韦拉基斯（Kouvelakis，2012）强词夺理道：

> 在希腊，这场危机并没有以利润率下降的形式出现，相反，希腊资本的利润率在2007—2008年之前一直很高，一方面是因为近年来私营部门对劳动力的剥削加剧，另一方面是因为资本从免税中获益。

2007—2008年危机的爆发打破了这一结构，因为国际金融市场对南方主权债务的信用度提出了质疑。于是，欧元区的危机开始了。根据拉帕维塔斯等的观点，欧洲货币联盟之所以将世界危机传播到了欧洲，是因为其内部潜在的不平衡。同样，到目前为止，拉帕维塔斯等的分析与接受南北分化论点的后凯恩斯主义分析并无本质区别，[10]唯一显著的差异是增加了"金融掠夺"机制。

拉帕维塔斯分析的最终结论是，欧洲货币联盟无法得到纠正，尽管他有时将欧洲马歇尔计划看作一种解决方案，但又因为它的不切实际而果断放弃。因此，他得出的结论是，希腊（乃至其他欧元区外围国家）危机的唯一解决方案是退出欧洲货币联盟。而对于希腊退出之后与欧盟之间的关系，他持不可知论。

拉帕维塔斯的解释存在上文提到的金融化论点的普遍缺陷，另外，他还受到了一些具体的国家问题的影响。

首先，他忽略了希腊和其他欧洲货币联盟经济体的生产结构（如技术结构、生产力、生产专业化的差异），因此他对欧元区中心国家和欧元区外围国家之间存在的帝国主义剥削关系的理解相当有限，同时也是存在问题的。特别是由于他对生产领域的忽视，没有看到南北国家之间存在"广泛的"不平等交换关系。[11]此外，如前所述，他还不加批判地接受了主流观点中的单位劳动成本理论。所有这些原因致使他最终对希腊竞争力问题做出了错误的判断。

其次，由于他的金融化视角，无法正确把握希腊经济的内部发展，特别是其生产结构的发展，所以他的解释围绕着双赤字假说困境展开：他认为是经常账户赤字最终导致财政赤字恶化，并导致了债务危机。正如本书第一章所述，这是一种误导性的观点，它没有认识到希腊危机的"深层"结构性原因。

再次，他的分析也在金融化领域受挫。希腊金融体系的杠杆率明显低于西方国家，同时希腊工人拥有私人债务也是一个相对新颖的现象（它们始于欧元的引入），而且比西方同类型债务规模要小。因此，金融化不可能是在希腊发现的，它必然是从外部引入的。在拉帕维塔斯的分析中，作为危机根源的金融化必须从外部引入：正是2007—2008年所谓的金融化资本主义危机的爆发影响了公共外债。

最后，拉帕维塔斯提出的政策建议也颇具争议，这些争议围绕着希腊退出欧洲货币联盟的提案展开。他认为，主权货币政策的恢复加上新（国家）货币的贬值和外债的结构调整，将足以导致希腊经济的彻底改革，从而使其重新具有生命力和活力。他的政策建议的核心是"希腊脱欧"（退出欧洲货币联盟)。这一战略对希腊经济"深层次"结构性问题的回答并不具有说服力,它的失败恰恰在于它的金融化视角,以及无法把握来自生产领域的问题。例如,欧洲货币联盟对希腊竞争力造成的损害要小于共同市场造成的损害(本书第八章)。此外,希腊不可能在广泛而深远的积极产业政策的基础上,通过退出欧洲货币联盟但留在欧盟内的方式推动其经济进行彻底的生产结构调整,因为这些都是被禁止的。最后,如果希腊危机仅仅是一场债务危机,那么解决它的办法可能不是退出欧洲货币联盟,而是将后者改革为一个完整的最优货币区(通过财政和政治上的统一)。如果这场危机是更深层次的,并且与生产领域和由此产生的不平等交换关系有关,那么退出欧洲货币联盟并留在共同市场内显然是不够的,需要全面退出欧盟。但拉帕维塔斯对此结论避而不谈。

二、阶级斗争与金融化

米廖斯和索蒂罗波洛斯(2010)对希腊危机的金融化解释与拉帕维塔斯等的解释不同,他们认为,不是竞争力的丧失导致了高负债,而是正相反。具体地说,欧洲货币联盟通过将增长率和利润率截然不同的国家聚集在一起,导致了欧元区外围国家的高额借贷。这是因为欧元区外围国家的利润率较高,吸引了来自欧元区核心国家的资本。自希腊加入欧洲货币联盟以来,这一趋势得到了加强,因为欧洲货币联盟为欧元区外围国家以低利率借贷提供了便利。外国贷款刺激了欧元区外围国家的国内需求,因此导致通货膨胀加剧,竞争力下降。米廖斯和索蒂罗波洛斯从根本上不承认南北分化是造成重重问题的依赖理论的一种表达形式。对于他们来说,外国贷款不是抢劫希腊的诡计,而是帮助其增长的一种非常自然的现象。在这一点上,他们完全同意关于希腊的主流论点,即欧盟帮助了希腊的发展。事实上,危机前的主流观点认为,经常账户赤字是一种良性的失衡,因为实际人均 GDP 水平相对较低的欧元区外围国家正在追赶较富裕的北欧经济体,更多的增长机会和对更快的生产率增长的预期表明,相对于国内的储蓄水平而言，固定投资的增加是合理的，因此经常账户赤字是必要的。然而现实情况则不同（本书第八章），持续的经常账户赤字大体上不是用来为生产性资产的投资筹集资金，而是用来购买欧元区核心国家的进口商品。因此，希腊的生产结构非但没有得到发展，反而受到了侵蚀。由于这个错误，米廖斯和索蒂罗波洛斯默认了主流学派的趋同理论。

至此，米廖斯和索蒂罗波洛斯的分析大量复制了危机前主流学术界和官方提出的完美的成功故事（"强大的希腊"），然后他们又加上了金融化理论。他们认为现代资本主义是金融化的，因此导致了极端的杠杆效应和金融泡沫。当2007—2008年全球经济危机（他们也仅仅理解为金融危机）爆发时，并未造成任何问题的欧元区外围国家的经常账户赤字被摧毁，为了维持它们而增加了财政赤字，这就导致了欧元区外围国家的崩溃。

欧洲货币联盟在这一事件中只扮演了边缘角色。米廖斯和索蒂罗波洛斯承认，欧洲货币联盟不是一个最优货币区。同时他们还认为，欧洲货币联盟是一个新自由主义方案，它通过将工人置于国际竞争中而对他们实行紧缩政策。危机的爆发暴露了欧洲货币联盟的弱点（因为它无法控制不对称冲击）和它的阶级性（因为经济调整方案的巨大负担落在了劳动人民身上）。然而，解决办法不是"希腊脱欧"（退出欧洲货币联盟），因为这意味着回到民族主义经济和政治冲突的时代。相反，他们提出了一项支持工人权利的政策，即通过泛欧联盟以及逐步调整欧洲货币联盟和欧盟的结构来推翻欧盟当前的新自由主义霸权。

第二种金融化解释也因其观点的一般缺陷而不堪一击。然而，应当指出的是，与前一种解释相比，金融化本身在这种方法中所起到的作用有限。米廖斯和索蒂罗波洛斯的解释也存在针对特定国家的问题。首先，它不加批判地接受了主流论点中关于外国资本流拥有良性且友好增长的本质的观点。实际上（本书第八章），这些资本流削弱了希腊的生产结构和希腊经济整体的内聚力，造成了严重的结构性问题。具体地说，如实证研究所示，这些资本流向外国直接投资的部分微不足道，其余大部分用于购买欧元区核心国家的进口商品。

其次，如前所述，米廖斯和索蒂罗波洛斯不加批判地接受了官方和主流社会宣扬的伪"强大的希腊"论点，这种论调在希腊危机爆发后已经名存实亡。

再次，他们专注于反对依赖理论，完全无视欧元区中心和欧元区外围国家之间存在的帝国主义剥削关系，因此，他们未能充分意识到加入欧洲共同市场和欧洲货币联盟对希腊经济造成的灾难性影响。

最后，他们的政策建议缺乏说服力。他们认为可以有一场泛欧洲社会运动，对欧洲货币联盟和欧盟的新自由主义特征提出异议，并以"社会欧洲"来取代它，这种想法没能理解欧盟地区存在的深刻的国家差异和经济政治的"不平衡发展"。

三、明斯基式的通货紧缩

对希腊危机的第三种金融化解释遵循了明斯基的传统，支持这一传统的利维研究所的研究者们的研究表明了这一点。这些分析接近后凯恩斯主义视角和每月评论学派，但也有自己的独特之处。[12]阿尔吉蒂斯（2012）提供了一个具有代表性的明斯基式的解释，他认为，迄今为止希腊资本主义有三个主要特征：

（1）传统上薄弱和陈旧的技术结构。

（2）结构性竞争力薄弱，造成了长期和大量的经常账户赤字，前者是由薄弱和陈旧的技术结构造成的，后者是因为希腊资本主义不得不进口相当一部分中间产品或最终产品。

（3）私营企业和国家之间存在强烈而广泛的"裙带"关系。根据阿尔吉蒂斯（2012）的说法，这种制度类似于明斯基式的"强国"概念：国家（连同其中央银行）的一个基本职能是通过将财政赤字作为一种支持资本主义盈利的手段来管理通胀和通缩过程。从这个意义上说，财政赤字更多地被用作再分配的工具，而不是作为反周期的工具。

希腊危机的根本原因在于，希腊加入欧洲货币联盟后，破坏了希腊资本主义的传统运作模式，却没能用另一种同样有效的模式来替代它。具体来说，加入欧洲货币联盟后，"强国"依然存在，但失去了中央银行（因为希腊银行遵循欧洲央行的指令），因此，债务管理功能失灵，经济金融化成为必要，也就是说，经济的增长建立在金融杠杆的基础上，这就增加了资本主义经济的内在不稳定性。最后一点类似于明斯基（1992）的金融不稳定假说。

金融不稳定假说认为，资本主义制度生来就容易发生金融危机，金融危机是由于该制度具有在其金融市场上制造投机性"泡沫"的内生倾向造成的。这些"泡沫"的产生机制如下：在经济繁荣时期，企业的现金流增长超过了现有债务融资所需的数额，这激起了一股投机热潮，导致过度的新债务迅速超过了企业的融资能力，这一过程不断累积，迅速失控，最终引发了金融危机。银行和放贷机构的反应时断时续，限制放贷的数额超过了需求，当这一过程被普及和扩大时，它不仅影响到无偿债能力的借款人，也影响到有偿债能力和独立生存能力的借款人。因此，由于货币紧缩，整个经济陷入危机。

在经济繁荣时期，造成最初高估（偿债能力）的具体机制如下：在明斯基看来，问题的关键在于私营部门的债务积累。他区分了三类有问题的借款人，是他们造成了不可持续债务的积累。第一类属于对冲性借款人，他们将用来投资的当期现金流偿还债务；第二类是投机性借款人，他们有能力偿还债务，但不得不定期通过延期或获得新的贷款来展期以保持其偿债能力；第三类是庞氏借款人，在借款时，由于来自投资的现金流不够，他们期望其资产价值的增加足以偿还债务，所以庞氏借款人只有在其资产价值不断增加的情况下才能维持生存。对于明斯基来说，问题在于当庞氏借款人数量增加过多时，到某个时间点，人们对资产价值的持续增加便会产生怀疑。当这些疑虑普遍存在时，这个过程就会卡壳，资产价值的增长将停止。这将迅速影响到投机性借款人,因为他们将无法通过展期来偿还债务。投机性借款人的倒下也会连带着对冲性借款人,他们同样因为金融系统高估了这一问题并陷入恐慌。

明斯基认为,资本主义经济的内在不稳定性可以通过适当的经济政策来稳定。通过财政和货币的混合干预可以支持资本家的名义利润,财政政策必须通过增加公共支出来支持有效需求。由于经济的垄断结构,这个过程可以无休止地持续下去,而不会产生不利影响(通货膨胀、过度赤字),这样一来,它既可以支持利润,也可以支持就业。同时,货币政策必须是扩张性的,因为中央银行的主要职能是"最后贷款人"。

明斯基主义者坚称2007—2008年的危机正是这样一个"明斯基时刻"。它是由新自由主义政策造成的,该政策推翻了明斯基建议的稳定经济的凯恩斯主义政策,从而加剧了金融不稳定。按照这一观点,阿尔吉蒂斯(2012)认为,2007—2008年的危机(因为欧洲货币联盟)使本就不稳定的希腊资本主义传统模式更加偏离正常轨道,没有强大央行的"强国"无法管理和控制债务的通胀和通缩过程。因此,希腊危机爆发了。

明斯基理论尽管有一些直觉上的东西很耐人寻味,但有人正确地批评它为:①现象学;②过分关注金融体系而忽视了实体经济,还有人批评它对财政政策和货币政策作用的理解非常狭隘和贫乏。这种不透彻的理解源于明斯基对垄断在资本主义制度中的作用以及特点的错误概念。

关于希腊危机的解释,明斯基的观点存在严重问题。而更重要的问题是,希腊危机并非由私人债务过多造成,相反,与更发达的西方经济体相比,希腊的私人债务规模很小,因此,希腊问题产生于私人债务的通胀和通缩循环的说法不能让人信服。可能正是出于这个原因,阿尔吉蒂斯(2012)抛开了金融不稳定假说的典型机制,而更多地坚持明斯基(1986)之前的观点,即政治和制度框架对保障金融体系稳定的意义。

他的中心论点是,"强国—强央行"组合的解体导致无法在功能上对通胀和通缩过程进行管理。显然,支持该论点的理由是欧洲央行的货币政策遵循了欧元区中心国家的需求和特权,而忽视了欧元区外围国家的需求和特权,货币政策未能充分有效地支持希腊资本积累的需要。但这种解释存在争议。首先,它无端假设希腊银行的政策在后独裁统治时期始终是适度宽松的,事实并非如此。此外,它还暗示,在加入欧洲货币联盟并放弃货币和汇率政策后,希腊政府和银行失去了实施谨慎政策的能力,同样,这也不是事实。最后,如果阿尔吉蒂斯(2012)的解释是正确的,那么明显的政策建议就是"脱欧"(退出欧洲货币联盟)",但这也是他所拒绝的。

明斯基式解释的另一个重大问题是,他认为希腊资本主义在传统上以技术过时的生产结构为特征。这种对生产结构的提及的确是明斯基式解释的积极内容之一,但仅仅提到这一点是不够的,必须对它进行分析,简单的方法是诉诸依赖理论的论点(具有依赖性的希腊资本主义),但这一论点存在众所周知的分析和实证缺陷。此外,它还引出了一个问题,那就是为什么这种有问题的生产结构得以生存下来。这就需要对希腊经济的生产结构进行更明确、更全面的研究,而目前此类研究是缺失的。这种缺陷正是明斯基式的分析重点的产物:它完全专注于金融领域,而不关注生产领域。

第四节 希腊的金融化渠道?

对希腊危机的金融化解释通常很少有人去证实其论点,金融化被用作一种流行说法,而没有人确定在希腊经济中是否存在金融化,以及如果存在,其程度如何。这就需要建立金融化的渠道或途径。国际上关于这个问题的文献越来越多,但尚未得出统一的结果和指标。

帕利(Palley,2007)对金融化的基本渠道提出了自己的理解。他发现了三条主要渠道:

(1)经济结构和运行的变化,主要涉及金融市场结构和运行的变化(放松管制、衍生品等);

（2）企业行为的变化，包括经理人如果未能实现利润最大化将面临被接管和解聘的可能性约束、股票期权支付，鼓励债务融资等；

（3）经济政策的变化，包括越来越多的政策措施（如"小政府"、劳动力市场灵活性）。

帕利的渠道过于宽泛和宏大。对于金融化的主要渠道可以有一个更简单但同样准确的分类。

第一，必须考虑经济中私营和公共部门的金融化程度。这包括银行业的杠杆程度、私营部门的债务、非金融公司的债务、所谓的新金融产品（如衍生品、债务抵押债券）的激增等。这是目前研究最多的领域，也是在适当的衡量标准和指数选择方面存在众多歧义和争议的领域。

第二，必须考虑私人家庭的负债程度。这对于那些认为金融资本已经（从生产资本中）获得了独立地剥削工人的渠道的金融化理论来说（如拉帕维塔斯和布赖恩的理论）尤为重要。正如前文所述，这个渠道就是通过高利贷实现的。

我们对希腊经济从这两个方面进行了初步的了解，结果对于金融化假说来说并不乐观。

表 5.1 显示了一组选定的发达经济体的负债程度和杠杆率［国际货币基金组织（2012）《全球金融稳定报告》］。这些经济体包括欧洲经济体（希腊和其余 PIGS 国家）以及美国、日本和加拿大。令人印象深刻的是，几乎在所有相关的衡量标准中，希腊都处于最低等级或最低等级之一，例如，希腊的银行杠杆率很低，非金融企业的债务总额以及私人家庭的债务也很低。

希腊公共部门和私营部门的金融化程度偏低是众所周知的。例如，在传统上，希腊证券交易的规模很小，对希腊经济的影响也很小。20 世纪 90 年代末，政府政策大力推动了它的发展，并在几年内取得了突飞猛进的增长，之后在 1999 年崩溃，直到今天再也没有恢复。此外，公共和社会实体（如养老基金）对证券交易所和"新金融产品"没有或只有有限敞口。

在希腊，有一个领域的调查结果稍有利于金融化假说。如本书第六章所述，1985年和1990年，金融部门和非金融部门的利润率非常接近，但在1990年以后，金融部门的利润率迅速增长，直到危机开始前一年还保持在很高的水平。金融部门的利润总额占总利润的比例从1985年和1990年的2%上升到2000年的9%，2008年也维持在这个比例。然而，与西方经济体高达两位数的比例相比，这一表现并不突出。

图5.1从另一个角度展示了2005—2010年希腊的家庭债务情况，可以看出，与欧洲其他经济体相比，希腊家庭债务占可支配总收入的比例是从最低水平起步的，2004年加入欧洲货币联盟后开始迅速增加。诚然，它的增长速度惊人，[13]尽管增长率如此之高，但是仍然低于所有其他欧洲经济体（2010年的西班牙除外）。此外，随着危机的加深，家庭的负债程度严重下降，这一点在逻辑上是可以接受的，在其他危机四伏的经济体中也是如此。这种趋势背后的主要原因是，希腊银行业在总体上严格限制了信贷的扩张，特别是对于私人家庭而言，银行限制提供信贷不仅是因为其自身的问题，还因为家庭的收入和财富因经济衰退和紧缩政策而严重减少，他们的信用度因此大大降低。

家庭的低负债率与希腊战后的经济结构有关，中产阶级以及越来越多的农民和工人都具备了一定的文化程度，有能力进行储蓄。然而欧元的引入改变了这种情况，储蓄率大幅下降，家庭开始大量累积债务。大众消费品中通货膨胀的隐性增长削弱了这些阶层的购买力（本书第一章），为了维持自己的生活水平，以相对较低的利率借款，以及在银行业积极营销政策的诱导下，家庭开始举债。这就解释了家庭债务的高增长率。然而，这一进程始终比西方经济体要缓慢得多，并且随着希腊危机的爆发戛然而止。

最后，实证事实并不能证实希腊是一个金融化经济体的假设。这体现在所有关于希腊危机的金融化解释都无法确立一个令人信服的内部金融化

表 5.1 选定发达经济体的负债和杠杆

	美国	日本	英国	加拿大	欧元区	比利时	法国	德国	希腊	爱尔兰	意大利	葡萄牙	西班牙
家庭负债													
总额	88	74	99	89	70	53	63	59	70	120	51	105	89
净额	-226	-236	-178	-151	-123	-191	-127	-118	-48	-68	-171	-124	-72
非金融企业负债													
总额	87	143	118	53	138	178	152	63	75	244	112	154	196
债务除以权益	82	184	86	45	106	53	85	107	264	84	139	144	149
金融机构													
总负债	87	177	742	60	142	124	169	97	33	691	97	63	109
国内银行杠杆	11	23	22	18	23	27	24	28	15	24	19	16	20
银行对公共部门的债权	11	79	8	18	n.a.	23	17	21	29	27	32	19	26

资料来源:国际货币基金组织(2012)。

机制作为危机的起因。这种失败使其做出了一个逻辑上的跳跃：金融化是从国外引入的。所有金融化分析都认为，2007—2008年的全球经济危机是由金融化引起的金融危机（至少在发达资本主义经济体中），这场金融化危机不是通过内部机制影响希腊经济，而是使希腊政府无法在国际市场上举债。这显然是一个非常薄弱且存在问题的论点。

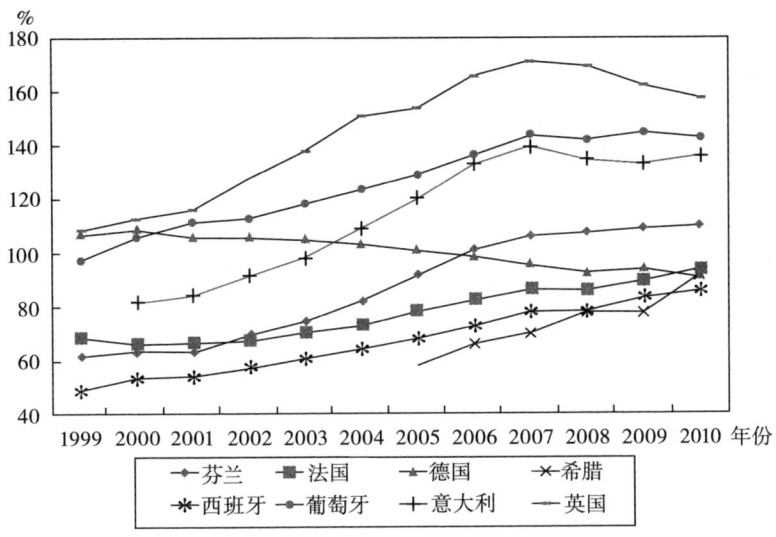

图5.1　家庭债务占可支配总收入的百分比

注：家庭以及为家庭服务的非营利机构的债务占可支配总收入的百分比。
资料来源：经合组织。

注释

1. 有关单位劳动成本理论的详尽分析请参阅本书第一章。

2. 事实上，"金融化"的概念涵盖了广泛的现象：放松对金融部门和国际资本流动的管制、新金融工具的激增、向以市场为基础的金融体系转变、机构投资者成为金融市场的主要参与者等。然而，本章所采用的定义侧重于这一术语的政治经济（因而也是宏观经济）方面。

3. 马克思在《资本论》第三卷第二十九章提出了"虚拟资本"一词。

它用资本资产（股票、债券等）来表示，其市场价值随着未来的预期回报而变化。近几十年来，金融衍生品在虚拟资本运营中的重要性也日益凸显。虚拟资本不同于生产资本，即投资于生产资料和劳动力的资本；它也不同于典型的货币资本，即代表正在积累或交换的货币资金。从本质上说，虚拟资本代表了对未来财富生产的累积债权和法定所有权，因此，它们实际上代表了对未来可能产生的价值（和剩余价值）的不确定押注，但这些价值目前正在被贴现。它的运作与股份公司的扩张、股份公司资产在证券交易所的谈判以及信用货币的扩张（这在很大程度上促进了它们的交易和估价）密切相关。经济繁荣时期通常会引起对未来较高的预期，因此可以设计出经济强劲增长的浪潮（因为它们会对投资产生积极影响）。这些由预期带来的繁荣通常呈现出过热的趋势，也就是创造越来越多的过度乐观的未来预期。一旦"实体经济"跟不上预期的步伐（投资不能带来预期的利润），其增长就会放缓。换句话说，所谓的"基本面"把人召回到虚拟资本催生的不可持续增长的现实中。随后的破产也来势汹汹，由于所谓的"泡沫"破灭导致经济危机的爆发。

4. 经验看法或程式化事实是对现实的预先理论化（未经理论和实证验证）的表述，但其支持者认为这些表述可以自我证明且无可争议。它们通常反映了一些新颖的、令人印象深刻的要素，但这些要素不必是主要的，也（或）不必是永久的。基于程式化事实的理论通常是解释能力有限的中庸理论（马夫鲁迪斯，2012：第三章）。

5. 应该指出，克里普纳（2005）对金融化是否构成资本主义的一个新阶段持保留意见。他认为，金融化既不一定"代表资本主义的一个全新阶段……那些数据也不足以使我们就此处记录的趋势的永久性得出任何结论"。

6. "金融资本"一词与希尔弗丁的概念不完全相同（希尔弗丁的概念是指"生产性"资本与银行资本在后者支配下的融合），它指的是在金融体系中运作的资本（货币和资本市场）。此外，它更多地关注从事证券交易的资本，而不是银行系统的资本。

7. 他对"金融剥削"最初的定义等同于布赖恩等给出的定义（表示额外的剩余价值从劳动转移到资本），随后将其重新表述为"金融掠夺"，试图回避关于在交换领域提取剩余价值的争议点。

8. 拉帕维塔斯（2009）认为，"金融部门已经能够从工资和薪金中直接提取利润，这一过程被称为金融掠夺"。

9. 拉帕维塔斯（2009）试图回避这一点，他认为：

> 这些做法让人联想到古老的高利贷，但它们现在是由正规的金融体系进行的。金融掠夺代表了类似于以实物交易和放高利贷的金融行为在社会范围内的普遍化。它使金融机构能够独立于表现平平的生产领域所产生的剩余价值来提高其利润。这是金融化的一个构成要素。

10. 例如，斯托克哈默（2011）认为，"这主要不是希腊危机，而是欧元体系危机"。"欧元一直是一个建立在不可靠的经济学上的政治项目"（斯托克哈默，2011）。欧洲货币联盟是全球新自由主义模式的一部分，它始于放松金融管制（新自由主义监管模式），并产生了一个以金融为主导的积累制度。这将欧盟分为两部分：北方遵循出口导向型增长和南方遵循信贷导向型增长（斯托克哈默，2011）。

11. 埃马努伊尔（Emmanouel, 1972）将国际贸易中的不平等交换区分为两类：1）"广义"不平等交换：它源于资本有机构成的差异，即较发达国家（资本有机构成较高）剥削较不发达国家（资本有机构成较低）。2）"狭义"不等价交换：它源于工资率和剥削率的差异，即工资较高的国家剥削工资较低的国家。

12. 明斯基关于资本主义经济内在不稳定性的理论深受 M. 卡莱茨基（M. Kalecki）和 J. 鲁滨逊（J. Robinson）关于垄断问题观点的影响。该理论还与 P. 巴兰（P. Baran）和 P. 斯威齐提出的垄断资本主义理论在分析上有很大的相似性。

13. 希腊家庭的低负债率已得到若干实证研究的一致证实。例如，米特拉科斯（Mitrakos，2008）等根据各银行向希腊银行提交的数据计算出希腊家庭银行贷款总额与 GDP 的比率，并观察到这一比率在过去和现在都大大低于欧元区的相应比率。

参考文献

［1］Argitis G.（2012），*Bankruptcy and Economic Crisis：Failure and Breakdown of the Greek Model of Capitalism*，Athens：Alexandreia［in Greek］.

［2］Bond P.（2010），"A century since Hilferding's 'Finanz Kapital'：Again，apparently，a banker's world?" *Links International Journal of Socialist Renewal*，19 November.

［3］Bryan D，Martin R，Rafferty M.（2009），"Financialization and Marx：Giving labor and capital a financial makeover"，*Review of Radical Political Economics* 41(4).

［4］Emmanouel A.（1972），*Unequal Exchange：A Study of the Imperialism of Trade*，New York and London：Monthly Review Press.

［5］Epstein G. ed.（2005），*Financialization and the World Economy*，London：Edward Elgar.

［6］Fine B.（2009），"Financialisation，the value of labour power，the degree of separation，and exploitation by banking"，SOAS Research Students，Summer Seminar Series.

［7］Fine B.（2010），"Locating financialization"，*Historical Materialism* 18(2).

［8］Foster J B.（2010），"The financialization of accumulation"，*Monthly*

Review 62(5).

[9] Hein E, Truger A, van Treeck T. (2011), "The European financial and economic crisis: Alternative solutions from a (post−) Keynesian perspective", IMK Working Paper 9.

[10] Hein E. (2013), "Finance−dominated capitalism and redistribution of income: A Kaleckian perspective", Levy Institute Working Paper No. 746.

[11] Hilferding R. [1910 (1981)], *Finance Capital*, London: Routledge & Kegan Paul.

[12] IMF (2012). *Global Financial Stability Report: The Quest for Lasting Stability*, Washington, DC: IMF.

[13] Krippner G. (2005), "The financialization of the American economy", *Socio−economic Review* 3(2).

[14] Lapavitsas C. (2008), "Financialised capitalism: Direct exploitation and periodic bubbles", SOAS.

[15] Lapavitsas C. (2009), "Financialised capitalism: crisis and financial expropriation", *Historical Materialism* 17(2).

[16] Lapavitsas C. (2014), *Profiting Without Producing: How Finance Exploits Us All*, London: Verso.

[17] Lapavitsas C, Kouvelakis S. (2012), *Crisis and Left Vent*, Athens: Livanis [in Greek].

[18] Lapavitsas C, Kaltenbrunner A, Lambrinidis G, et al. (2010b), "The Eurozone between austerity and default", *Research on Money and Finance*, Occasional Report.

[19] Lapavitsas C, Kaltenbrunner A, Lindo D, et al. (2010a), "Eurozone in crisis: Beggar thyself and thy neighbour", *Research on Money and Finance*, Occasional Report.

[20] Mavroudeas S. (2012), *The Limits of Regulation: A Critical Analysis of Capitalist Development*, Cheltenham: Edward Elgar.

[21] Milios J, Sotiropoulos D. (2010), "Crisis of Greece or crisis of the euro? A view from the European periphery", *Journal of Balkan and Near Eastern Studies* 12(3).

[22] Minsky H. (1986), *Stabilizing an Unstable Economy*, New York: McGraw-Hill.

[23] Minsky H. (1992), "The financial instability hypothesis", Levy Economics Institute, Working Paper No. 74.

[24] Mitrakos T, Simigiannis G, Tzamourani P. (2008), "Indebtedness of Greek households: Evidence from a survey", *Economic Bulletin* 25, Bank of Greece.

[25] Palley T. (2007), "Financialization: What it is and why it matters", PERI Working Paper series No. 153.

[26] Stockhammer E. (2004), "Financialization and the slowdown of accumulation", *Cambridge Journal of Economics* 28.

[27] Stockhammer E. (2009), "The finance-dominated accumulation regime, income distribution and the present crisis", Department of Economics Working Paper Series, 127. Inst. Fur Volkswirtschaftstheorie und -politik, WU Vienna University of Economics and Business, Vienna.

[28] Stockhammer E. (2011), "Peripheral Europe's debt and German wages: The role of wage policy in the Euro area", *International Journal of Public Policy* 7(1-3).

[29] Sweezy P. (1942), *The Theory of Capitalist Development*, New York and London: Monthly Review.

[30] Sweezy P. (1994), "The triumph of financial capital", *Monthly Review*

46(2).

[31] Sweezy P. (1997), "More (or less) on globalization", *Monthly Review* 49(4).

[32] Tome J P. (2011), "Financialization as a theory of crisis in a historical perspective: Nothing new under the sun", PERI, Working Paper Series 262.

[33] Van Treeck T. (2008), "The political economy debate on "financialization": A macroeconomic perspective", IMK Working Paper(1).

第二篇

马克思主义对希腊危机的解释

第六章

战后希腊经济中利润率趋于下降的规律

萨纳西斯·马尼亚蒂斯和科斯塔斯·帕萨斯

第一节 引言

希腊经济危机已持续到了第六个年头，目前已经达到了相当于当时发达资本主义国家大萧条的程度。面对这样一场如此巨大的危机，人们自然对解释其起源和本质充满兴趣。在试图分析希腊危机的深层原因时，对两年前开始的世界经济危机进行探究显然十分重要，它的确切性质和成因仍在争论之中，特别是在激进主义和马克思主义政治经济学传统内。

激进主义和马克思主义文献中对20世纪60年代末和70年代的世界经济危机进行了激烈的辩论，在所有方法中，一个共同的要素是利润率行为起到了关键作用。其他方法都指出自20世纪60年代末以来资本主义利润率显著下降，并试图找出其最终原因，于是出现了三种主要的危机理论。第一种理论强调技术变革和非生产性劳动相对于生产性劳动的增加；[1]第二种理论指责有效需求不足是造成产能利用率和实际利润率下降的原因；[2]第三种方法则将利润率的下降归咎于实际工资的过度增长和（或）由技术或社会原因导致的生产率提升放缓从而造成的大量利润的挤压。[3]

对当前危机的解释，情况则大不相同。激进主义和马克思主义文献的许多作者没有明确考虑利润率行为,而是认为:①危机不是由利润率下降造成的;②新自由主义制度安排特别是金融化造成的失衡是世界经济运行中断的主要原因。

因此,2008年的世界经济危机以及随后的经济萧条在文献中大多被作为金融危机或主权债务危机来介绍和讨论。当分析不停留在金融领域,而试图在"实体"经济中追溯和定位危机的根源时,往往会局限于价值和收入的分配与流通层面,而忽略了生产领域。激进经济学家和一些马克思主义者将当前的危机归咎于新自由主义的制度安排和随之而来的结果,但不一定是资本主义本身。甚至在危机爆发之前,人们就把重点放在了阶级或功能性收入分配模式下个人收入不平等的加剧,以及对工资的歧视和对利润的偏向上,这种收入分配方式是新自由主义制度结构或者新自由主义社会积累结构的特征[克罗蒂,2000;科茨(Kotz,2003、2008)]。因此,这种结构现在被认为是失败的,因为它受到消费不足危机的严重威胁,尽管该论断的支持者并没有明确指出这一点,[4]但他们对当前危机的这种评估与对战后"黄金时代"的第一次"管制型"社会积累结构的消亡所提出的评估是截然相反的,根据这种观点,"管制型"社会积累结构是由于相反的原因——劳动者力量的增强所引起的利润挤压危机而结束的。[5]但必须清楚,新自由主义范式的构想和确立是为了应对20世纪60—70年代的结构性危机,因此,当前的危机只有在这种社会形态无法修复、解决之前的结构性积累危机即70年代的滞胀危机的意义上,才能被视为和称为"新自由主义危机"。

在这方面,当前的危机被视为新自由主义制度内在矛盾的顶点[科茨,2008、2009;哈维(Harvey,2010)]。新自由主义制度被认为是继战后"黄金时代""凯恩斯主义"折中之后的制度结构,建立在以下构成要素之上:①阶级和个人收入不平等加剧;②经济金融化;③各类私人和公共债务的积累以及资产泡沫产生,以弥补停滞不前或不断下降的工资。如前所述，这种观点与消费不足的危机理论有许多相似之处，因为如果超越金融领域，危机的根本原因似乎就是收入不平等以及由此产生的工人购买力低下。[6]

迪梅尼和莱维（Dumenil & Levy, 2010）的立场有所不同，他们否认资本利润率不足或消费不足是造成危机的根本原因。在他们看来，这是一场上层阶级过度消费、生产资本积累不足（由于经济金融化）的危机，这导致美国经济出现贸易赤字和过度负债。这种组合形成了一条"不可持续的轨迹"，导致了新自由主义（作为一种独特的社会秩序）危机，表现为美国经济中的"金融霸权"危机，进而影响到整个世界资本主义经济。迪梅尼和莱维强调的是资本家为获得更高的收入所做的成功努力，而不是资本和政府为大幅提高利润率所做的失败努力。[7]

相反，对于其他马克思主义者来说，这场危机不仅仅是一个偶发事件或某些政策错误的结果，[8]而且是资本主义经济正常运行的产物，资本主义经济时常遭受积累过程崩溃的影响。经济危机是资本主义经济内在机制运行的周期性结果，而不是由错误政策或外生冲击造成的。尽管对上述新自由主义制度结构的特征没有争议，但要更彻底地分析资本主义经济的行为，就必须把它们纳入一个分析体系，其中包括要明确考虑利润率及其构成要素，以及它随时间的演变趋势。因此，离开流通和分配领域，着眼于经济的深层结构，对利润率轨迹和资本积累过程的考察则会呈现不同的情况。正如谢赫（2011）所指出的，尽管体制、法规和阶级力量的平衡发生了根本性的变化，但结构性、系统性的危机每隔30~40年就会再次出现。只要制度依赖于这一营利动机，那么这些反复出现的积累危机就不可避免。危机的反复出现必然会追溯到一个或多或少共同的原因。积累建立在利润率的基础之上，要了解它的不同阶段，就必须仔细研究利润率的决定因素。因此，许多马克思主义作者尽管存在分歧，但谢赫（2011）、莱布曼（Laibman, 2010）、布伦纳（Brenner, 1998、2006）、莫塞莱（1991，

1997)、巴基尔和坎贝尔（Bakir & Campbell, 2009）、罗伯茨（Roberts, 2013）等对整个战后时期进而对新自由主义时期的讨论，以及对当前危机的解释，都是基于对利润率的详细考察。在他们的工作中，都出现了一个关键因素，那就是利润率在新自由主义时期的不完全恢复，而且即使是部分恢复也主要是由对工资和劳动力成本的普遍打压所实现的。

本章主张，无论每次危机的近因是什么，盈利能力不足始终是危机的根本原因，对希腊经济来说也是如此。我们根据马克思关于利润率下降趋势的定律（马克思，1894）来阐述危机的要点。在第二节中对整个战后时期（1958—2011年）主要的马克思主义变量进行估计，为我们提供了一种有力的方法，即根据资本利润率和资本积累过程的趋势和波动来追踪和讨论战后希腊经济的轨迹。然而，本章的主要贡献是在第三节中按照巴苏和马诺拉克斯（Basu & Manolakos，2012）近期为美国经济引入的方法，对希腊经济中利润率（包括马克思主义版本和净值版）的长期趋势进行计量研究。第四节是结论。

第二节　实证结果：战后希腊经济中利润率趋于下降的规律

如上所述，区别马克思主义和其他非主流分析的最关键因素是在马克思主义传统中，考察资本主义经济结构时利润率起到了十分重要的作用。[9]

图6.1～图6.7从主要的马克思主义比率即马克思利润率（$R = S/K$）、净利润率（$r = \Pi/K$）、剩余价值率（$s = S/V$）以及资本的价值构成和物化构成①（$k = K/V$ 和 $k' = K/Y$）等方面描述了战后希腊经济的发展情况，其中 S 是剩余价值，V 是可变资本，K 是私人资本存量，Π 是利润或财产类收入，$U = S - \Pi$ 是非生产性劳动工资和其他成本，Y 是净产出。

---

① 据原著作者所释，资本的物化构成［Materialized Composition of Capital（MCC）］是由Shaikh（1987）创造的，作为资本价值构成（VCC）和技术构成（TC）的中间步骤，形式上定义为死劳动（物化劳动）和活劳动之比。——译者注

马克思一般利润率 R 和净利润率 r 如图 6.1 所示。R 是马克思在《资本论》第三卷中推导出的利润率趋于下降规律中所指的利润率；r 和 R 都取决于资本的构成和剩余价值率，但也取决于一般非生产性劳动和非生产性成本与生产性劳动的比率。r 比 R 下降得更多，r 从期初 R 的一半下降到期末时 R 的 1/3，因为非生产性部门的非生产性劳动和其他支出，如流通成本相较于生产性劳动有显著上升，如图 6.2 所示。

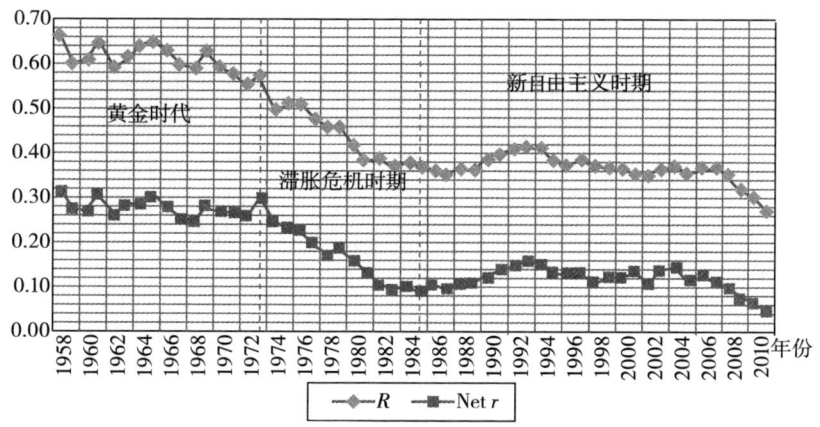

图 6.1　1958—2011 年马克思一般利润率（R）和净利润率（r）

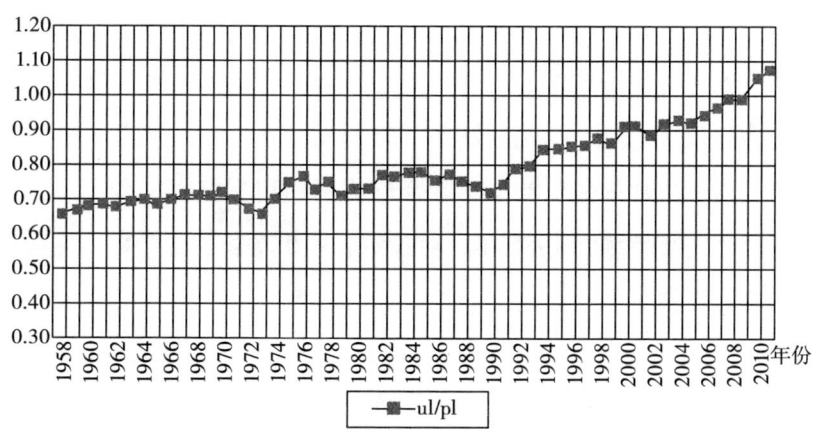

图 6.2　非生产性劳动（ul）与生产性劳动（pl）报酬之比

净利润率（r）的走势勾勒出当前危机爆发前希腊经济中利润率、资本积累和增长的三大阶段。第一个阶段从本书所研究的时期开始一直持续到20世纪70年代中期，被称为希腊资本主义的"黄金时代"，这与第二次世界大战结束后发达资本主义国家开始着手重建他们战后经济的过程类似。尽管利润率有小幅下降趋势，但高利润率仍带动资本积累和产出高速增长，虽然剩余价值率不断上升，但生产率显著提高，生产工人和一般工人的实际工资也有所提高（见图6.3）。

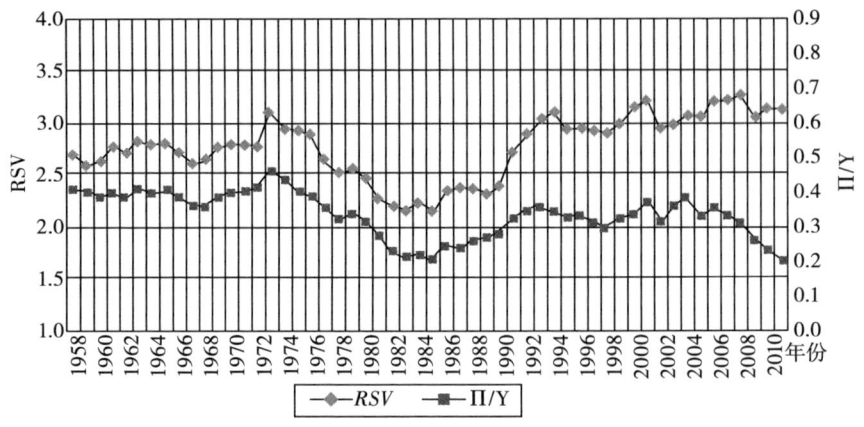

图6.3　剩余价值率（S/V）和利润份额（∏/Y）

第二个阶段是希腊的滞胀危机时期，始于1973—1974年，比60年代末发达资本主义经济体的滞胀危机晚了5年。"黄金时代"资本的有机构成（OCC）显著增加，这是利润率下降的充分条件，再加上军事独裁政权垮台后，由于成功的劳工斗争，剩余价值率和利润份额减少，导致利润率急剧下降，一直持续到1985年，对投资、产出增长、生产率、实际工资增长和就业均产生了不利影响。

1986年以后，特别是在1991年以后，第三个阶段即新自由主义时期在发达资本主义经济体建立这一政策机制后的5~10年也在希腊建立。众所周知，新自由主义的经验意味着对工人剥削的急剧增加，以充分提高利润率。然而，由于没有资本存量的大规模贬值或破坏，也没有非生产性劳动和其他类似成本的大幅度减少，因此利润率没有也不可能恢复。这一事件在政治上是不可行的，因为它意味着失业率将上升到大萧条时期的水平。因此，新自由主义时期带来的只是利润率的部分恢复，这导致了低投资活动率和低产出增长率，以及最重要的缓慢的生产率增长。这一时期产出增长贫乏，甚至受到了该时期的扩张性货币政策所造成的金融泡沫的间接影响，特别是在1995年以后（当时新自由主义制度和安排的初始推动力已经消退，新自由主义时期的利润率已经达到顶峰）。这些泡沫首先出现在证券交易市场，然后出现在房地产部门，它们为家庭创造了巨大的"财富效应"从而刺激了消费需求，这是新自由主义时期经济增长的唯一来源，因为低利润率抑制了投资活动。图6.7提供了一种考察新自由主义时期希腊经济"金融化"进程的方式。1985年和1990年，非金融部门的利润率与金融部门的利润率非常接近，而金融部门的利润率在1990年后出现了爆发式增长，并且在危机开始前一年仍保持在非常高的水平。1985年和1990年，金融部门的利润总额占总利润的2%，到2000年这一比例已增至9%，且在2008年仍保持这一比例。相比之下，美国经济中金融利润占总利润的比例从1980年的10%上升到2007年的40%。[10]人们普遍认为，希腊的金融化进程并没有像主要发达资本主义经济体那样深入。然而，当所有的泡沫破灭时，危机于2009年爆发，与主要资本主义经济体发生的情况相比，这次只滞后了2年。从根本上说，危机再次出现是由于资本的利润率较低，而这是资本过度积累的结果，因为资本价值构成和资本—产出比K/Y（谢赫，1987；谢赫、托纳克，1994）（称之为资本的物化构成）整个时期都在上升，而这种上升无法再被剩余价值率的增加或某种扩张性财政或货币政策所抵消。

还值得注意的是，在最近研究的希腊、巴西和西班牙，以及对世界经济非常重要的美国案例中，[11]利润率在整个战后时期表现出相同的发展趋势。首先是高利润率、强劲的资本积累和产出增长的"黄金时代"，然后是利润率急剧下降的危机时期，之后是利润率得到部分恢复的新自由主义

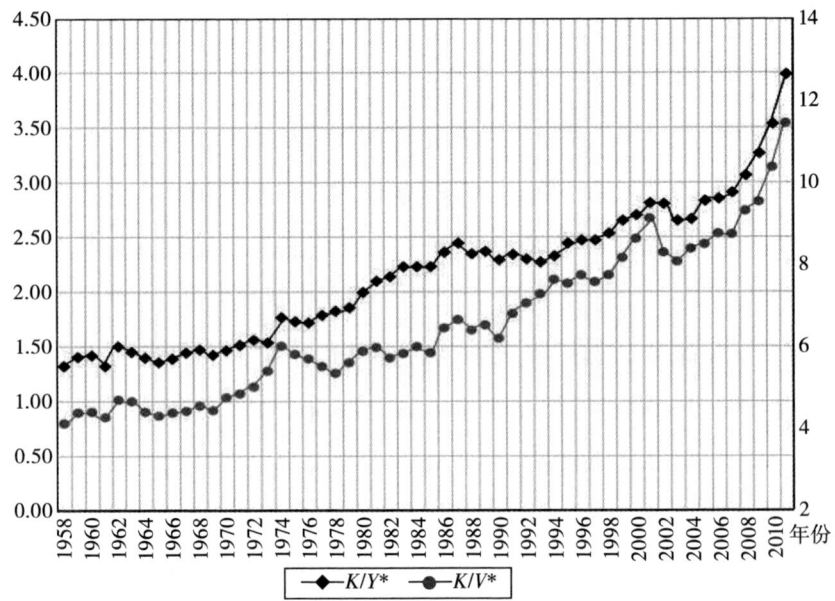

图6.4 资本有机构成（$k = K/V$）和物化构成（$k' = K/Y$）

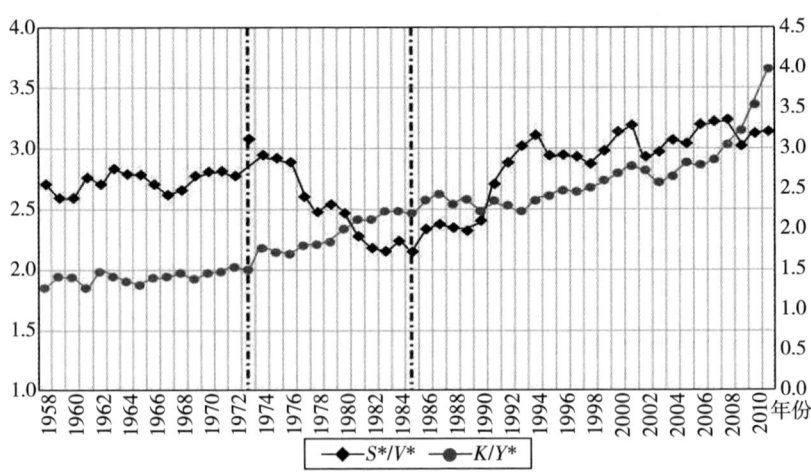

图6.5 剩余价值率（S/V）和资本—产出比（K/Y）

时期，几乎所有利润率阶段的交替出现都是由资本产出比或资本的物质构成的变动决定的。[12]因此可以说，无论是20世纪70年代的滞胀危机还是当前的危机，都是在剩余价值率普遍上升的情况下，资本有机构成提高导致利润率趋于下降的规律运行的结果和表现。我们试图在第三节中用利润率长期行为的统计证据来补充这一论点的实证支撑。

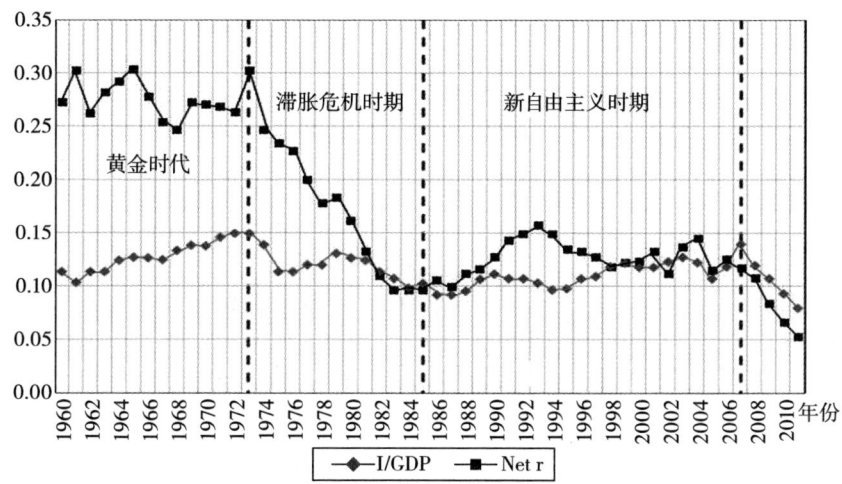

图 6.6　1960—2011 年净利润率和投资份额（I/GDP）

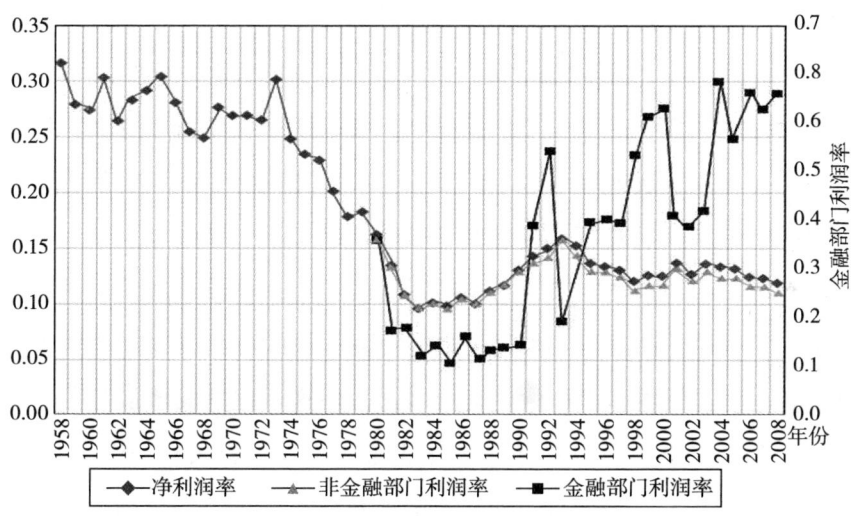

图 6.7　1958—2008 年净利润率、金融和非金融部门净利润率

第三节 希腊经济中是否存在利润率下降的趋势

巴苏和马诺拉克斯（2012）所做的贡献是从经济学角度研究了1948—2007年美国经济中净利润率存在的负增长趋势，我们将他们的方法复制并扩展到希腊经济案例中。

对利润率趋于下降规律的解释多种多样，"规律"的确切含义和"抗衡趋势"的作用在马克思主义文献中仍有争论。根据谢赫（1983）的观点，在马克思利润率趋于下降的背景下分析规律和趋势的区别，一种观点是将其视为两种相互冲突但级别相同的趋势的运作，其中一种趋势在某些情况下占上风（生产资本化），导致利润率下降，而在另一些情况下，相反的趋势（剥削率的提高或不变资本要素的贬值）占主导地位，使利润率不受影响甚至提高。换言之，根据这一观点，即使在足够长的时间跨度内，结果（利润率的上升或下降）也是共同决定的。另一种观点认为存在着趋势的等级，而且占主导地位的趋势（生产的资本化）始终（在一段足够长的时间内）压倒占从属地位的趋势，使得整个过程变为规律。[13] 根据后一种观点，马克思认为规律是一种源于资本主义竞争和技术变革的主导趋势，这种趋势从长远来看，战胜了一切抗衡趋势。主导趋势主要来自持续的技术变革过程，是资本家为追求尽可能多的剩余价值和利润而进行竞争的武器。这种趋势的结果必然是资本的价值构成、有机或物质构成系统性地增加，也就是资本—净产出比率的增加，而这一比率的增加是无论剩余价值率上升得多快，利润率迟早都会呈现下降趋势的充分条件。事实上，马克思在《资本论》第三卷中所讨论的大部分甚至全部抗衡趋势，都与减缓资本构成的增加或者提高工人剥削率的发展有关。因此我们认为，在存在抗衡趋势的情况下检验利润率中的负趋势更符合马克思主义规律，而不是像巴苏和马诺拉克斯（2012）所做的那样去控制它们的影响。巴苏和马诺拉克斯通过这种方式检验了美国经济中利润率趋于下降规律的"弱版本",而且他们只对净利润率进行了检验。[14]下面,我们对战后希腊经济中的净利润率和马克思一般利润率是否存在负趋势进行检验。首先像巴苏和马诺拉克斯那样控制抗衡趋势的影响,然后简单调查从战后时期到最近的危机爆发之前所观察到的利润率在统计意义上是否呈现出下降趋势。

一、识别利润率的时间序列特征

Box – Jenkins 方法包含三个阶段的迭代过程,旨在对模型进行识别、估计和诊断检验。在识别阶段,确定将序列转化为平稳序列所需的差分次数后,采取一系列技术手段如运用自相关和偏相关函数,来推导出最简化的(使用参数数量最少的)ARIMA 模型的集合,通过最小化信息准则,如 Akaike(AIK)、Schwarz(SBIC)和 Hanna Quinn(HQIC),从以上模型中选择基准模型。接下来,在估计阶段,对前一阶段确定的参数进行推断。最后一个阶段包括对残差的诊断,以测试模型是否存在问题,如自相关和异方差(见表 6.1)。

表 6.1a　ARIMA 估计:AIK

AR/MA	0.000 000	1.000 000	2.000 000	3.000 000
0.000 000	-5.359 912	-5.320 212	-5.278 499	-5.242 455
1.000 000	-5.316 454	-5.302 825	-5.262 115	-5.346 252
2.000 000	-5.277 254	-5.261 816	-5.218 658	-5.216 770
3.000 000	-5.250 711	-5.229 242	-5.592 384	-5.675 719

表 6.1b　ARIMA 估计:SBIC

AR/MA	0.000 000	1.000 000	2.000 000	3.000 000
0.000 000	-5.320 159	-5.240 706	-5.159 240	-5.083 442
1.000 000	-5.236 948	-5.183 566	-5.103 103	-5.147 487
2.000 000	-5.157 995	-5.102 804	-5.019 893	-4.978 251
3.000 000	-5.090 118	-5.028 501	-5.351 495	-5.394 683

表 6.1c　ARIMA 估计：HQIC

AR/MA	0.000 000	1.000 000	2.000 000	3.000 000
0.000 000	-5.345 020	-5.290 429	-5.233 824	-5.182 888
1.000 000	-5.286 670	-5.258 150	-5.202 548	-5.271 793
2.000 000	-5.232 579	-5.202 249	-5.144 199	-5.127 419
3.000 000	-5.190 844	-5.154 408	-5.502 583	-5.570 952

从净利润率（r）的识别阶段开始，我们观察到，由于原序列滞后 20 期的 Ljung Box Q 统计量拒绝了无自相关的零假设，因此得出结论该序列非白噪声过程。自相关函数（ACF）呈长期衰减，而偏相关函数（PACF）在滞后 1 期时显著为正，这表明该序列非平稳。Augmented Dickey – Fuller（ADF）和 Phillips – Perron（PP）单位根检验的结果支持净利润率有一个单位根的假设。净利润率序列中存在单位根，表明该序列具有随机时间趋势（见图 6.8）。

自相关	偏相关		自相关系数	偏相关系数	Q_统计量	P值
		1	0.942	0.942	46.244	0.000
		2	0.877	-0.099	87.152	0.000
		3	0.822	0.065	123.89	0.000
		4	0.757	-0.138	155.72	0.000
		5	0.672	-0.193	181.40	0.000
		6	0.588	-0.046	201.49	0.000
		7	0.510	-0.020	216.94	0.000
		8	0.445	0.104	229.02	0.000
		9	0.370	-0.130	237.57	0.000
		10	0.292	-0.051	243.05	0.000
		11	0.215	-0.111	246.10	0.000
		12	0.152	0.042	247.67	0.000
		13	0.084	-0.082	248.14	0.000
		14	0.006	-0.118	248.14	0.000
		15	-0.041	0.232	248.26	0.000
		16	-0.089	-0.187	248.87	0.000
		17	-0.135	0.083	250.29	0.000
		18	-0.167	0.012	252.55	0.000
		19	-0.195	-0.062	255.72	0.000
		20	-0.227	-0.079	260.16	0.000

图 6.8　1960—2008 年希腊净利润率序列的 ACF 和 PACF 样本

对于该序列的一阶差分，Ljung Box 检验表明，不能拒绝零假设，因此该序列是白噪声过程；ADF 和 PP 单位根检验表明该序列是平稳的。最后，ACF 和 PACF 显示滞后 1 期时的自相关和偏相关值为负但不显著，因此表明该序列可能存在移动平均因子（见图 6.9）。此外，滞后 4 期和 15 期时偏相关值虽然同样不显著，但数值为正且较大，滞后 11 期时偏相关值为负且不显著。综上所述，对净利润率序列的初步检验表明该模型可能是 ARIMA (0, 1, 0)。

由于许多自相关和偏相关值过大，令人生疑，为了避免错误识别，继续比较当包含三个自回归（AR）项和三个移动平均（MA）项时差分序列的信息准则。结果表明，当模型是 ARIMA (3, 1, 3) 时，所有三个信息准则均可最小化。从模型的根来看，MA 部分存在单位根，因此需要将 MA 部分减去 1。通过反复执行这个过程得出 ARIMA (0, 1, 0)，验证了初始假设。因此得出结论：净利润率序列可以被描述为一个单位根过程，因此是一个具有随机趋势的过程。

接下来对马克思利润率（R）进行识别，再次得出结论，这一原序列不是白噪声过程，因为 Ljung Box Q 统计量拒绝了非自相关的零假设。考察 ACF 和 PACF 时发现 ACF 呈现长期衰减，而滞后 1 期的 PACF 显著为正，这就证明了其非平稳性。随后用 ADF 和 PP 检验对序列中的单位根进行检验，验证了之前的假设。因此，可以再次得出结论，该序列是非平稳的，即该时间序列具有随机趋势。

R 序列一阶差分的检验结果与 r 序列的结果几乎相同，ACF 和 PACF 在滞后 1 期时均为负且不显著，PACF 在滞后 4 期和 15 期（为正）以及 11 期（为负）时数值均较大，但不显著。此外，ADF 和 PP 检验都表明一阶差分序列是平稳的。因此，首选的模型似乎是 ARIMA (0, 1, 0)，使用三个自回归项和移动平均项，执行与之前用于识别净利润率相同的迭代过程，并利用信息准则验证对 ARIMA (0, 1, 0) 模型的假设。

自相关	偏相关		自相关系数	偏相关系数	Q_统计量	P值
		1	0.944	0.944	46.375	0.000
		2	0.886	−0.042	88.131	0.000
		3	0.844	0.115	126.87	0.000
		4	0.787	−0.178	161.23	0.000
		5	0.709	−0.194	189.76	0.000
		6	0.632	−0.076	212.96	0.000
		7	0.548	−0.145	230.86	0.000
		8	0.475	0.093	244.62	0.000
		9	0.400	−0.065	254.60	0.000
		10	0.314	−0.094	260.93	0.000
		11	0.239	0.029	265.70	0.000
		12	0.179	0.025	266.85	0.000
		13	0.112	−0.053	267.72	0.000
		14	0.047	−0.035	268.88	0.000
		15	0.009	0.177	267.88	0.000
		16	−0.040	−0.206	268.01	0.000
		17	−0.086	0.056	268.58	0.000
		18	−0.120	−0.054	269.74	0.000
		19	−0.153	−0.045	271.71	0.000
		20	−0.194	−0.103	274.95	0.000

图 6.9　1960—2008 年希腊马克思利润率序列的 ACF 和 PACF 样本

综上所述，马克思利润率和净利润率均为一阶积分 [I（1）]，因此，它们是具有随机趋势的过程。

二、数据

前文介绍了在本次调查中所使用的利润率数据，它们聚焦整个私营经济，不过仅限于 1960—2008 年，因为此项调查使用的大量变量在这个时间跨度上是完整可靠的。所有数据均为年度数据。

我们将净利润率和马克思利润率（分别为 r 和 R）作为因变量，同时将巴苏和马诺拉克斯使用的代表利润率下降的"抗衡趋势"的四个变量作为自变量，这些变量包括以马克思劳动生产率的周期性分量（循环分量）衡量的剥削强度（z_1）、以实际小时工资的周期性分量衡量的工资与劳动力的偏差（z_2）、以失业率代表的人口过剩的衡量指标（z_3）以及以固定资本形成平减指数与消费者价格指数的比率衡量的资本相对价格（z_4）。然后按照巴苏和马诺拉克斯（2012）的方法，以表 6.2 中的平滑参数对相关序列应用 HP 滤波（Hodrick Prescott Filter）得出周期分量。

表 6.2a ARIMA 估计：AIK

AR/MA	0.000 000	1.000 000	2.000 000	3.000 000
0.000 000	-4.885 486	-4.846 204	-4.802 757	-4.774 652
1.000 000	-4.865 662	-4.836 628	-4.796 115	-4.759 241
2.000 000	-4.825 636	-4.806 076	-4.775 042	-5.084 060
3.000 000	-4.813 520	-4.840 893	-5.105 999	-4.856 102

表 6.2b ARIMA 估计：SBIC

AR/MA	0.000 000	1.000 000	2.000 000	3.000 000
0.000 000	-4.845 733	-4.766 698	-4.683 498	-4.615 639
1.000 000	-4.786 156	-4.717 369	-4.637 103	-4.560 476
2.000 000	-4.706 377	-4.647 064	-4.576 276	-4.845 542
3.000 000	-4.652 928	-4.640 153	-4.865 110	-4.575 065

表 6.2c ARIMA 估计：HQIC

AR/MA	0.000 000	1.000 000	2.000 000	3.000 000
0.000 000	-4.870 595	-4.816 421	-4.758 082	-4.715 085
1.000 000	-4.835 879	-4.791 953	-4.736 548	-4.684 783
2.000 000	-4.780 961	-4.746 509	-4.700 583	-4.994 710
3.000 000	-4.753 653	-4.766 059	-5.016 198	-4.751 334

马克思劳动生产率是经 GDP 平减指数平减后的马克思净增加值与生产性劳动工时之比。通常认为，生产率主要受两方面的影响：①技术增长，主要是通过不断增长的资本劳动比，从长远来看增加了每个工人的产出；②独立于技术增长而出现的剥削强度的变化。假设技术增长长期影响生产过程（尽管工作条件的变化只会产生暂时的影响），将劳动生产率分解为趋势和周期性分量以隔离后者，通过这样的构造，我们预期劳动生产率的周期性分量是顺周期的。图 6.10 是劳动生产率的周期性分量与实际 GDP 增长率之间的散点图，它证实了我们的预期即衡量剥削强度的指标是顺周期的。

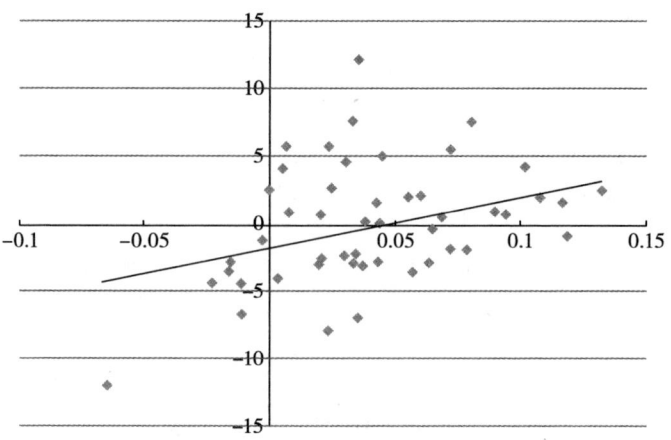

图6.10 剥削强度和产出增长之间的散点图

生产性劳动的实际小时工资是以生产性劳动的报酬经消费者价格指数平减后与生产性劳动的工作小时数之比来计算的。从长期来看，假设实际工资不会偏离劳动力的价值，那么我们就能够确定实际工资率偏离其趋势的情况，以及劳动力的价值高于或低于其"正常"价值的短期偏离程度。因此，同样通过构造，我们预期实际工资率的周期性分量是顺周期的。图6.11是生产性劳动实际小时工资的周期性分量与实际GDP增长率之间的散点图，它证实了我们的预期，即实际工资与劳动力价值的偏差是顺周期的。

失业率被用作衡量后备劳动力的指标，它通过两种方式影响利润率：①降低工资率；②形成初始资本有机构成较低的新生产部门。在这种情况下，失业率（尽管这只代表后备劳动力）的上升会导致利润率的增加。

图6.12描绘了失业率和净利润率，可以看出这种关系并不完美，因为失业率的上升往往伴随着利润率的下降。巴苏和马诺拉克斯（2012）对美国经济的研究也发现了类似的结果，这表明该种趋势的影响被资本相对价格的变化淹没了。此外，需要指出的是，在希腊，延续到20世纪70年代初的失业率的下降趋势是先进资本主义经济体中大量工人迁移的结果，而不是由于积累进程变得活跃使劳动力后备军投入工作的结果。因此，它并没有引起劳动强度的增加。

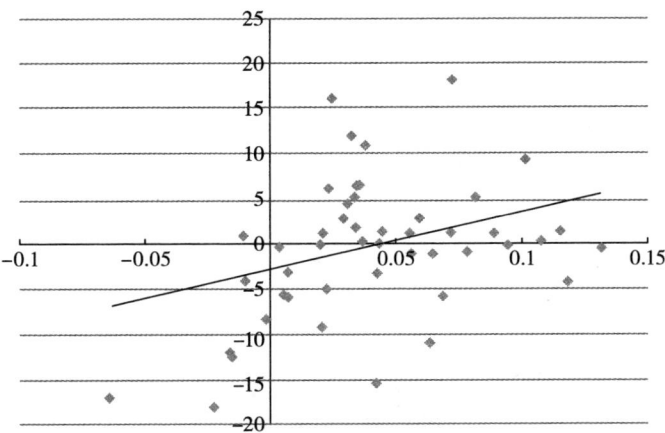

图 6.11 实际工资与劳动力价值的偏离和产出增长之间的散点图

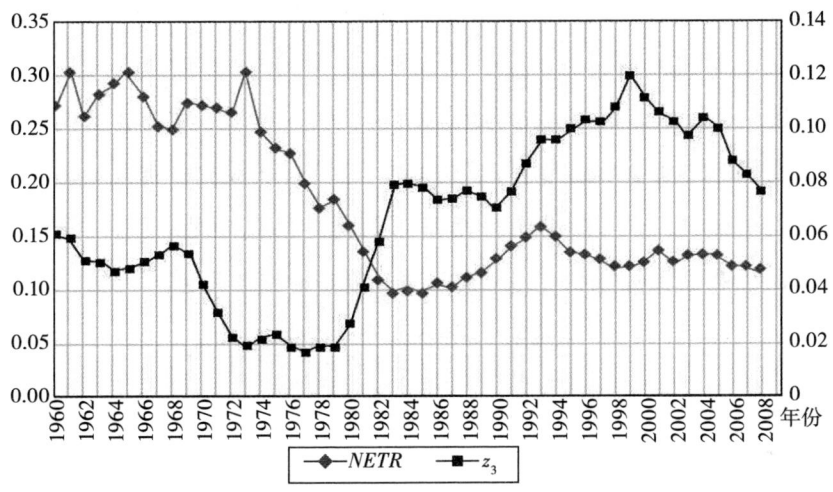

图 6.12 相对过剩人口（z_3）与净利润率（NETR）

最后，以固定资本形成总额平减指数与 CPI 的比率计算得到的不变资本的相对价格代表不变资本的贬值。构建这一衡量标准的原理是，如果由于资本品部门的技术增长较快，资本品价格的上涨速度与工资品价格的上涨速度不一样，那么通过构建，资本的价值构成 c/v 应该下降，从而导致利润率的上升。图 6.13 绘制了对不变资本的相对价格和净利润率的衡量，能够发现这种关系如预期一样成立。

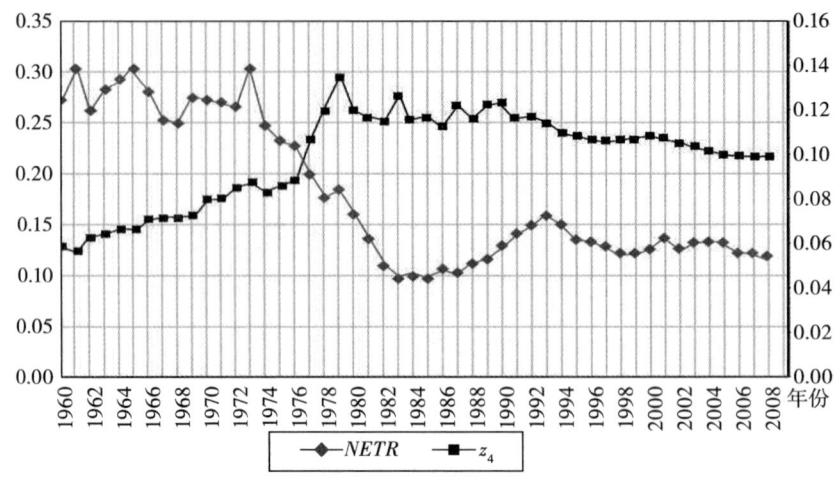

图 6.13 资本的相对价格（z_4）与净利润率（NETR）

表 6.3a 和表 6.3b 显示了使用著名的 ADF 和 PP 检验法对原序列和一阶差分序列进行单位根检验的结果。结果表明，剥削强度、工资与劳动力价值偏离程度的衡量指标为原序列平稳，而所有其他变量则是一阶差分平稳。我们注意到，滞后期的选择是基于施瓦茨信息准则，最多 10 个滞后项，估计结果包括利润率序列和失业率、资本价格的趋势。

表 6.3a 原序列的单位根检验

变量	ADF		PP	
	t 统计量	P 值	t 统计量	P 值
R	-1.445 026	0.834 4	-1.209 393	0.897 2
Net r	-1.385 638	0.852 7	-1.390 656	0.851 2
z_1	-7.220 064	0.000 0	-14.34 693	0.000 0
z_2	-6.144 564	0.000 0	-8.547 273	0.000 0
z_3	-2.261 299	0.445 9	-1.873 120	0.652 8
z_4	-1.080 744	0.921 7	-0.850 010	0.953 3

表 6.3b 一阶差分序列的单位根检验

变量	ADF		PP	
	t 统计量	P 值	t 统计量	P 值
R	-9.301 627	0.000 0	-9.188 529	0.000 0

续表

变量	ADF		PP	
	t 统计量	P 值	t 统计量	P 值
Net r	−7.698 093	0.000 0	−7.653 639	0.000 0
z_1	−6.262 981	0.000 0	−30.255 44	0.000 1
z_2	−6.708 501	0.000 0	−15.788 41	0.000 0
z_3	−3.506 230	0.050 3	−3.564 697	0.044 0
z_4	−5.440 214	0.000 3	−7.857 986	0.000 0

三、计量经济方法

由于因变量和一些控制变量均不平稳，如果变量不是协整的，则对它们的原序列进行最小二乘法（OLS）估计可能会造成伪回归结果。为了检验协整关系，采用 Johansen 和 Engle - 格兰杰方法。

Johansen 方法是从一个 p 阶向量自回归（VAR）出发：

$$y_t = \mu + A_1 y_{t-1} + \cdots + A_p y_{t-p} + B x_t + \varepsilon_t$$

其中，y_t 是一个 $n \times 1$ 的 $I(1)$ 变量；x_t 为 $m \times 1$ 的确定性变量；ε_t 为干扰项。重新排列 VAR 可以得到一个误差修正式：

$$\Delta y_t = \Pi y_{t-1} + \sum_{i=1}^{p-1} \Gamma_i \Delta y_{t-1} + B x_t + \varepsilon_t$$

与：

$$\Pi = \sum_{i=1}^{p} A_i - 1 \text{ 和 } \Gamma_i = - \sum_{j=i+1}^{P} A_j$$

根据格兰杰表述定理，如果矩阵 Π 存在降秩 $r < n$，r 为协整关系数，那么存在 α 和 β 两个 $n \times r$ 矩阵，秩为 r，使得 $\Pi = \alpha \beta'$ 和 $\beta' y_t$ 是平稳的，其中 α 为向量误差修正（VEC）模型中的平差参数，β 的每一列为协整向量。Johansen 方法包括通过两个似然比检验，即迹检验和特征值检验，来检验是否能够拒绝 Π 的降秩所带来的限制。

Engle - 格兰杰方法有两个步骤。第一步，通过简单的 OLS 估计关系；第二步，对残差进行单位根检验，以检验其平稳性。需要注意的是，传统的临界值并不适用于特定的单位根检验，必须采用用于协整检验的麦金农（MacKinnon）临界值。

四、模型估计

首先要检验的假设由方程（6.1）描述：

$$(net)\ r_t = \alpha + \beta t = \gamma z_{1t} + \delta z_{2t} + \varepsilon z_{3t} + \zeta z_{4t} + \varepsilon_t \qquad (6.1)$$

其中，$(net)\ r$ 表示净利润率；t 表示时间趋势；z_1 衡量剥削强度；z_2 衡量工资与劳动力价值的偏离程度；z_3 衡量过剩人口；z_4 表示以固定资本形成平减指数与 CPI 的比率衡量的资本相对价格；t 表示时间。

方程（6.2）中给出的另一种形式是，在因变量和非平稳自变量中加入滞后期，以处理可能存在的伪回归结果。

$$(net)\ r_t = \alpha + \beta t = \gamma z_{1t} + \delta z_{2t} + \varepsilon z_{3t} + \zeta z_{4t} + \eta r_{t-1} + \theta z_{3t-1} + \lambda z_{4t-1} + \varepsilon_t \qquad (6.2)$$

由于我们不仅对"弱版本"感兴趣，即在控制抗衡趋势时证实该规律是有效的，而且对抗衡趋势发生作用时的"强版本"也感兴趣，所以我们修改方程（6.3），使其只包含时间趋势：

$$(net)\ r_t = \alpha + \beta t \qquad (6.3)$$

最后，对马克思一般利润率（R）重复以上步骤。

五、结果

对滞后 1 期的原序列和滞后 2 期的一阶差分序列进行 Johansen 检验，并假设存在线性趋势，迹检验和特征值检验的结果均表明在 0.05 的显著性水平下，净利润率最多存在两个协整关系。在相同的假设条件下，马克思利润率的迹检验和特征值检验结果也表明最多存在两个协整关系（为简洁起见，未作报告）。

对模型 1［方程（6.1）］和模型 2［方程（6.2）］的残差进行单位根检验的结果表明，方程（6.1）不存在协整关系，而方程（6.2）对于马克思利润率和净利润率而言均存在协整关系。因此得出结论，目前变量之间存在协整关系。

运用 OLS 估计模型 2，发现净利润率在 5% 的显著性水平下、马克思利润率在 1% 的显著性水平下趋势为负且显著。我们用来代表剥削强度的变量（z_1）的系数在两种利润率下均显著为正；用来代表工资与劳动力价值偏差的变量（z_2）的系数为负，且对于两种利润率来说均不显著；相对人口过剩（z_3）和资本相对成本（z_4）的系数分别为正和负，与预期相符，但无论是否存在滞后期，在 5% 的显著性水平下均不显著。

为了得出一个更简洁的模型，剔除不显著的重复变量，结果得到模型 3，在净利润率的情况下，包括趋势、z_1、z_4 和因变量的 1 期滞后；在马克思利润率的情况下，包括 z_1、z_3 和 z_4 的 1 期滞后以及因变量，这些变量的符号均与预期相符。对模型 3 的残差进行平稳性检验，结果表明，在两种利润率下残差都是协整的。

将巴苏和马诺拉克斯（2012）的结果复制到希腊的案例中并发现大致相似的结果后，我们转而估计净利润率（r）和马克思利润率（R）仅以线性趋势拟合的"强版本"（见表 6.4a 和表 6.4b）。两个利润率的结果都表明趋势为负且高度显著，杜宾—瓦特森（Durbin – Watson）统计量的值很低，表明残差中存在自相关。因此，可以得出结论：在整个战后时期，尽管存在利润率趋于下降规律运行的抗衡趋势，但马克思利润率和净利润率显然都具有负的时间趋势，当然我们不能仅凭这种时间趋势来解释因变量的演变。

表 6.4a 因变量净利润率（r）的估计结果

因变量：净利润率	模型 1			模型 2			模型 3		
	系数	t 统计量	p 值	Coefficient	t 统计量	p 值	系数	t 统计量	p 值
趋势	-0.001	-2.520	0.016	-0.001	-2.155	0.037	-0.001	-1.955	0.057
z_1	0.002	1.925	0.061	0.002	3.902	0.000	0.002	4.313	0.000
z_2	0.000	-0.239	0.812	0.000	-0.733	0.468			
z_3	-0.609	-3.548	0.001	0.014	0.038	0.970			
z_4	-0.216	-9.883	0.000	-0.030	-0.676	0.503	-0.068	-3.512	0.001
z_3 1 期滞后				0.155	0.403	0.689			
z_4 1 期滞后				-0.018	-0.425	0.673			
净利润率 1 期滞后		23.322	0.000	0.776	7.382	0.000	0.718	9.325	0.000
截距项	0.461			0.091	1.698	0.098	0.128	3.696	0.001
Adj R^2	0.903			0.958			0.961		
ADF		-3.445			-6.970***			-6.695	
PP		-3.496			-6.960***			-6.707	
LM 检验 (1 lag)		22.475	0.000		0.053	0.819		0.008	0.929
LM 检验 (2 lag)		11.202	0.000		0.055	0.947		0.129	0.879
LM 检验 (3 lag)		7.400	0.001		0.290	0.832		0.238	0.869
异方差检验		1.434	0.231		0.902	0.525		1.734	0.160

表 6.4b 因变量马克思利润率（R）的估计结果

因变量：马克思利润率	模型 1			模型 2			模型 3		
	系数	t统计量	p值	Coefficient	t统计量	p值	系数	t统计量	p值
趋势	-0.004	-7.083	0.000	-0.003	-7.219	0.000	-0.003	-8.554	0.000
z_1	0.002	2.456	0.018	0.003	4.218	0.000	0.003	5.280	0.000
z_2	0.000	0.727	0.471	0.000	0.509	0.614			
z_3	-0.260	-1.334	0.189	0.728	1.501	0.142	0.545	3.199	0.003
z_4	-0.263	-10.591	0.000	-0.056	-0.967	0.339			
z_3 1 期滞后				-0.296	-0.583	0.563	-0.118	-3.729	0.001
z_4 1 期滞后				-0.085	-1.562	0.126			
净利润率 1 期滞后	0.821	36.597	0.000	0.636	4.578	0.000	0.688	5.520	0.000
截距项	0.943			0.529	7.483	0.000	0.492	8330	0.000
Adj R^2				0.966			0.968		
ADF		-4.318			-5.7360***			-5.861	
PP		-4.327			-5.7010***			-5.844	
LM 检验（1 lag）		12.230	0.001		1.010	0.321		0.594	0.445
LM 检验（2 lag）		6.098	0.005		0.495	0.614		0.293	0.747
LM 检验（3 lag）		4.326	0.010		0.398	0.755		0.321	0.810
异方差检验		1.934	0.108		0.656	0.726		0.780	0.570

第四节 结论

在分析战后希腊经济的发展并追溯其当前危机的根源时，考察利润率和其他马克思主义变量的行为是至关重要的。本书对这些变量进行了研究，根据利润率的变动，区分并分析了资本积累过程的不同阶段。1958—1974年高利润率和强劲增长的"黄金时代"之后，出现了70年代和80年代初期的滞胀危机。1985年以后，特别是1991年以后，对这场危机的"新自由主义解决方案"使得利润率、资本积累和产出增长适度恢复，但这完全建立在劳动剥削率大幅提高的基础之上。2009年至今，当个人消费对总需求的刺激由债务和"财富效应"驱动，同时国家赤字支出也被取消后，实体经济中潜在的结构性危机便充分显现出来。因此，新自由主义时期利润率恢复不足，似乎是希腊经济目前遭遇困难的核心所在。对马克思一般利润率和净利润率趋势的统计调查也证实了这一点，无论是否存在"抗衡趋势"，这两种利润率序列均为负趋势。因此，一些马克思主义者对当前危机不是一场利润率危机的说法似乎毫无根据。在新自由主义时期，特别是在危机爆发前几年，利润率持续低迷，这是因为缺少资本的大规模破坏、贬值和结构调整，以及（或）一场技术革命等经典桥段来（可能地）显著提高生产率的增长、降低资本的有机构成，从而使经济从严重的危机中恢复。很明显，这一解决办法当时在政治上是不可能被接受的，因为它将造成类似于大萧条时期的社会和经济状况。一旦这些严厉的措施被逐步推行，那么过去3年中"左派"空前的政治强化，以及社会和政治形势的动荡就是证明。同样显而易见的是，目前资本和国家正试图不惜一切代价来实现这一迫切需要的利润率增长，即使可能大幅降低工人和绝大多数人的生活水平，甚至毁掉他们的生活。对于统治阶级来说，答案只能是挑战利润体系本身，而不是寻求一些对工人和资本都有利的适当政策。

表6.5 带时间趋势的净利润率回归分析

因变量：净利润率 r	系数	标准误	t 值	p 值
C	0.278 908	0.011 076	25.18 197	0.000 0
趋势	−0.004 140	0.000 398	−10.41 356	0.000 0
adjusted R^2	0.691 204			
德宾—沃森检验	0.201 116			

表6.6 带时间趋势的马克思利润率回归分析

因变量：马克思利润率 R	系数	标准误	t 值	p 值
C	0.613 040	0.013 385	45.79 934	0.000 0
趋势	−0.006 536	0.000 481	−13.60 303	0.000 0
adjusted R^2	0.793 141			
德宾—沃森检验	0.242 235			

注释

1. 参见谢赫（1987）、谢赫和托纳克（1994）、莫塞莱（1988，1991），了解基于经典马克思主义方法对危机的解释。

2. 斯威齐（1981）和福斯特（1987）提出的论点是消费不足或缺乏有效需求理论解释危机的典型例子。

3. 参见格林和萨克利夫（Glyn & Sutcliffe，1972）、魏斯科普夫（1979）和鲍尔斯（Bowles）等（1983，1986），了解工资引起利润缩减危机理论的代表性例子。

4. 哈维（2010）是这一趋势的一个例外，拉斯科斯和察卡洛托斯（Laskos & Tsakalotos，2013）都接受并采纳了他的观点，至少是关于希腊和世界经济危机的部分。

5. 参见莫塞莱（1988，1991）和谢赫（1978，1987）对该论点的批判和对该危机的不同解释。

6. "新自由主义的制度结构产生了巨大的资产泡沫,为实现问题提供了一种长期解决方案。"(科茨,2010)。

7. 拉帕维塔斯等(2010)对欧元区和希腊提出了类似的论点,他们将危机(主要是金融危机)归咎于经济的过度金融化和欧盟的新自由主义架构,而非资本利润率偏低。

8. 莱布曼在评论帕利(2009)和科茨(2009)提出的论点时指出,"从马克思主义的角度来看,这种分析的明显问题在于其未阐明的含义:这场危机是一场新自由主义政策的危机(尽管科茨等使用了'系统性'一词)"(2010)。

9. 关于在希腊国民账户及其类别的背景下估计马克思主义类别所遵循的方法的详细说明,见马尼亚蒂斯(2005)、马尼亚蒂斯和帕萨斯(2013)。

10. 参见马尼亚蒂斯(2012)和罗伯茨(2013)。

11. 关于用马克思主义方法对战后美国经济作为世界资本主义经济典范的详细介绍,见马尼亚蒂斯(2012),另见巴基尔和坎贝尔(2009,2010)和谢赫(2011)。对战后希腊经济相应的详细分析见马尼亚蒂斯和帕萨斯(2013)。

12. 对西班牙的研究见卡马拉(Camara,2007),对巴西的研究见马凯特(Marquetti)等(2010)。这些研究报告所涵盖的时期先后于2001年和2003年结束,所以,没有关于当前危机爆发的进一步比较。

13. 法恩和哈里斯(Harris,1979)以及福利(Foley,1986)坚持第一种方法对规律的解读,而谢赫(1983,1987)和罗斯多尔斯基(Rosdolsky,1977)的论点则是第二种方法的典型例子,这种方法将利润率和利润额下降的具体表现以及由此产生的危机视为必然。

14. 巴苏和马诺拉克斯(2012)控制了以下"抗衡趋势":①劳动剥削强度的增加;②不变资本要素的相对贬值;③工资率与劳动力价值的偏

离；④相对过剩人口的存在和增加；⑤通过进口降低消费和资本品价格。第②项和第⑤项降低了资本构成的增长（它们被归为一个回归变量），其他三项提高了剩余价值率。

参考文献

[1] Bakir E, Campbell A. (2009), "The Bush business cycle profit rate: Support in a theoretical debate and implications for the future", *Review of Radical Political Economics* 41(3).

[2] Bakir E, Campbell A. (2010), "Neoliberalism, the rate of profit and the rate of accumulation", *Science and Society* 74(3).

[3] Basu D, Manolakos P. (2012), "Is there a tendency for the rate of profit to fall? Econometric evidence for the US economy, 1948 – 2007", *Review of Radical Political Economics* 45(1).

[4] Bowles S, Gordon D, Weisskopf T. (1983), *Beyond the Wasteland: Democratic Alternatives to Economic Decline*, New York: Doubleday.

[5] Bowles S, Gordon D, Weisskopf T. (1986), "Power and profits: The social structure of accumulation and the profitability of the post – war US economy", *Review of Radical Political Economics* 18(1,2).

[6] Brenner R. (1998), "The economics of global turbulence: A special report of the world economy, 1950 – 1998", *New Left Review* 229.

[7] Brenner R. (2006), *The Economics of Global Turbulence*, London: Verso.

[8] Camara S. (2007), "The dynamics of the profit rate in Spain", *Review of Radical Political Economics* 39(4).

[9] Crotty J. (2000), "Structural contradictions of the global neoliberal regime", *Review of Radical Political Economics* 32(3).

[10] Dumenil G, Levy D. (2010), *The Crisis of Neoliberalism*, Cambridge, MA: Harvard University Press.

[11] Fine B, Harris L. (1979), *Rereading Capital*, London: Routledge.

[12] Foley D. (1986), *Understanding Capital: Marx's Economic Theory*, Cambridge, MA: Harvard University Press.

[13] Foster J B. (1987), "What is stagnation?" in Cherry R, D'Onofrio C, Kurdas C, et al. (eds), *The Imperiled Economy*, New York: Union for Radical Political Economics.

[14] Glyn A, Sutcliffe B. (1972), *Capitalism in Crisis: British Capitalism, Workers and the Profit Squeeze*, Middlesex: Penguin Press.

[15] Harvey D. (2010), *The Enigma of Capital*, London: Profile Books.

[16] Kotz D. (2003), "Neoliberalism and the SSA theory of long-run capital accumulation", *Review of Radical Political Economics* 35(3).

[17] Kotz D. (2008), "Contradictions of economic growth in the neoliberal era: Accumulation and crisis in the contemporary U.S. economy", *Review of Radical Political Economics* 40(2).

[18] Kotz D. (2009), "The financial and economic crisis of 2008: A systemic crisis of neoliberal capitalism", *Review of Radical Political Economics* 41(3).

[19] Kotz D. (2010), "The final conflict: What can cause a system-threatening crisis of capitalism?" *Science and Society* 74(3).

[20] Laibman D. (2010), "Capitalism, crisis, renewal: Some conceptual excavations", *Science and Society* 74(3).

[21] Lapavitsas C, Kaltenbrunner A, Lindo D, et al. (2010), "Eurozone in crisis: Beggar thyself and thy neighbour", *Research on Money and Finance*, Occasional Report.

[22] Laskos C, Tsakalotos E. (2013), *Crucible of Resistance: Greece, the Eurozone, and the World Economic Crisis*, London: Pluto Press.

[23] MacKinnon J. (2010), "Critical values for cointegration tests", Queen's Economics Department Working Paper No. 1227.

[24] Maniatis T. (1996), "Testing Marx: A note", *Capital and Class* 59 (Summer).

[25] Maniatis T. (2005), "Marxian macroeconomic categories in the Greek economy", *Review of Radical Political Economics* 37(4).

[26] Maniatis T. (2012), "Marxist theories of crisis and the current economic crisis", *Forum for Social Economics* 41(1).

[27] Maniatis T, Passas C. (2013), "Profitability, capital accumulation and crisis in the Greek economy, 1958 – 2009: A Marxist analysis", *Review of Political Economy* 25(4).

[28] Marquetti A, Maldondo Filho E, Lautert V. (2010), "The profit rate in Brazil", *Review of Radical Political Economics* 42(4).

[29] Marx K. (1894/1981), *Capital: A Critique of Political Economy*, Vol. III, New York: Penguin.

[30] Moseley F. (1988), "The rate of surplus – value, the organic composition and the general rate of profit in the US economy, 1947 – 1967: A critique and update of Wolff's estimates", *American Economic Review* 78(1).

[31] Moseley F. (1991), *The Falling Rate of Profit in the Post – war United States Economy*, New York: St. Martin's Press.

[32] Moseley F. (1997), "The rate of profit and economic stagnation in the US economy", *Historical Materialism* 1(1).

[33] Palley T. (2009), "America's exhausted paradigm: Macroeconomic causes of the financial crisis and Great Recession", New American Contract Poli-

cy Paper, www. newamerica. net/publications/policy.

[34] Roberts M. (2013), "From global slump to long depression", *International Socialism* 140(October).

[35] Rosdolsky R. (1977), *The Making of Marx's Capital*, London: Pluto Press.

[36] Shaikh A. (1978), "An introduction to the history of crisis theories", in *U. S. Capitalism in Crisis*, New York: URPE.

[37] Shaikh A. (1983), "Economic crises", in T. Bottomore et al. (ed.) *A Dictionary of Marxist Thought*, Cambridge: Harvard University Press.

[38] Shaikh A. (1987), "The falling rate of profit and the economic crisis in the US", in Cherry R, D'Onofrio C, Kurdas C, et al. (eds), *The Imperiled Economy*, New York: URPE.

[40] Shaikh A. (2011), "The first Great Depression of the 21st century", in Panitch L, Albo G, Chibbert V. (eds), *The Crisis this Time: Socialist Register* 2011 47.

[41] Shaikh A, Tonak E A. (1994), *Measuring the Wealth of Nations: The Political Economy of National Accounts*, Cambridge: Cambridge University Press.

[42] Sweezy P. (1981), *Four Lectures on Marxism*, New York: Monthly Review Press.

[43] Weisskopf T. (1979), "Marxian crisis theory and the rate of profit in the postwar U. S. economy", *Cambridge Journal of Economics* 3(4).

第七章
1960—2012 年希腊经济中的利润率与危机：一项调查

乔治·埃科诺梅基斯、乔治·安德鲁拉基斯和玛丽亚·马卡基

第一节 引言

在全球经济危机的形势下，希腊经济成为欧元区的"薄弱环节"。2010—2012 年，"备忘录"以立法的形式在希腊确立，根据"备忘录"的规定，自 2010 年以来，希腊经济的外部赤字覆盖源于从"三巨头"（欧共体、货币基金组织和欧洲央行）的支持机制中获得的贷款。

本章着重讨论三个问题，试图了解这些事态发展背后的原因：

（1）希腊经济国际竞争力低下与债务危机之间可能存在的相互依存关系；

（2）在更广泛的时间段内（1960—2012 年）影响希腊经济中利润率的因素；

（3）当前希腊经济危机中（2007—2012 年）影响利润率的因素。

第二节 公共债务和国际竞争力

一、希腊危机仅仅是一场公共债务危机吗?

全球经济危机将部分私人债务转化为公共债务,由于利率飙升,导致了破产危机。因此,现阶段的全球危机表现为公共债务危机,这在二战后首次对发达资本主义社会形态产生了巨大影响(米廖斯,2011)。

发达经济体的公共债务总额占 GDP 的比例持续增长,2011 年首次超过 100%。更准确地说,2011 年占 GDP 的 105.5%,2012 年占 110.7%,2013 年将达到 113.6%。在欧元区,公共债务总额占 GDP 的比例从 2011 年的 88.1% 增至 2012 年的 92.9%,2013 年将达到 94.5%(希腊银行,2013a)。

希腊的公共债务远远高于欧元区的公共债务。一般政府的综合债务占 GDP 的百分比从 2005 年的 110.0% 增加到 2011 年的 170.6%(希腊银行,2013b)。

这种高额的公共债务是当前希腊危机并导致其破产的主要原因吗?

如果是这样的话,那么其他经济体早在希腊之前就已经破产了,如日本,其公共债务总额占 GDP 的百分比在 2011—2012 年超过 200%,预计 2013 年将达到 224.3%(希腊银行,2013a)。

然而,在日本的例子中我们可以指出其他重要的宏观经济变量,这些变量使得公共债务只是经济问题的一部分,而不是实际问题。在日本经济中,家庭净储蓄率占家庭可支配收入的百分比在 2000—2011 年为正值,2009—2011 年约为 2.2%〔经合组织统计摘要(OECD Stat Extracts)〕。因此,国民储蓄为国内公共债务的融资做出了重大的贡献。同时,经常账户余额占 GDP 的比例也为正:2011 年为 2.1%,2012 年为 1.1%,2013 年将达到 1.2%(希腊银行,2013a)。因此,尽管日本的公共债务非常高,但它还是拥有对世界其他国家的净债权。

2000—2011年,与日本不同的是,在希腊经济中高额的公共债务伴随着负的家庭净储蓄率(占家庭可支配收入的百分比)。近年来,这一比例进一步下降:从2009年的-2.9%降至2011年的-12.5%(经合组织统计摘要)。福托普洛斯(Fotopoulos,2010)认为,希腊经济的低储蓄水平是由于其经济的"性质",即服务型经济,再加上海外汇款的大量涌入(运输、移民等),形成了一个高度消费主义的社会。10多年中,希腊经济的消费主义特征不断强化,这打消了从国内来源为公债融资的一切想法。此外,正如奥伊科诺莫(Oikonomou,2010)所指出的,由于国内净储蓄不足以支撑最低限额的新投资,希腊经济对外国资本的依赖程度在欧元区也是独一无二的。

20世纪90年代中期到2008年,希腊经常账户余额一直呈现负增长,并且不断恶化(见图7.1),当时它引入了欧盟单一市场,德拉克马按实际价值重新估值(以加入欧洲单一货币)。这些事态的发展使希腊甚至在加入欧元区之前就失去了利用汇率政策应对外国商品竞争的能力(埃科诺梅基斯,2011)。

经常账户赤字在2008年后不断减少,主要是由于经济日益萧条,进口支付也随之减少,从而导致贸易赤字大幅减少。2012年后,由于利率重新调整,支付支持机制的贷款利息的时间发生了变化,再加上通过实施私人部门参与,公债净利息支付减少,使得收入更加平衡,经常账户赤字得到改善。在较小程度上,赤字的减少反映了由于成本竞争力的提高(劳动力成本的降低)而带来的商品出口的复苏(希腊银行,2013a)。

然而,尽管事态这样发展,希腊经济在国际上仍不断积累净负债,这与呈现出经常账户盈余的欧元区正相反:2011年净负债占GDP的0.5%,2012年估计为1.4%,2013年预计为1.9%(希腊银行,2013a)。

必须指出的是,负国民储蓄和高公共债务对经常账户余额(双赤字假

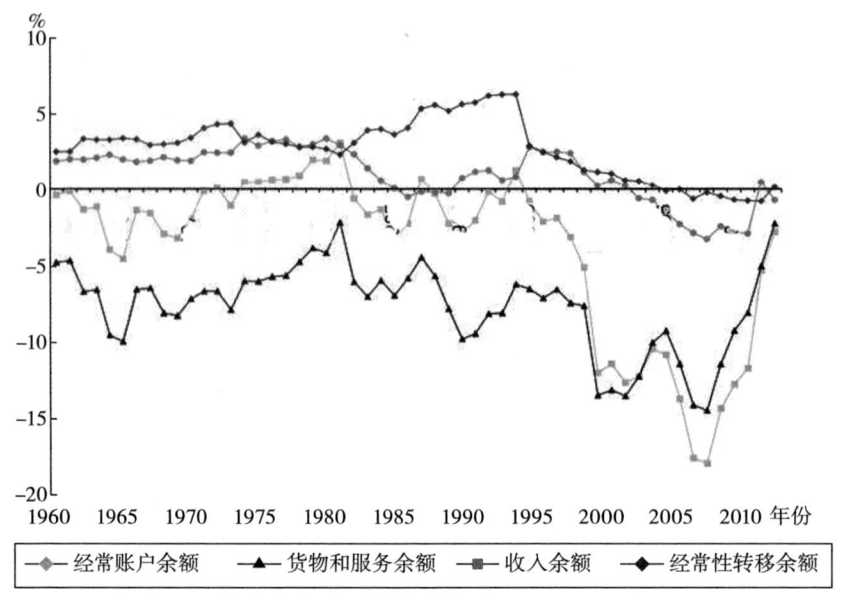

图 7.1　1960—2013 年希腊经济中经常账户余额和子账户余额占 GDP 的百分比

说）产生了负面影响。[1] 近年来，直到 2012 年，图 7.1 所示的收入余额锐减主要反映了希腊国家利息支出的增加（希腊银行，2012）。然而，正如商品和服务余额所记录的那样，希腊经济的国际竞争力低下是导致严重的经常账户赤字的决定性因素。[2]

如图 7.1 所示，1960—2013 年，货物和服务余额一直为负，反映了希腊经济中长期存在的竞争力问题。[3] 从图中还可以看出，1981 年（希腊加入当时的欧共体）之后，特别是 20 世纪 90 年代中期至 2008 年，货物和服务余额进一步恶化。因此，减少过度负债并且最终使希腊经济消除公共债务的简化方法极具误导性。

为什么希腊经济会在全球经济危机中成为主要的"软肋"？

要回答这个问题，我们需要考察希腊近年来特别是在加入欧元区之后经济发展的关键环节。

在此之前，应该先仔细研究一下希腊经济过度举债的问题。

二、从国际资本市场过度借贷

（私营和公共部门的）外债总额由经常账户赤字支撑。希腊经济的外债总额严重恶化，从 2007 年占 GDP 的 138.25% 上升到 2011 年的 177.41%，2012 年估计为 224.29%（希腊银行，2013b）。此外，反映希腊国家对外负债的负净国际投资头寸也在恶化，2010 年占 GDP 的比例为 -98.4%，据估计，2012 年将达到 -112.8%（希腊银行，2013b）。[4]

经常账户赤字的覆盖范围应以相等的资本净流入进行融资。经常账户赤字和资本账户赤字之和应与经济的外部融资需求相对应。根据希腊银行（2012）的数据，在希腊的情况中，通常只有小部分经常账户赤字由单边资本净转移提供资金，其中主要包括来自欧盟的转移。因此，它的大部分资金源于记录在金融账户余额中的资金流，后者与资本转移余额一起，应始终等于经常账户赤字。

金融账户包括外国直接投资（FDI）、证券投资、"其他"投资（包括贷款和存款）以及储备资产的变化。

外国直接投资很少，在经常账户赤字的融资中所占份额很小。2000—2005 年，这一份额为 0.4%，而 2006—2008 年为 0.2%（希腊银行，2012），[5] 2009—2012 年，已经很低的外国直接投资几乎减少了 3 倍（希腊银行，2013a）。根据希腊银行（2012）的数据，较低的外国直接投资反映了希腊经济的一个严重问题，即经常账户赤字并非通过不会产生债务的"健康的、长期的资金"来融资。另外，希腊经济的生产基础"被剥夺了通常伴随着外国直接投资而来的技术和专有技术转让的优势"。

因此，2000—2008 年经常账户赤字的融资依赖于国际资本市场的融资，主要是通过发行债券和国库券等创造新债务的形式进行（希腊银行，2012；拉帕维塔斯等，2010）。

从 2009 年开始，由于希腊被排除在国际资本市场之外，国债的利差居高不下，因此出现了债务危机。可以看出，证券投资对经常账户赤字的融资没有贡献。后者主要依靠"三巨头"的支持机制("其他"投资)(希腊银行，2012)。

因此，由于希腊在国际资本市场的过度负债无法继续，便依赖于"三巨头"的支持机制。从这个意义上说，"备忘录"不仅涉及公共债务，而且主要涉及希腊经济的竞争力。

但这一破产过程与希腊经济的发展，特别是在加入欧元区之后的发展有何关系呢？

三、欧元的发展

希腊加入欧元区后，在全球经济危机爆发之前，希腊经济经历了高速增长，正如 GDP 的平均增长率所表现出来的那样。准确地说，在加入欧元区后（2001—2002 年），希腊的 GDP 平均增长率为 3.8%，而 2003—2007 年，GDP 平均增长率增至 4.3%（奥伊科诺莫，2010）。

然而，这一"过度增长"时期也是高经常账户赤字的时期，这就需要增加外部借款。

准确地说，21 世纪前 10 年的经济增长主要来自非贸易品和服务部门（奥伊科诺莫，2010）。如表 7.1 所示，2000—2010 年，欧盟 27 国的贸易品和服务与非贸易品和服务的比率高于希腊，希腊的比率小于 1。

表 7.1　贸易品和服务 * 与非贸易品和服务 * * 的比率
（以 2005 年不变价格计算的总增加值）

年份	2000	2001	2002	2003	2004	2005	2006	2007	2008	2009	2010
欧盟 27 国	1.072	1.058	1.041	1.031	1.028	1.019	1.026	1.039	1.019	0.977	0.992
希腊	0.866	0.797	0.777	0.716	0.695	0.693	0.666	0.648	0.661	0.689	0.601

注：* 表示农业、林业和渔业、采矿和采石业、制造业、住宿和餐饮业、金融和保险活动及其他服务活动。* * 表示能源、建筑、储运、电信、贸易服务、公共部门、其他服务。

分类依据《欧洲经济活动统计年鉴（NACE）》修订版 1.1；可贸易与非贸易商品和服务之间的区别主要依据吉布森（Gibson，2010）。

资料来源：作者使用欧盟统计局数据进行计算。

因此，希腊加入欧元区后，其经济发展建立在不受国际竞争影响的生产部门的增长基础之上，这种增长相较于整个欧盟 27 国都要多。可以说，希腊经济在 21 世纪前 10 年的发展类型既没有以提高国际竞争地位为前提，也没有使其国际竞争地位得到改善。

结果是，非贸易商品部门收入的增加扩大了对国外贸易商品的需求［奥伊科诺莫，2010；吉布森（Gibson），2010］。然而，进口商品的主要特点是相对于国内生产和出口的商品来说，其需求具有更高的收入弹性（希腊银行，2003；希腊银行，2009；吉布森，2010）。这"反映了……国内供应在构成和增长方面无法满足国内外需求"（希腊银行，2009）——这是希腊经济"低竞争力"的表现[6]（另见奥伊科诺莫，2010）。同时，对进口（一般工业）商品需求的高收入弹性与这些商品需求的低价格弹性相结合。

因此，经济增长伴随着进口支付的增加（希腊银行，2000），特别是在欧盟及欧洲货币联盟框架内没有任何形式的（贸易或汇率）保护政策的情况下。而 GDP 增加是因为对国内非贸易商品需求的增加超过了对国外贸易商品需求的增加。因此，在欧盟及欧洲货币联盟的框架内，正是希腊资本主义的模式导致了伴随着高外部赤字的经济增长。[7]

21 世纪初借贷成本的大幅下降为这种发展模式奠定了基础［佩拉吉蒂斯（Pelagidis，2010）］。这种下降是实行单一货币政策的结果，货币政策在希腊比欧元区大多数国家宽松，这是由于通胀差异导致实际利率偏低（奥伊科诺莫，2010）。20 世纪 90 年代希腊的短期实际利率平均为 5.4%，而 2000 年之后接近 0，甚至长期为负。这些情况导致国内（私人和公共）贷款的过度扩张，进一步促进了国内需求的增加（米廖斯，2011）。

伴随着高额经常账户赤字的经济增长在 2007 年达到了极限（奥伊科诺莫，2010），当时全球经济危机的爆发阻碍了这种发展。在全球经济危机的背景下，随着金融领域进入信贷风险的重新评估过程，"储蓄"从欧洲"中心区"向欧洲"外围区"的转移进程停止了（米廖斯，2011），希腊经济成为欧洲货币联盟中重要的"薄弱环节"。随后国内外需求的减少标志着持续至今的深度萧条的开始。

第三节 马克思经济危机理论中的利润率与消费不足

马克思经济危机理论的要点如下，在此基础上，我们将着手考察影响希腊经济中利润率的因素。[8]

一、资本的有机构成与利润率

马克思（1991）在发展其"利润率趋势性下降规律"的理论时，试图说明由个体资本家在经济竞争中为提高劳动生产率而引入生产的技术创新可能会引起利润率下降。

马克思的分析是基于 TCC（单位活劳动的物质生产资料数量）和 VCC 或 OCC（以价值计算的不变资本与可变资本的比率）的概念来展开的（马克思，1991；米廖斯等，2002）。给定 TCC 随着积累和技术创新而增加，马克思坚持认为，当所有其他因素保持不变时，如果由于 TCC 的增加速度比它创造的劳动生产率更快而引起资本价值构成的提高时，就可能会出现利润率的下降（马克思，1991）。

将利润率考虑为一个因变量（p），我们可以将其写成：

$$p = \frac{s}{C+v} = \frac{s/v}{C/v+1} \tag{7.1}$$

其中，C 为不变资本；s/v 为剥削率（剩余价值率）；C/v 为 VCC 或 OCC。

如果 TCC 的增长速度快于劳动生产率，C/v 就会上升［斯塔马蒂斯（Stamatis，1997）］。在所有 C/v 的上升速度快于 s/v（随着技术进步而上升，因为技术进步可以通过提高劳动生产率降低固定或稍微可变的变量——实际工资）的情况下，利润率便会下降（米廖斯等，2002）。

马克思的分析中并不排除抑制或逆利润率下降趋势的可能性，该趋势只有在 OCC 上升且"所有其他因素保持不变"的情况下才会发挥作用（米廖斯等，2002；马克思，1991）。

二、资本的过度积累

在以往的分析中，马克思将方程（7.1）分数的分子视为常数（给定的剩余价值率），来研究 OCC 的上升对因变量（利润率）的影响。在《资本论》第三卷第十五章第三节"过剩资本与过剩人口并存"（马克思，1991）中，马克思运用"其他条件不变"法，将 C/v 视为一个常量，研究了 s/v 对 p 的影响。在这里我们发现了他关于"资本过度积累"的理论概念。马克思认为，剩余价值率的变化是由于缺乏额外的工人（非常低的失业率）以及随之而来的（实际）工资增长。

然而，剩余价值率还取决于其他因素，但马克思用其抽象方法"忽略"了这些因素（米廖斯等，2002）。

三、"实现"问题

危机的特点是"资本过剩"，这"意味着……生产资料的生产过剩……它可以发挥资本的作用"。资本的功能是以确保一个与"资本主义生产过程的'健康'和'正常'发展"相对应的利润率为前提的（马克思，1991），这个利润率就是"通常利润率"（马克思，1969）。"一旦利润率低于通常的范围，资本家就会缩减经营规模"（斯威齐，1970）。因此，实现问题（消费不足）只是利润率问题的结果和危机的一种"表现形式"：一旦利润率低于通常的利润率，资产阶级方面的经营规模缩减就会以"未售出的（消费和投资）商品的形式"出现（米廖斯等，2002）。而随后的消费不足对资本利用程度产生消极反应（资本利用不足），导致利润率下降的加剧，因为资本利用程度的下降意味着利润率下降（斯塔马蒂斯，1986）。

然而，马克思的著作在消费不足的问题上却相当含糊。例如，在《资本论》第三卷中，有一些节选内容支持对经济危机的消费不足主义解释，认为消费不足是资本主义危机的一个独立的或唯一的原因。在这种情况下，马克思把经济危机归咎于"对立的分配状态，它将社会上绝大多数人的消费降到最低水平"，换句话说，归结为"大众的贫困和限制性消费"（马克思，1991）。

四、经济危机是资本"自我保护"的状态

按照马克思的说法，"与资本主义生产的'健康'运动相对应的关系将通过由经济危机引起的固定资本的破坏和贬值以及'人为创造的过剩人口'来得到恢复"（马克思，1991）。因此，危机充当了资本的"自我保护"机制，尽管"这些经常性的灾难在更大的规模上重复发生，并最终导致资本主义被暴力推翻"（马克思，1981）。

第四节　希腊经济利润率与国际竞争力的实证研究

我们将根据马克思的危机理论，考察1960/1965—2012年影响希腊经济利润率的因素。[9]

一、净股本收益

考虑到马克思经济危机理论的核心是利润率趋向下降的规律，净股本收益被用作近似于马克思利润率的指标，可以作为实证研究和衡量的对象（迪梅尼和莱维，2002、2004）。

净股本收益（r）用下列方程表达：

$$r = \frac{Y-L}{K} \tag{7.2}$$

其中，Y为净产品（或收入）；L为劳动报酬；K为净股本。

方程（7.2）是马克思式方程（7.1）的修正版。

将方程（7.2）的各项除以Y，可得出关系式（7.3a）或（7.3b）。然后，将（7.3a）的分子和分母除以N，其中，N为就业规模（雇佣劳动+

自营职业），就得出方程（7.4）：

$$r = \frac{1 - L/Y}{K/Y} \quad (7.3\text{a})$$

或

$$r = \frac{\Pi/Y}{K/Y} \quad (7.3\text{b})$$

以及

$$r = \frac{1 - \dfrac{L/N}{Y/N}}{\dfrac{K/N}{Y/N}} \quad (7.4)$$

其中，Π 为利润；$1 - L/Y = 1 - \dfrac{L/N}{Y/N} = \Pi/Y$ 为收入中的利润份额（或净产品中的利润份额），这与马克思的剩余价值率有关（莱布曼，2010）；L/Y 为收入中的劳动份额（或净产品中的劳动份额）；$K/Y = \dfrac{K/N}{Y/N}$ 为净股本收益与净产品（或收入）的比率，即生产一单位产品所需的净股本金额，这类似于马克思的 OCC（莱布曼，2010）；Y/N 为劳动生产率；L/N 为平均劳动报酬（平均工资）；K/N 为净股本密度，或每个雇员的净股本，这类似于马克思的 TCC。

二、分析的假设和局限性

对希腊经济利润率的考察涉及整个经济，而不仅仅是商业资本主义部门。[10]

因此，Y 是指整个经济。

L 是（私营部门和公共部门）雇员的薪酬总额与推断出的自营职业者薪酬的总和（因为后者没有可用的数据）。对于自营职业者薪酬的估算，是将自营职业者的人数乘以劳动力的平均工资，假定自营职业者的薪酬等于平均劳动报酬（这一立场的理论基础见埃科诺梅基斯等，2010）。必须指出的是，L包括经济中私营资本主义部门高层管理者的报酬，其中一部分不是工资而是利润（埃科诺梅基斯等，2010），所以，（资本主义的）利润被低估了。

由于Y指的是整个经济，包括以资本主义和非资本主义生产方式生产出来的产品（埃科诺梅基斯，2005），因此$Y-L=\Pi$的差异并不专门指（资本主义）利润，而是更符合剩余的概念。因此，按照马克思主义的术语，r实际上是剩余的百分比，而不是利润的百分比。虽然Π是比（资本主义）利润更广泛的概念，但为了简化，我们把Π称为利润。

K指整个经济。

公共服务的价值等于国家机器的运行成本，并不包含利润，因此，r的估计低估了（资本主义）利润，因为它包括的是公共部门雇员的报酬和非商业资本。不过，我们认为利润率变化的一般趋势已经被描绘了出来。

一个特别的问题是涉及商业部门的"生产性"和"非生产性"劳动的问题。本书认为，从资本主义生产过程的角度来看，"生产性劳动"是指由可变资本支付的劳动，相应地，"生产"是任何以劳动力换取资本的过程（埃科诺梅基斯等，2010）。关于非资本主义生产者，不存在"生产性"或"非生产性"劳动的问题，因为"他们的生产不属于资本主义生产方式"（马克思，1978）。

分析中定量变量的来源是 AMECO。货币量以百万欧元为单位，按2005年不变价格计算。Y是按市场价格给出的国内生产净值；N以千名工人为单位；潜在国内生产净值（Y^*）是通过从相应的国内生产总值中减去每年的资本折旧计算出来的。2011年的价格为估计值，2012年的价格为预测值。

在进行定量研究之前，先对1960—2012年的基本时期划分进行考察。

三、1960—2012年的净股本收益：基本时期划分

图7.2、图7.3和图7.4分别描述了1960—2012年的r、K/Y和L/Y。

图 7.5 显示了同一时期 Y/N 和 L/N 之间的关系。

如图 7.2 所示，1960—2012 年有四个基本的子时期：两个上升期和两个下降期。[12]

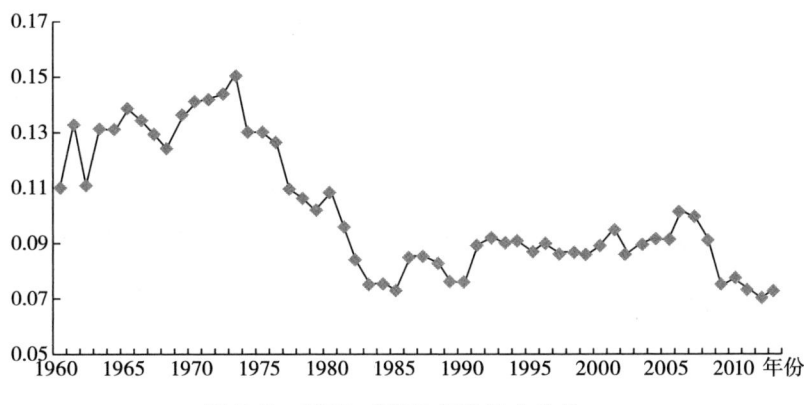

图 7.2 1960—2012 年净股本收益

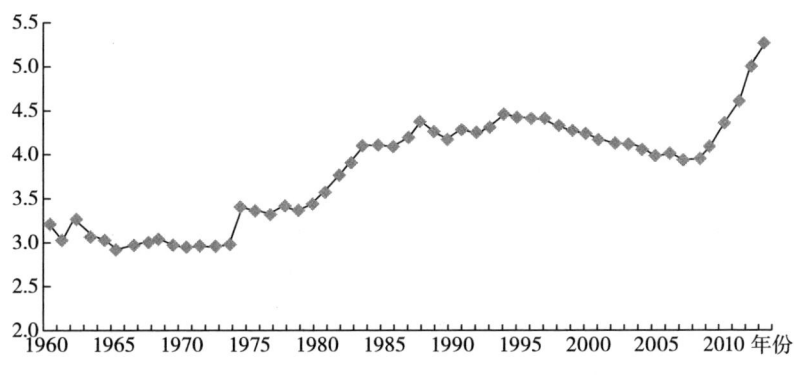

图 7.3 1960—2012 年净股本收益与净产品（或收入）的比率

（1）1960—1973 年：在 20 世纪 60 年代中期至 70 年代初的全球资本主义危机期间，1973 年被认为是希腊经济的基准年，当时希腊资本主义战后的"黄金时代"在阶级斗争上升和军事独裁解体的情况下结束（马夫鲁迪斯，2011）。在此期间，r 处于整个时期（1960—2012 年）的最高水平，并在 1973 年达到顶峰。相应地，1973 年，L/Y 处于整个时期的最低水平，K/Y 则处于几个最低水平之一。这一时期的一个特点是 Y/N 和 L/N 之间的差异越

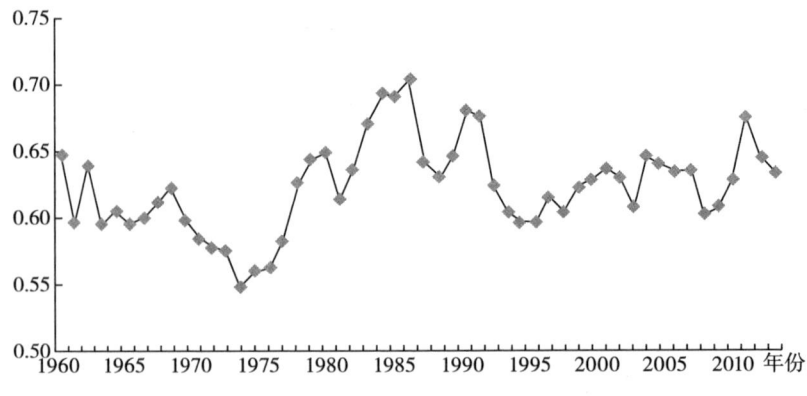

图 7.4　1960—2012 年净产品（或收入）中的劳动份额

来越大，且以牺牲后者为代价。虽然在这一考察期内工资随劳动生产率的变化而变化，但此差异在所有情况下都存在——尽管有波动。

（2）1974—1985 年：这一时期利润率的下降于 1985 年结束，当时泛希腊社会主义运动党的社会民主政府转向限制性政策，并在希腊开启了新自由主义时代（马尼亚蒂斯、帕萨斯，2013；马夫鲁迪斯，2011）。在 r 下降期间，K/Y 和 L/Y 都有所增加，但变化不大。从方程（7.4）可知，Y/N 的增加并不足以抵消 K/N 和 L/N 的增加。

（3）1986—2006 年：利润率的疲弱复苏导致利润率水平远低于希腊资本主义"黄金时代"的水平。K/Y 经历了最初的波动之后，在这一子时期结束时略有下降。但是 K/Y 的下降并不显著，这表明在危机期间资本没有被完全破坏，从而确保在更小、更健康的基础上重新开始资本主义积累（马夫鲁迪斯，2011）。这就解释了为什么复苏（r 的增加）是有限的（马尼亚蒂斯、帕萨斯，2013）。[13] 尽管有小幅波动，但 L/Y 的总体趋势略有下降。下降趋势在 1990 年以后更为明显，因为当时明确采用了新自由主义政策（马夫鲁迪斯，2011）。这些政策扩大了 Y/N 和 L/N 之间的差距，但 L/Y 并没有下降到 1973 年的水平。

（4）2007—2012 年：在新的经济危机初期，r 在 2012 年呈现出整个时期最低的水平，我们将在下文中重点介绍。我们注意到目前 K/Y 的急剧上升和 L/Y 的小幅上升，L/Y 最初上升是因为 Y/N 下降时 L/N 持续上升，但在 2009 年后开始下降。然而 2012 年这一数字仍然高于 2007 年。

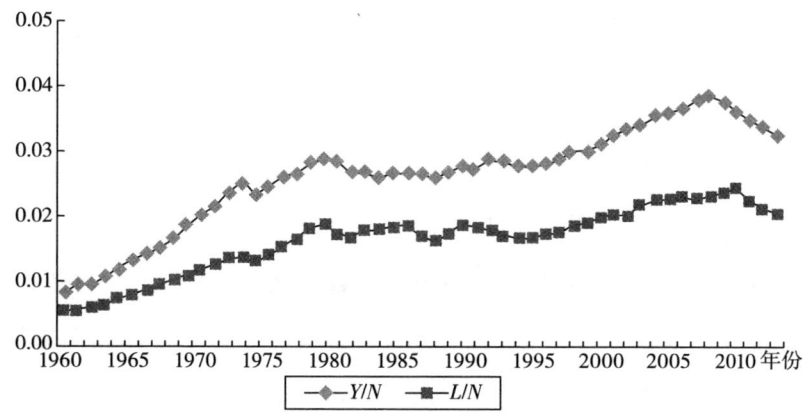

图 7.5　1960—2012 年劳动生产率和平均劳动报酬

第五节　进一步的定量分析

一、变量

我们将 r 视为因变量，在马克思经济危机理论的基础上建立数学模型，以探究 1960/1965—2012 年影响经济危机的主要因素。

首先，对方程（7.3b）进行检验，该关系式包含了马克思对利润率趋于下降规律进行分析的关键变量：

（1）变量 Π/Y 指的是资本过度积累理论，[14]因为对于给定的 Y/N，它表示 L/N 的变化对利润率（r）的影响；

（2）变量 K/Y 指的是 OCC 上升理论，因为对于给定的 Y/N，它表示 K/N 的变化对利润率（r）的影响。

除了（7.3b）中的变量外，还将确定另外两个变量对 r 的影响，它们是：

（3）变量 Y/Y*，即"产能利用率"，这个变量可以显示出需求不足

（消费不足）对利润率（r）的潜在影响［卡马拉·伊兹奎尔多（Cámara Izquierdo，2010）］。必须指出，代表消费不足的变量 Y/Y^* 并不仅仅表示马克思关于消费不足的概念，即"贫困和限制大众消费"。需求不足表现为 Y 与 Y^* 的偏差，反之亦然，它可能来自资本家或者工薪阶层（在我们的分析中还有自营职业者），因此，如对于给定的 Y^*，Y 的上升以及随之而来的经济体中产能利用率的提高，可能会伴随着 L 的减少（因而 Π 的增加超过 L 的减少），因为 $Y = \Pi + L$。

（4）变量 X/M，即出口/进口覆盖指数（其中，X 为商品、劳务出口，M 为商品、劳务进口），以其两个组成部分的比率表示商品和劳务贸易的平衡。这一变量可以说明希腊国际竞争力低下可能对 r 产生的影响。[15]

二、数学模型与结果分析

（1）马克思分析的变量

根据关系式（7.3b），r 是 Π/Y 和 K/Y 的函数，因此关系式（7.3b）可写为

$$r = f(\Pi/Y \cdot K/Y) = \frac{\Pi/Y}{K/Y} \quad (7.3b')$$

很明显，r 的偏导数的符号应为

$$\frac{\partial r}{\partial (\Pi/Y)} > 0, \frac{\partial r}{\partial (K/Y)} < 0 \quad (7.3c)$$

因此，净股本收益是净产品中利润份额的增函数，相对地，是净股本与净产品比率的减函数。

从关系式（7.3b'）和（7.3c）可以推断 Y/Y^* 可能只对 r 产生间接影响。

因此，参照方程（7.3b'），我们认为，即使没有解析表达式，也可以存在函数 g_1、g_2 将变量 Y/Y^* 与变量 Π/Y 和 K/Y 联系在一起，即

$$\Pi/Y = g_1(Y/Y^*) \quad (7.3d)$$

$$K/Y = g_2(Y/Y^*) \tag{7.3e}$$

因此，为了估计 Y/Y^* 对 r 可能产生的总体影响（正或负），偏导数的符号

$$\frac{\partial r}{\partial (Y/Y^*)} \tag{7.4}$$

根据链式法则，应通过以下关系式来估计：

$$\frac{\partial r}{\partial (Y/Y^*)} = \frac{\partial r}{\partial (\Pi/Y)} \frac{\partial (\Pi/Y)}{\partial (Y/Y^*)} + \frac{\partial r}{\partial (K/Y)} \frac{\partial (K/Y)}{\partial (Y/Y^*)} \tag{7.5}$$

由于偏导数总体上与各变量的长期变化程度有关，因此为了估计它们的符号，选择使用函数的线性近似法。

方程（7.5）右边的每一个偏导数都可以由各自线性关系的（β）系数很好地近似。[16]

函数流图（f, g_1, g_2）如图 7.6 所示。

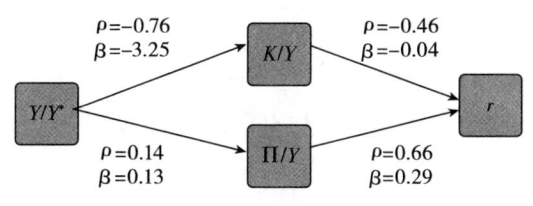

图 7.6　函数流图

准确地说，ρ 是每个流所连接变量的相关系数，β 是相应的线性回归系数。

根据关系式（7.3b′）可知，变量 Π/Y（而非变量 K/Y）在 1960—2012 年对 r 的（直接）影响最大。

为了考察变量 Y/Y^* 对 r 的影响，需要根据关系式（7.5）取各 β 系数的乘积，该乘积还给出了偏导数符号的估计，即 Y/Y^* 与 r 的关系。

Y/Y^* 对 r 的影响为正并等于：

$(0.29 \times 0.13) + [-0.04 \times (-3.25)] = 0.0377 + 0.13 = 0.1677$ [关系式（7.5）]。

因此，这也意味着1965—2012年Y/Y^*对r的影响比K/Y的影响更强（β系数更高），但不如1960—2012年Π/Y的影响显著（β系数更低）。

综上所述，我们还推断出马克思的资本过度积累理论揭示了在考察期内希腊资本主义利润率变化的主要原因。

根据线性函数，Y/Y^*和K/Y之间的关系为负，这与理论是一致的，因为在其他条件相同的情况下，消费不足导致资本无法充分利用会增加K/Y的比率。

Y/Y^*和Π/Y是（弱）正相关的，即对于给定的L，由于Y的增加而提高的希腊经济中的产能利用率与净收入中利润份额的增加有关，如以下关系所示：

$$\Pi/Y = 1 - L/Y$$

（2）国际竞争力的可能影响

根据前面的分析可以推断，X/M对利润率（r）可能存在的影响也是间接的，它可以通过X/M对Π/Y和K/Y的影响来表示。

由于理论没有指出变量X/M与直接影响r的变量之间有明确的因果关系，所以X/M没有被嵌入数学模型当中。但是我们将考察X/M与变量Π/Y和K/Y之间的相关性，[17]图7.7描述了1960—2012年它们的相关性。

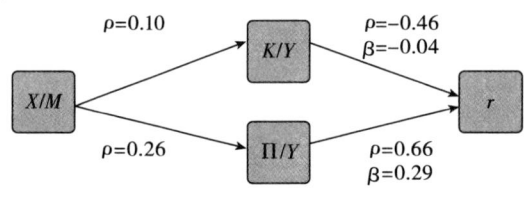

图7.7 相关性图

X/M和K/Y之间的弱正相关关系表明，对于给定的Y/N，出口相对增加的同时，K/N也相对增加。一个可能的解释是，在TCC较高的情况下，出口收入的相对增加与需求收入弹性较高的贸易品的生产相关联（埃科诺梅基斯等，2011）。

X/M 和 Π/Y 之间的弱（但比上述相关性要强）正相关关系可以解释为：对于给定的 L，正的商品和服务余额通过对 Y 产生积极影响从而影响 Π/Y。相应地，这也可以用 X/M 和 L/Y 之间的弱负相关关系来解释（$\rho = -0.26$）。这种负相关关系意味着，对于给定的 Y/N，希腊经济良好的出口表现可能取决于低廉的劳动报酬（如希腊银行所持的观点，见上文），但关系微弱。

结果出现了一种矛盾的趋势：一方面，X/M 与 K/Y 为弱正相关，因此它可能对 r 有微弱的负面影响；另一方面，X/M 与 Π/Y 为弱正相关，因此它可能对 r 有微弱的正向影响。X/M 与 r 的最终（间接）相关性为弱正相关（$\rho = 0.09$），但实际上微不足道。然而，这一正相关性暗示着希腊经济在考察期内的出口表现主要不是由于生产了高 K/Y 的产品，而是与生产了低 L/Y 的产品有关。这表明希腊经济的国际竞争力低下与劳动成本低廉的产品出口有关。[18] 从这一点来看，"卡尔多悖论"得到了证实。

无论如何，应该注意的是，国际竞争压力并未被证实对于希腊经济中的利润率表现而言至关重要。至少在 21 世纪初，这一结论应结合以下事实来看待，即在希腊加入欧元区后，希腊经济的发展（相较于欧盟 27 国作为一个整体而言更快）是以不受国际竞争影响的生产部门的增长（上文）为基础的。因此，大部分国内企业家阶层［资本家和（或）中产阶级］将他们的盈利能力建立在希腊资本主义融入国际层面（欧盟—欧洲货币联盟）的现有模式上，即基于国际大量借贷的资本发展模式。这些阶层不受希腊经济日益恶化的国际竞争地位的影响。

第六节　关于当前希腊经济危机性质的简要说明

表 7.2 描述了 2007—2012 年 r 及变量 Y/N、L/N、K/N、Y/Y^{*} 和 K、N 的变化情况。

表 7.2　2007—2012 年各变量的百分比变动

r	Y	Y/N	L/N	K/N	Y/Y^*	K	N
-29.48	-23.35	-15.20	-11.94	13.11	-16.17	2.24	-9.61

资料来源：作者使用 AMECO 的数据进行的计算。

根据关系式（7.4）和表 7.2 中的数据可以推断，r 在 L/N 的影响下有所下降，因为 L/N 的降幅小于 Y/N，以至于 L/Y 略有上升；另外，r 在 K/N 的影响下有所下降，因为 K/N 上升而 Y/N 下降，后者的下降是由于 Y 的大幅减少（-23.35%），且超过了 N 的减少（-9.61%）。因此，前文指出的这一时期 K/Y 的急剧增加是由于在 Y/N 减少的情况下 K/N 增加了。

此外，Y/Y^* 表现出非常严重的减少，这意味着产能利用率的大幅降低，后者强调了 K/N 增加背后的原因。确切地说，K/N 的上升主要不是由于 K 的增加（仅增加 2.24%）而是 N 的减少。因此，在给定的技术水平下，K/N 的上升意味着由 Y/Y^* 的下降引起的资本的不充分利用。

然而，消费不足只是在 21 世纪初全球经济危机的背景下希腊资本主义深层问题（其发展模式）的表现形式。当全球经济危机的爆发阻碍了这种模式的发展时，由于从欧洲"中心"停止向欧洲"外围"的"储蓄"转移，伴随着高经常账户赤字的经济增长也因此达到了极限。随后"备忘录"紧缩措施的实施阻碍了资本主义再生产，呈现出消费不足的危机。

第七节　后记

根据马克思的观点，经济危机是资本的"自我保护"机制，它通过对固定资本的破坏和贬值以及人为创造"过剩人口"来恢复资本主义生产的"健康"运作。

然而，由于在欧盟—欧洲货币联盟的框架内缺乏任何形式的（贸易或汇率）保护政策，当前的希腊经济危机除了导致资本统治不稳定，似乎并不能作为其调整生产结构和恢复利润率的机制。

由于在危机中消费不足的部分发挥了作用，紧缩政策和随之而来的经济萧条导致利润率迅速下降。因此，当前的危机需要采取凯恩斯式的措施来刺激需求，从而减少工薪阶层的收入损失。同时，考虑到希腊的国际竞争力低下，凯恩斯式的措施将加剧经常账户赤字的问题。

鉴于希腊依赖于"三巨头"的支持机制，国内资产阶级及其政治幕僚为应对当前危机所采取的任何策略都需要得到贷款人（"三巨头"）的政治认可。这种"政治解决方案"似乎是"备忘录"的政府支持者和激进左翼联盟（SYRIZA）的社会民主反对派的共同目标。

具体而言，激进左翼联盟提出了一个凯恩斯式的经济建议，既不质疑该国的国际经济关系（欧盟—欧洲货币联盟），也不反对希腊资本主义的发展方式。显然，这一建议的实施取决于"三巨头"在政治上是否接受持续过度借贷的制度。然而，社会民主提案得到了来自劳动阶层和国内企业家阶层（资本家或中产阶级）强有力的社会支持，他们的盈利能力是建立在欧盟—欧洲货币联盟框架内现有的资本主义发展类型的基础之上的。

从共产主义战略的角度来看，问题是当前的希腊资本主义危机将如何成为不只是关于希腊资本主义的特定模式，而且是关于资本主义剥削关系的争论的起点。希腊退出欧盟－欧洲货币联盟是该方向上的一个过渡性目标，但前提是同时面临着对资本经济和政治权力的全面挑战。

注释

1. 储蓄减去投资和公共收入减去公共支出的差额之和等于经常项目余额。通常，在宏观经济理论中，这一表达式被转化为对影响经常账户余额的因素的理论解释。

准确地说，如果

$$(S-I) + (T-G) = CA$$

（其中，S 表示储蓄，I 表示投资，T 表示税收，G 表示公共支出，CA

表示经常账户余额），那么，FD［（T−G）<0］可以引起 CAD，前提条件是无论储蓄和投资之间的差额（S−I）为零或负或正，但要小于 FD。在这一点上有一种趋势，是关于反对公共开支的论战。因此，经济的竞争力（体现在商品和服务余额上）忽略了对表达式中其他变量形成的影响。

确切地说，如果

$$GNP = DD + CA$$

（其中，GNP 表示国民生产总值，DD 表示国内需求）和

$$CA = NX + NFI + CT$$

（其中，NX 表示商品和服务余额，NFI 表示收入余额，CT 表示经常性转移支付余额），那么给定 CA 的其他子余额，一个不断上升的正的 NX 在增加 CA 的同时也增加 GNP。假设储蓄是可支配收入的函数，那么，在其他条件相同的情况下，GNP 的增加会增加可支配收入从而增加储蓄，所以差额（S−I）增加。另外，如果税收取决于收入水平，那么，在其他条件相同的情况下，GNP 的增加将增加 T，从而差额（T−G）增加。

2. 根据拉帕维塔斯等（2010）的研究，欧盟"外围"国家（希腊、葡萄牙和西班牙）的经常账户赤字主要与它们相对于"核心"国家的竞争力低下有关，而与它们的公共部门并没有关系，尽管官方一再宣称其挥霍无度且低效，但公共部门并没有造成系统性的财政赤字。

3. 经常性转移支付余额随着时间的推移呈下降趋势。如图 7.1 所示，根据 AMECO 的数据，2005—2012 年经常性转移支付余额为负，随后经常账户余额有所增加。

4. 关于"外债总额"和"国际投资头寸"的计算方法（希腊银行，2010）。根据这种方法，外债总额不包括"与股权资本和再投资收益有关的外国直接投资，以及股权投资组合"（希腊银行，2010）。

5. 希腊银行（2012）将 21 世纪初至债务危机爆发前的这段时期划分为两个阶段：2000—2005 年和 2006—2008 年。第一个阶段的特点是经常

账户赤字平滑且相对稳定地演变。在第二个阶段，经常账户赤字持续严重恶化。

6. 这是希腊经济长期存在的结构性弱点，但在希腊加入欧盟后这种弱点更加恶化。

7. 希腊银行（2010）所表达的官方立场认为高经常账户赤字、外债增加以及希腊的负国际净投资状况恶化是希腊经济"竞争力下降"的结果，这主要与劳动力市场刚性导致工资增长和价格竞争力下降有关。然而，一个国家经济的"国际竞争力"并不是"价格"或"成本"竞争力的问题，它主要取决于科技机遇、技术基础设施和生产能力等"非价格"因素，这些因素构成了生产结构以及相关的"外部性"[伊尔齐克维茨等（互联网）；努尔贝尔（Nurbel, 2007）]。此外，卡尔多的战后研究结果表明，市场份额增长最快的国家，其价格竞争力也下降最多（单位劳动成本增加最多）（费利佩、库马尔，2011），这就是所谓的"卡尔多悖论"。此外，即使在"备忘录"之前，希腊经济在欧盟15国框架内也是一个工资较低的经济体。21世纪头10年，希腊的年平均工资（按2010年美元购买力平价和2010年不变价格计算）是欧盟15国中除葡萄牙以外最低的（经合组织统计摘要）。

8. 关于马克思经济危机理论和马克思主义关于马克思经济危机理论论战的详细分析，参见米廖斯等（2002）、埃科诺梅基斯等（2010）。

9. 自1960年以来，我们分析的所有变量均有可用数据，但潜在产品除外，其可用数据始于1965年。

10. 需要指出的是，1964—2004年希腊经济中固定资本回报率的相关应用表明，整体经济表现的历时趋势与商业部门的表现并无显著差异[约阿基莫格卢（Ioakeimoglou）和米廖斯，2005]。

11. 马克思主义参考书目反映了马克思在这一问题上的理论矛盾。正如《资本论》第一卷（马克思，1990），马克思在《经济学手稿》（马克思，1981）中明确认为经济各部门的资本具有同等的生产力。然而，在《资本论》第三卷（马克思，1991）中，马克思把商品流通过程中的资本视为非生产性的。大部分马克思主义理论家认同后一种观点（谢赫、托纳克，1994）。

12. 有趣的是，马尼亚蒂斯和帕萨斯（2013）的历史分期虽然源于不同的马克思主义方法论，但与我们的类似——除了最后一次危机的开始时间与我们定义的不同，它始于2007年之后。

13. 根据马克思的观点，这场危机带有资本主义被推翻的风险。在希腊，从政治变革（独裁统治倒台）到1985年，对这一风险的认识主要体现在政府推行的凯恩斯主义的国家调控和收入再分配政策上，其目的在于缓和独裁统治后的政治激进主义，并将其纳入体制。然而，这些政策未能应对经济危机，因为他们将成功的战后指南应用于完全不同的情况。这些政策曾解决了1929—1930年的结构性危机，但它们是在两次世界大战造成过度积累的资本急剧贬值之后实施的（马夫鲁迪斯，2011）。

14. 我们注意到，在相关的马克思主义讨论中，这一因素主要与"利润挤压理论"有关。在这一理论方向上包括魏斯科普夫（1979）和沃尔夫（Wolff，1986）等的著作，尽管两者存在差异（埃科诺梅基斯等，2010）。

15. 布伦纳（1998）已经将竞争力对资本利润率可能产生的影响引入了马克思主义的讨论中。按照谢赫（1999）的说法，布伦纳对20世纪七八十年代美国制造业利润率因国际竞争（美国、德国和日本）而下降的解释导致了"史密斯错误"（Smithian error）——"一个部门利润率的下降会拉低一般利润率"。

16. 在所有变量中，引入模型之前应用了去趋势技术和消除自相关技术。

17. 在检验所有变量的相关性之前，都应用了去趋势技术和消除自相关技术。

18. 希腊经济及其出口结构，主要由与初级生产及其制造业相关的部门主导，这些部门生产的商品需求收入弹性较低，技术含量较低，拥有中低技能的劳动力（埃科诺梅基斯等，2011），且劳动报酬较低。

参考文献

［1］AMECO：http://ec. europa. eu/economy_finance/ameco/user/serie/SelectSerie. cfm.

［2］Bank of Greece (2000), *Annual Report* 1999, Athens.

［3］Bank of Greece (2003), *Annual Report* 2002, Athens.

［4］Bank of Greece (2009), *Annual Report* 2008, Athens.

［5］Bank of Greece (2010), *Annual Report* 2009, Athens.

［6］Bank of Greece (2012), *Annual Report* 2011, Athens.

［7］Bank of Greece (2013a), *Annual Report* 2012, Athens [in Greek].

［8］Bank of Greece (2013b), *Summary of Annual Report* 2012, Athens.

［9］Brenner R (1998). "The economics of global turbulence", *New Left Review* 229.

［10］Camara Izquierdo S. (2010), "Short and long-term dynamics of the U. S. profit rate in the context of the current crisis", Paper presented at the Congres Marx International VI "Crises, Revoltes, Utopies", Universite de Paris-Ouest-Nanterre-La Defense, France, 22-25 September.

［11］Dumenil G, Levy D. (2002), "The profit rate: Where and how much did it fall? Did it recover? (USA 1948-2000)", *Review of Radical Political Economics* 34(4).

［12］Dumenil G, Levy D. (2004), "The real and financial components of profitability (USA 1952-2000)", *Review of Radical Political Economics* 36(1).

［13］Economakis G. (2005), "Definition of the capitalist mode of production: A re – examination with application to non – capitalist modes of production", *History of Economics Review* 42.

[14] Economakis G. (2011), "Greek economic crisis and EU: The crisis of the extraverted model of development of Greek capitalism", *Outopia* 96 [in Greek].

[15] Economakis G, Anastasiadis A, Markaki M. (2010), "US economic performance from 1929 to 2008 in terms of the Marxian theory of crises, with some notes on recent financial crisis", *Critique* 38(3).

[16] Economakis G, Markaki M, Anastasiadis A, et al. (2011), "Competitiveness of the Greek economy: A sectoral investigation", in Scientific Association of Political Economy (ed.), *Economic Crisis and Greece*, Athens: Gutenberg [in Greek].

[17] Eurostat. http://epp.eurostat.ec.europa.eu/portal/page/portal/statistics/search_database.

[18] Felipe J, Kumar U. (2011), "Unit labor costs in The Eurozone: The competitiveness debate again", Levy Economics Institute of Bard College, Working Paper 651.

[18] Fotopoulos T. (2010), *Greece as a Protectorate of the Transnational Elite: The Need for Immediate Exit from the EU and for a Self – dependent Economy*, Athens: Gordios [in Greek].

[19] Gibson H. (2010), "Sectoral growth of the Greek economy for the period 1995 – 2003", In Oikonomou G, Sabethai I, Simigiannis G (eds), *Current Account Balance of Greece: Causes of Unbalances and Proposals of Policy*, Athens: Bank of Greece [in Greek].

[20] Ilzkovitz F, Dierx A, Galgau O, et al. (Internet), "Trade performance and structural competitiveness. Developments in the Euro area: Are member

states equipped to meet the globalization challenges of the 21st century?" Available at: http://research. stlouisfed. org/conferences/integration/Galgau – paper. pdf.

[21] Ioakeimoglou E, Milios J. (2005), "Capital accumulation and profitability in Greece (1964 – 2004)" *Theseis* 91 [in Greek].

[22] Laibman D. (2010), "Capitalism, crisis, renewal: Some conceptual excavations", *Science and Society* 74(3).

[23] Lapavitsas C, Kaltenbrunner A, Lambrinidis G, et al. (2010), "The Eurozone between austerity and default", RMF occasional report.

[24] Maniatis T, Passas C. (2013), "Profitability, capital accumulation and crisis in the Greek economy 1958 – 2009: A Marxist analysis", *Review of Political Economics* 25(4).

[25] Marx K. (1969), *Theories of Surplus Value* Part II, London: Lawrence & Wishart.

[26] Marx K. (1978), *Theories of Surplus Value* Part I, London: Lawrence & Wishart.

[27] Marx K. (1981), *Grundrisse*, London: Penguin Books.

[28] Marx K. (1990), *Capital*, Vol. I, London: Penguin Books.

[29] Marx K. (1991), *Capital*, Vol. III, London: Penguin Books.

[30] Mavroudeas S. (2011), "Greece and European Union: Capitalist crisis and inter – imperialist contradictions", in Scientific Association of Political Economy (ed.), *Economic Crisis and Greece*, Athens: Gutenberg [in Greek].

[31] Milios J. (2011), "The Greek crisis as a version of the global economic crisis and EMU crisis", Paper presented at the International Conference "Public debt and austerity policies in Europe: The response of the European left", organised by: European Left Party, Coalition of the Left and N. Poulantzas

Institute [in Greek].

[32] Milios J, Dimoulis D, Economakis G. (2002), *Karl Marx and the Classics: An Essay on Value, Crises and the Capitalist Mode of Production*, Aldershot, Burlington, VA, Singapore and Sidney: Ashgate.

[33] Nurbel A. (2007), "The global competitiveness of the nation: A conceptual discussion", *Journal of Business and Economics Research* 5(10).

OECD Stat Extracts. http://stats.oecd.org/.

[34] Oikonomou G. (2010), "Current account: conclusions of analysis and policy recommendations", in Oikonomou G, Isaac S, Georgios S (eds), *Current Account Balance of Greece: Causes of Unbalances and Proposals of Policy*, Athens: Bank of Greece [in Greek].

[35] Pelagidis T. (2010), "The Greek paradox of falling competitiveness and weak institutions in a high GDP growth rate context (1995 – 2008)", GreeSE Paper No. 38 (August) Hellenic Observatory Papers on Greece and Southeast Europe – LSE.

[36] Shaikh A. (1999), "Explaining the global economic crisis", *Historical Materialism* 5.

[37] Shaikh A, Tonak A. (1994), *Measuring the Wealth of Nations*, Cambridge: Cambridge University Press.

[38] Stamatis G. (1986), "The crisis and the illusions for its overcoming", *Theseis* 15 [in Greek].

[39] Stamatis G. (1997), *Introduction to Political Economy*, Athens: Hellinika Grammata [in Greek].

[40] Sweezy P. (1970), *The Theory of Capitalist Development: Principles of Marxian Political Economy*, New York and London: Modern Reader Paperbacks.

[41] Weisskopf T. (1979), "Marxian crisis theory and the rate of profit in

the postwar U. S. economy", *Cambridge Journal of Economics* 3.

［42］Wolff E. (1986), "The productivity slowdown and the fall in the US rate of profit, 1947 – 1976", *Review of Radical Political Economics* 18(1,2).

第八章
希腊危机——一场过度积累与帝国主义剥削的双重危机

斯塔夫罗斯·马夫鲁迪斯和季米特里斯·帕伊塔里蒂斯

第一节 引言

  主流观点认为，导致"三巨头"（欧盟、国际货币基金组织、欧洲央行）实施经济调整方案的希腊资本主义危机是一场双赤字危机（财政和经常账户赤字），与2007—2008年全球危机无关。此外，其原因也被归结为政策错误和（或）有关竞争力的"浅层"结构性问题（本书第一章）。同样，非主流和激进的解释将财政、经常账户赤字二者中的一方或另一方作为希腊危机的原因（引言）。相比之下，本章对希腊危机提出了马克思主义在结构层面上的解释，它强调其深层原因不在于流通关系（金融）而是生产关系。在不采取粗暴的简化论且给自由度留出空间的前提下，金融问题被视为更深层次的生产问题的后果。

  在这方面，希腊危机与2007—2008年全球资本主义危机密切相关；与希腊资本主义生产结构的矛盾相适应，其原因还是内外部过程的融合。因此，它具有过度积累和帝国主义剥削的双重危机的特点。过度积累构成了内部原因，它源于导致了1973年危机的利润率下降趋势，并因军事独裁政权的同时垮台而加剧，随后并未被新保守主义的结构调整政策所明确解决，并伴随着2007—2008年的全球危机重新浮出水面。外部原因是希腊资本主义在国际分工中被降级，加上其帝国主义野心和统治的失败，以及欧元区中心国家的剥削。它们的结合导致了当前希腊资本主义的危机，双重赤字是危机的必然结果而不是原因。

本章的结构如下：为了全面理解当前的希腊危机，我们应采取长远眼光，将希腊资本主义置于国际分工之中。因此，第二节介绍了希腊资本主义的动荡历史进程，特别是它在战后的演变。其主要论点是，希腊资本主义是具有有限帝国主义能力的第二代中等水平资本主义。当前希腊危机的根源可追溯至1973年的危机以及随后资本主义结构调整浪潮的有限的成功。1973年的全球资本主义危机结束了战后资本主义积累强劲的"黄金时代"，迎来了长期的经济疲软期（准确地说是"无声的萧条"）。对于希腊资本主义而言，这是双重打击，因为它伴随着军事独裁政权的垮台，而这导致了抑制劳动力需求并提高资本主义利润的资本压榨机制的崩溃。

第三节分析了希腊危机的内部因素。我们的实证分析证实，这是一场利润率下降的马克思式危机，也就是说，这是由于资本有机构成的提高引起利润率在21世纪初再次出现下降趋势所导致的。因此，与主流的双赤字和激进的金融化解释相反，它表明危机的根源在于希腊资本主义的"深层"生产结构，随后表现在资本总循环的其余环节（流通和分配）。

第四节考察了危机的外部因素。结果表明，希腊加入欧洲一体化进程导致竞争力下降。竞争力的丧失既有政策性原因，也有结构上的原因。由于将经济政策中货币和财政工具的控制权让渡给布鲁塞尔，希腊资本主义失去了支撑其竞争力的关键手段，且这一情况因其不得不与更发达的资本主义国家（资本—劳动比率更高的国家）竞争而进一步加剧。当较发达的资本与欠发达的资本不受阻碍地竞争时，前者就能够从后者那里获得额外的利润。因此，这种结合导致了存在于欧盟内部的帝国主义剥削关系（不平等交换），并将欧盟分为欧元区核心经济体和欧元区外围经济体。

第五节通过分析希腊危机是如何以及在什么情况下爆发的来总结全文。文章认为，2007—2008年主要资本主义经济体的危机引发了希腊资本主义自身的利润率以及过度积累的问题，这结束了"人为增长"的时期，并将希腊资本主义带入了深度危机。

第二节 希腊资本主义的动荡历程

希腊资本主义是第二代资本主义，因为它跟随着资本主义先驱者（西欧和日本）的脚步，在时间上存在明显的滞后性；[1]另外，希腊的海外资本在西方和奥斯曼帝国都相当发达，这就使希腊资本主义陷入了追赶西方邻国的不安之中。同样，由于希腊海外资本的国际化特征和第一个独立希腊国的有限地理区域，希腊资本主义从一开始就有扩大其"重要空间"的内在倾向，这就使它具有强烈的帝国主义倾向，但由于缺乏强大的国家武装，这种倾向本身就是不稳定且十分脆弱的。他们所采取的形式是定期到其他领域进行突袭，取得中短期成果，然后在全国范围内削减开支。

希腊资本主义在1830—1870年得到巩固，出现了增长乏力的最初迹象。农业、商业和航运是主要的经济部门，而工业化非常有限。由于缺乏充分发展的国内市场，没有积极的经济政策，经济以出口为导向（主要是某些可出口的农产品）。1870—1880年，随着必要的基础设施的建立以及保护主义和垄断主义因素的引入，资本主义关系得到了进一步巩固和发展。随后的战争和领土扩张（1880—1920年）促进了强劲的增长，而接下来的国家干预主义和保护主义政策（1920—1940年）又加强了这种增长。第二次世界大战、轴心国占领、经济几近崩溃以及随后的内战，都严重破坏了资本主义再生产。经过资本主义关系最初的稳定和重建时期，希腊资本主义沿着国家垄断的路线进行了结构调整（1944—1958年）。这一调整为随后的"黄金时代"（1958—1973年）奠定了基础，其特点是高积累率、高利润率,以及大规模工业化。简言之,在第二次世界大战和内战结束后,由于战后的结构调整和左派的失败,希腊资本主义缩小了与欧洲先进国家的差距和时滞,竞争力显著增强,在国际分工中的地位也有所提升。国家经济干预主义在"黄金时代"以及几乎全部的希腊资本主义的历史中都发挥了至关重要的作用。[2]然而,希腊战后的"黄金时代"与西方的大不相同,它不是一个发达的福利国家,并且建立在压制工人权利和工资的基础之上。此外,由于希腊资本活动极度扩张,特别是在地中海地区和中东地区,因此它还具有显著的帝国主义成分。

与较发达的西方资本主义类似,1973年的全球经济危机结束了希腊资本主义的"黄金时代"。像西方国家一样(谢赫、托纳克,1994),1973年的希腊危机是由于资本有机构成增加导致利润率下降而引起的过度积累危机。过度积累危机自"黄金时代"起就在希腊资本主义中酝酿,因为剩余价值率的增长开始放缓,而资本有机构成则在迅速增加(第三节),这就造成利润率趋于下降,随后表现为投资缩减,并导致该体系在很长一段时间内表现疲软。在给定的历史推测下,这就意味着资本主义的积累已经超过了它的社会和技术极限,大量资本无法进行盈利性投资。此外,1973年的危机是一场结构性经济危机,而不是简单的周期性危机,它标志着一个时代的结束,需要对资本主义制度的内部结构进行彻底的重组。

然而,1973年的危机还有一个重要的国家特征,使希腊资本主义随后的道路与西方不同(马夫鲁迪斯,2013):它与军事独裁政权的垮台以及作为一个关键因素的劳工运动的重现凑巧同时发生。为了化解民众的激进主义情绪,希腊资本不得不采取有利于工人阶级的进步的凯恩斯主义收入再分配政策。这样一来,希腊资本主义继续与西方国家"脱钩",自成一体,尽管是又一种版本的"脱钩"。在战后时期,西方采取了进步的凯恩斯主义收入再分配政策,希腊资本主义则遵循保守的凯恩斯主义政策,对工人阶级的让步有限。当面对1973年的危机,西方国家支持新保守主义时，希腊资本主义不得不求助于进步的凯恩斯主义政策，这给资本的盈利能力和积累带来了额外的负担。

于是，独裁后的政府采用的政策试图将增长（由于全球经济危机而放缓）和有管理的且有利于劳工的收入再分配结合起来，但是以一种不会严重损害资本主义利润率的方式。因此，再分配政策不仅改善了劳工的地位，同时还帮助化解了后独裁时代的民众激进主义，并将其纳入一个精心设计的互惠互利的制度中。

与此同时，希腊资本做出了参与欧洲一体化进程的战略选择，希腊于1981年成为欧洲经济共同体（EEC）的正式成员。这一选择背后的原因有三点：①确保制度免受民众激进主义的影响；②在欧共体的帮助下力推资本主义结构调整；③将希腊资本主义从中等层级帝国主义升级为全球主要帝国主义集团之一的伙伴。希腊资本主义在当代的这一"伟大构想"从一开始就充满了风险（第四节），特别是它导致了竞争力的下降，并造成了经常账户赤字的恶化。

然而，这些进步的凯恩斯主义政策未能解决经济危机并提高利润率（第三节），因为它们在完全不同的社会经济条件下应用了战后的成功秘诀。战后促进增长的凯恩斯主义政策之所以取得成功，是因为战争使先前过度积累的资本贬值。而1973年的危机却并非如此，因为在危机之后，资本仍然严重过度积累。

因此，后独裁时代的民众激进主义一经遏制，希腊资本就放弃了进步的凯恩斯主义政策，转而采取资本主义的结构调整政策，并贯穿1985—2007年。可以看出，它虽然效仿了西方的做法，但在时间上明显滞后。

首先，希腊采用了保守的凯恩斯主义结构调整政策（反周期性需求导向型增长政策，但不利于劳工的收入再分配），同时，又在加入欧共体后取消了贸易保护主义，使希腊资本相对于更发达的欧共体经济体的竞争力受到重创。保守的凯恩斯主义政策效果有限，因为它们未能充分压低工资并使过度积累的资本贬值。

取而代之的是在西方已经占据主导地位的新自由主义结构调整政策（1990年正式实行）。由于希腊的资本主义改革已经严重滞后，希腊的新自由主义政策几乎绕过了货币主义（封闭经济下的新自由主义），直接支持开放经济下的新自由主义。欧共体和欧盟的指令起到了至关重要的作用。新自由主义议程（开放经济、私有化、削减福利制度、有利于富人的税制改革、放松对劳动力市场和金融体系的管制等）指导着随后的历届政府。新自由主义的结构调整政策比之前保守的凯恩斯主义政策更有力地支持了劳动剥削，这表现在剩余价值率的增加。特别重要的是，从20世纪90年代中期开始，实际工作时间明显增加（马夫鲁迪斯，2013），这为绝对剩余价值的提取在经过相当长的休眠期后重新注入了活力。

同时，东欧国家的解体为希腊资本开辟了一个新的机会领域，特别是在巴尔干半岛。它利用欧盟成员身份以及地理位置上邻近的优势渗透到这些国家，从而获取帝国主义的超额利润。此外，从这些国家（后来又从其他国家）向希腊的大规模移民促进了工资的下降（特别是在某些部门，如建筑业）和灵活工作关系的扩大。

2001年希腊加入欧洲货币联盟导致情况更加复杂。希腊资本主义试图通过加入欧洲一体化上层来决定性地提升其在国际分工中的地位。但这一战略选择是有风险的，因为国家货币、工业和商业政策都受到严重制约，进一步削弱了希腊相对于以生产优势为特征的欧元区核心国家的竞争力。起初，由于欧元的缘故，希腊通过获得廉价信贷促进了人为的增长，这些问题得到改善。2004年雅典奥运会的举办进一步加剧了这一趋势，其高昂且定价过高的工程提高了希腊（和西方）资本的利润率，但同时也导致财政赤字恶化。[3]每当资本积累出现问题时，希腊政府就会介入，直接或间接地对其进行补贴。不过由于廉价的外国贷款和希腊经济相对较高的增长率，不断膨胀的财政赤字是可控的。

除此之外，希腊资本主义还跟随国际趋势，积极利用信贷和虚拟资本扩张（所谓的"金融化"）。欧元的低利率刺激了廉价信贷的增长。股票市场成为企业融资的主要来源，尽管在传统上其作用和规模都很小。私人消费通过银行提供的廉价个人信贷被人为地膨胀，从而增加了私人债务。然而，值得注意的是，希腊资本的杠杆业务和私人债务都远小于西方资本（本书第五章）。

所有这些不可持续和臆想的因素导致了一个"人为的繁荣"时期，其增长率高于欧盟其他国家。这一"人为繁荣"时期还有另一个隐藏的缺陷：非生产性活动（特别是围绕金融和贸易）急剧增加，侵蚀了内部盈利的基础（第三节）。

综上所述，1985—2007年出现了努力扭转利润率下行趋势和资本过度积累的资本主义结构调整浪潮。政策通过提高剩余价值率、降低劳动力价值、降低不变资本价值、缩短周转时间、增加对外贸易和从国外获取帝国主义的超额利润等方式，来控制利润率下降的趋势。这些结构调整只取得了部分成功，利润率有所回升，但再未达到下降之初的水平。此外，由于希腊资本主义避免进行必要且深入痛苦的货币贬值，资本贬值力度不够，基本问题依然存在，"金融化"的伎俩和"人为增长"只是推迟危机，同时也加剧了这些问题。

2007—2008年的危机使这一欢喜局面戛然而止，"人为的繁荣"崩溃，潜伏的利润率危机再次浮现。"金融化"推迟了危机，但同时也进一步扩大了过度积累的问题。一旦生产资本的利润率（由此支撑的剩余价值，以及产生的总利润）开始动摇，那么危机倾向便会卷土重来。"金融化"只是暂时缓解了利润率危机，但同时代价非常高昂。它极大地增加了从生产资本中提取的剩余价值部分，但却不断积累为货币资本，这进一步加剧了生产资本利润率的下降，并使整个希腊资本主义陷入困境。此外，随着巴尔干半岛经济日益衰退，[4]与其他强大的帝国主义的竞争加剧，帝国主义的超额利润逐渐萎缩，再加上全球金融崩溃终结了廉价信贷，希腊资本主义猝不及防地陷入危机。

第三节 内部原因：利润率危机

马克思主义分析认为，资本主义是一种天生容易发生危机的经济制度。危机既不是由错误行动造成的例外结果，也不是异常现象，相反，它们是资本主义正常运行方式的一部分。资本主义运行的特点是中期的繁荣—萧条周期在较长的时间跨度内表现出更为剧烈的波动。后者构成经济危机，即积累过程的剧烈和突然中断。危机机制（包括它较温和的周期）与资本主义的根本动机——利润有关。在马克思主义者看来，不断追求利润增加会自食其果：通过以越来越快的节奏积累利润，这会遇到客观（社会和技术）障碍，使进一步的积累无利可图，于是就出现了过度积累，即积累的资本超过了可以再进行投资获利的限额。

导致制度陷入危机的根本机制是马克思著名的利润率下降趋势法则。这一机制在生产领域中启动，然后传导到资本循环的其他部分（流通和分配）。虽然利润率下降趋势构成了危机的根本机制，但危机可以根据历史上的具体因素通过各种形式表现出来。危机的解决只能通过一个毁灭性过程：过度积累的资本必须被贬值，同时还必须激发出与利润率下降趋势相抗衡的力量。这样一来，系统就会回到一个更精简、更健全的基础上，利润率恢复，资本主义再生产过程重新开始。

为了验证战后希腊经济利润率下降的假设，必须重新编制国民账户数据，以反映马克思主义的分类方式，特别是生产性和非生产性劳动之间的区别，[5]生产性活动和非生产性活动的分类见本章附录，采用的是谢赫和托纳克（1994）提出的方法。出于分析的目的，我们使用了各种数据库的数据，如欧盟 KLEMS、[6]希腊统计局（EL. STAT.）、年度宏观经济数据库（AMECO）以及来自其他研究［如斯考佐斯、马泰奥斯（Skountzos & Mattheos，1980）］的数据。马尼亚蒂斯和帕萨斯（2013）以及本书第六章也提供了类似的分析。我们的研究在两个方面有所不同。第一，将非生产性贸易部门和特许权使用费部门的固定资本消耗以及特许权使用费部门的中间投入纳入了马克思增加值中；第二，我们的估算中包括了农业部门。

第一项被纳入的理由是，这些部门的价值来自生产领域，而第二项被纳入则需要更详细的说明。

马克思主义对希腊经济的实证研究往往避免将农业部门纳入计算，因为农业部门主要以家庭农业为特征。资本主义活动主要存在于农业的上游（种子、化学品、机械等）和下游（食品加工、分销、零售）。但出于一系列原因，这种排除具有误导性。我们认为，希腊农业从一开始就间接地从属于资本积累，并且正经历着向直接从属于资本积累的当代重要转型。

对资本主义的间接从属主要是通过流通关系实现的。一言以蔽之，当小农从资本主义市场获得投入并为资本主义市场生产产出时，他们实际上把生产和再生产过程的控制权让渡给了资本。这种从属关系主要有两条渠道：①依赖资本主义金融获得信贷；②合同农业。

韦尔戈普洛斯（Vergopoulos，1975）准确地论证了家庭农业并不构成一种单独的小商品生产模式，而是在功能上与资本主义积累相联系。希腊工业资本偏爱家庭农业（而不是资本主义的土地所有制），因为这为其提供了更廉价的投入。因此，除短暂的特殊合作外［特里库皮（Trikoupi）政府时期］，工业资本始终站在农民一边反对大土地所有权，这最终在20世纪初的土地再分配政策出台时达到顶峰，这些政策使大土地所有权逐渐消失，确立了希腊农业的小家庭农场特征。这一过程远非资本主义的"反常现象"。曼和迪金森（Mann & Dickinson，1978）曾表示，小农的持续存在源于资本在农业中面临的特殊障碍，这些障碍阻碍了资本走向工业化的道路。一个主要的障碍是农业的生产时间落后于劳动时间（因为农业产品的成熟涉及自然过程），导致生产率和利润率降低。资本为避免在这些时期被束缚，倾向于将这些过程"分包"给小农，但这并不会使小农成为独立的小商品生产者。恰恰相反，他们的投入大多来自资本主义市场，产出也大多流向资本主义市场。这样一来，小农实际上并不能控制其生产过程的性质和节奏，也不能在公开的市场上出售他们的产品：他们成为纯粹的资本主义经营者，不保留某些生产资料的所有权。韦尔戈普洛斯（1975）表明，这一过程确实发生在希腊农业中。

希腊对银行业信贷的依赖臭名昭著，它通过将农业的一部分剩余产品以利息的形式转化为资本，间接地使其从属于资本主义。希腊农业银行最近一次年度经济调查（2011年）显示，2010年向农业部门提供的贷款为207 397.3万欧元，2011年为176 163.8万欧元。

合同农业的扩张进一步推动了这一进程［莫伊西迪斯（Moissidis，1986，1988）］，因为小农实际上失去了对生产资料的控制，变得与计件工资工人相似［根据戴维斯（Davis，1980）的说法，是"有产阶级劳动者"］。

农业直接从属于资本主义是通过生产关系发生的，这意味着农业雇佣劳动正在增加。这是一个相当复杂的问题。撇开家庭劳动是否隐藏着隐蔽的雇佣劳动形式不谈，从数据来看，雇佣劳动力和雇主的增长较慢（见图8.1）。但这些数据并没有衡量季节性和临时性的雇佣劳动力以及未申报的劳动力，这两种劳动力都大量存在，特别是后者如今在资本主义渗透希腊农业的过程中发挥了关键作用。

20世纪90年代以前，临时工和季节工在希腊农业中尤为重要。家庭农业时常需要大量的劳动力投入，特别是在收获期。学生、临时工和吉卜赛人是主要的劳动力来源。然而，从20世纪80年代开始，希腊从一个传统的移民输出国转变为移民输入国。首先是来自东欧和中欧、苏联、非洲和亚洲的小规模移民潮［卡西米斯（Kasimis）等，2003］，随后在20世纪90年代出现了大规模移民潮，特别是在东欧集团解体（来自巴尔干邻国的

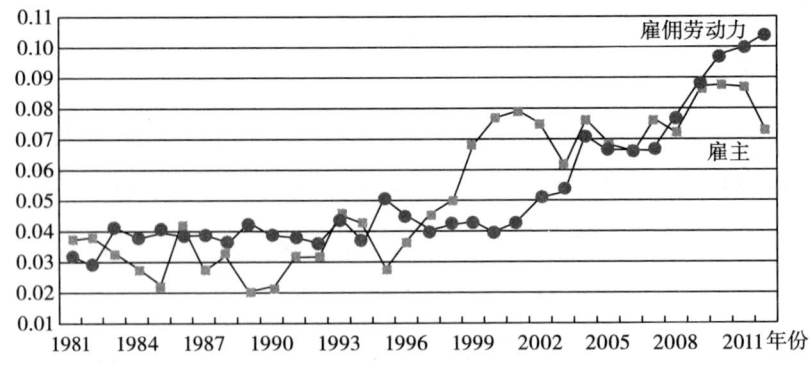

图 8.1 雇佣劳动力和雇主占农业总就业人口的百分比
资料来源：希腊统计局（EL. STAT.）。

移民大量涌入）以及申根协议（出于种种原因使希腊成为那些试图进入西欧但不被允许的移民的"集中营"）签订后。根据2001年的人口普查，移民约占人口的7%、劳动力的9%，据估计，其中17.5%受雇于农业部门，占农业就业人口的11.6%［肖莱萨斯、察克洛戈鲁（Cholezas & Tsakloglou, 2008）］。移民的涌入从根本上改变了希腊的农业。廉价的移民劳动力被广泛用于农业（出于经济和口碑原因），与此同时，女性家庭劳动力减少，其净效应是农业中雇佣劳动力的增加。在这个方面，由于大多数人是非法移民，官方数据严重低估了他们的存在，因而数据存在重大障碍。

农业雇佣劳动的增加也与土地集中程度的提高有关。希腊农业的特点是地块小，土地分割严重。不过一些研究［如莫伊西迪斯，1986；楚尔费蒂斯（Tsoulfidis, 2009）］表明存在土地集中化的细微趋势。土地租赁增加了大农户的耕地面积，从而又强化了这一趋势。通过将楚尔费蒂斯（2009）1950—2003年的数据扩展到2007年［来自《2009年简明统计年鉴》（Concise Statistical Yearbook），2010］，我们验证了这一趋势，因为大于100 stremmas（希腊的土地丈量单位）的土地有所增加。

表 8.1　按耕地使用面积大小分类的农畜业场数（1 stremma = 1000 平方米）

年份	1%~9%	10%~49%	50%~99%	100%~199%	200%+	合计
1950	2 308 498	15 627 746	7 967 315	3 658 871	6 492 425	36 054 855
	6.40%	43.34%	22.10%	10.15%	18.01%	100%
1961	1 319 882	16 583 395	11 432 086	4 981 308	2 416 085	36 732 756
	3.59%	45.15%	31.12%	13.56%	6.58%	100%
1971	1 134 820	14 950 600	10 926 000	5 529 880	3 321 640	35 862 940
	3.16%	41.69%	30.47%	15.43%	9.26%	100%
1977	1 073 150	22 824 270	9 951 090	6 174 030	4 477 160	44 499 700
	2.41%	51.29%	22.36%	13.87%	10.06%	100%
1981	1 205 524	13 420 524	10 041 824	6 089 860	4 697 200	35 454 932
	3.40%	37.85%	28.32%	17.18%	13.25%	100%
1987	1 117 547	11 353 703	9 252 499	6 658 137	5 986 941	34 368 827
	3.25%	33.03%	26.92%	19.37%	17.42%	100%
1991	1 046 566	10 495 484	8 578 825	7 710 873	8 954 895	36 786 643
	2.84%	28.53%	23.32%	20.96%	24.34%	100%
1997	961 553	10 384 722	8 574 208	7 806 836	9 361 760	37 089 079
	2.59%	28.00%	23.12%	21.05%	25.54%	100%
2003	1 109 093.7	9 519 630.1	7 516 398.8	7 298 906.6	14 233 714	39 677 743
	2.80%	23.99%	18.94%	18.40%	35.87%	100%
2007	1 190 657.2	9 602 161.5	7 720 858.5	7 544 772.2	14 703 807.9	40 762 257.6
	2.92%	23.56%	18.94%	18.51%	36.07%	100%

最后，近几十年来，农业产业显著增加，这些产业主要包括耕作以外的其他活动并雇佣劳动力。根据《统计年鉴》（*Statistical Yearbook*），农业产业股份公司占公司总数的比例从 2002 年的 2.55% 上升到 2006 年的 2.31%。

基于上述原因，我们在估算资本积累和利润率时将希腊经济中的农业部门考虑在内。

马克思增加值（MVA）被定义为：生产部门的净增加值（NVA_{Prd}）、贸易部门的总产值（GO_{Trd}）、特许权使用费部门的总产值（GO_{Ry}）、间接营业税净额（NIBT）的总和，其中间接营业税净额是按营业税和补贴之间的差额估算的。我们从马克思增加值的估算中剔除了公共行政和国防部门以及有雇佣人员的私人家庭部门，因为支付给这些部门的工资是由税收和个人收入提供的，而这些收入已经被考虑在其他部门的增加值当中，房主支付的租金也被剔除在外，因为它完全是一种用于估算的尺度，不会产生新的价值。[7]

$$MVA = NVA_{Prd} + GO_{Trd} + GO_{Ry} + NIBT = S + V \qquad (8.1)$$

从关系式（8.1）中我们可以看出，马克思增加值也由两部分组成。第一部分是剩余价值（S），它包括生产部门的净利润、两个非生产部门的总产值（不含估算的租金）和支付给政府的净间接税。第二部分是可变资本（V），即支付给生产工人的工资总额。[8]将总剩余价值除以可变资本，即可得出剩余价值率（RSV），它表示对生产工人的剥削率，也可以表示为生产率与生产工人实际工资的比率。从图8.2中可以看出，[9]1958—1973年希腊资本主义"黄金时代"的特点是生产率高、积累旺盛。1973年以后，生产率增长速度放缓，在20世纪80年代则更是停滞不前。90年代初生产率再次上升，直到2006年前后开始下降，这与70年代中期的情况相似（意味着另一场危机的开始）。

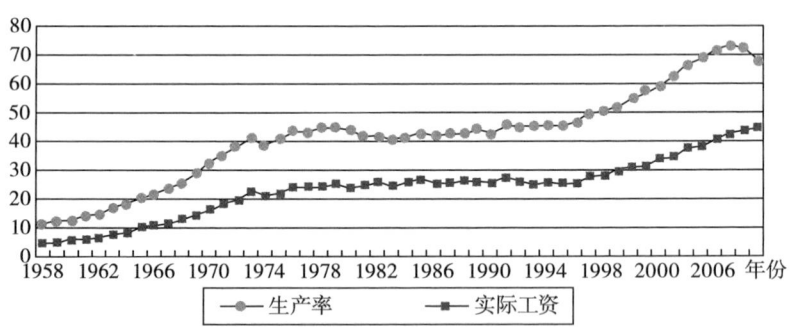

图8.2　生产率和实际工资

整个时期的实际工资（剩余价值的另一个组成部分）随着生产率而变化，但从未超过生产率。20世纪90年代，实际工资越来越落后于生产率的提高，这是劳工运动放缓、"去工业化"、非生产性活动增加和实施新自由主义政策的结果。生产率的强劲增长和实际工资的乏力上调结合在一起，导致1958—2009年剩余价值率的空前提高。然而，这种提高并非没有波动，特别是在1958—1973年，剩余价值率呈缓慢下降趋势。20世纪70年代初到80年代初，下降速度加快，然后陡然逆转，在2005年前后达到峰值。在我们分析的最后几年，剩余价值率急剧下降，表明资本家由于生产率的下降而无法提取更多的剩余价值。

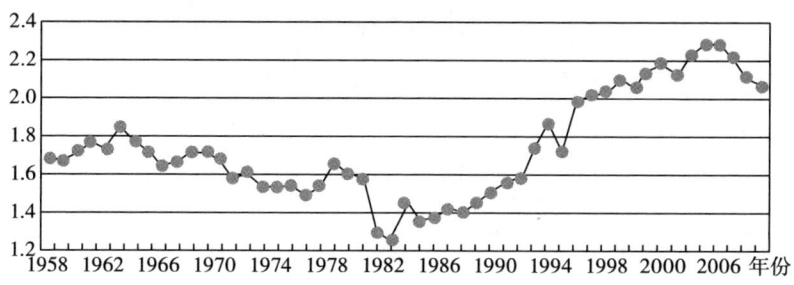

图8.3 剩余价值率

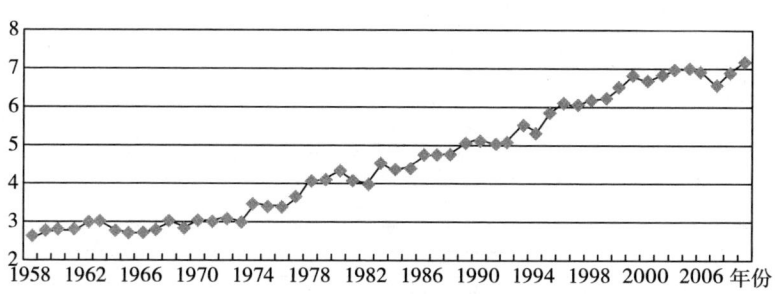

图8.4 资本价值构成

图8.4描述了固定资本存量（C）[10]与可变资本（V）的比率所反映的资本价值构成的演变。它几乎在整个时期都表现出稳定的增长，只有在21世纪初停滞不前，这可能是由于希腊经济的"去工业化"以及希腊制造企业大量迁往巴尔干和东欧地区。资本价值构成降低是生产率下降的主要原因，因而也是剩余价值率下降的主要原因。

资本价值构成反映了一个经济体的机械化程度和技术水平，而剩余价值率则显示了收入分配情况,同时显示了产出中直接用于非生产性活动的部分。将剩余价值率除以资本价值构成,即可得出一般利润率,它相当于剩余价值与固定资本的比率(S/C)。图8.5描绘了一般利润率的演变,从其轨迹可以区分出当前危机爆发前的三个阶段。第一个阶段是1958—1973年,一般利润率虽有小幅下降,但处于较高的水平。第二个阶段是危机时期(1973—1985年),一般利润率急剧下降。这归因于剩余价值率下降和资本价值构成上升的共同作用。第三个阶段是资本主义结构调整时期(1985—2009年),此时一般利润率略有回升,随后便一直停滞不前。这是因为资本价值构成的持续提高抵消了剩余价值的成比例增长。事实上,资本价值构成从未贬值(与美国相反)(佩塔里迪斯、楚尔费蒂斯,2012),这也是一般利润率复苏乏力的原因。这张图揭示了希腊经济长期存在的结构性问题,这些问题使其一般利润率从未成功得到充分恢复,预示着即将到来的深度危机。在我们分析的最后几年,一般利润率开始下降,希腊经济进入了一个新的危机阶段。

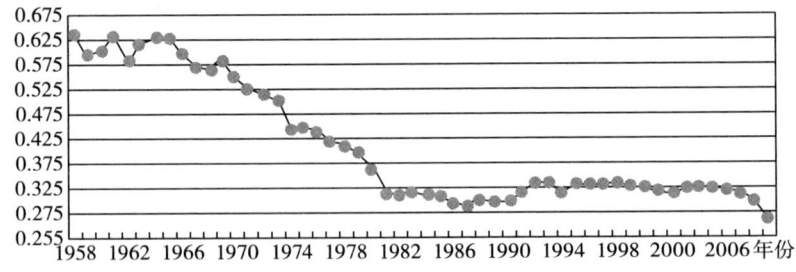

图8.5　一般利润率

图8.6描绘了净利润率,即净利润与固定资本总额的比率。净利润率决定了企业的盈利能力,进而决定了投资和增长。与一般利润率的轨迹类似,我们可以将其区分为三个阶段:

(1)"黄金时代"表现出较高的净利润率水平;

(2)危机时期,净利润率急剧下降;

(3)在资本主义结构调整时期,净利润率有所恢复,但不温不火。

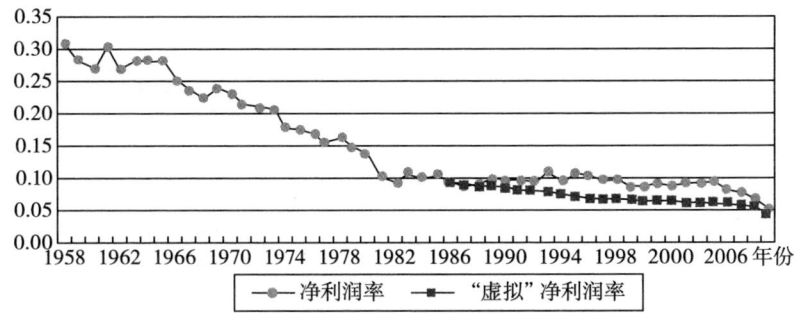

图 8.6　净利润率

与莱布曼（2010）、谢赫（2010）以及马尼亚蒂斯和帕萨斯（2013）的研究类似，我们估计了一个"虚拟的"利润率，它是指如果实际单位工资成本保持在 1985 年的水平（而不是大幅下降）时会存在的利润率。可见整个利润率的微弱反弹正是源于实际工资的下调，换句话说，如果没有这次实际工资的减少，利润率下降的趋势将继续下去。

不过，根据佩塔里迪斯和楚尔费蒂斯（2012）的研究，净利润率本身并不能够决定资本家的投资行为，因为大量（少量）的资本存量可以带来更高（更低）的利润。此外，投资行为不仅取决于（下降的）净利润率，还取决于各种因素，其中就有预期。在马克思看来，预期并不像凯恩斯主义分析中那样主观，而是由标志着制度健康的一般利润率的变动所衍生出来的。我们可以从图 8.7 和表 8.2 中看到，尽管净利润率很低，但以 2005 年价格计算的净投资在 90 年代中期仍然呈现出正增长，并在 2005 年达到峰值。[11]同时，以 2005 年价格计算的净利润也表现出类似的增长。最终净投资下降，这与大量利润的停滞有关。综上，净利润率的下降不足以引发危机，它必须与一般利润率的下降相结合。

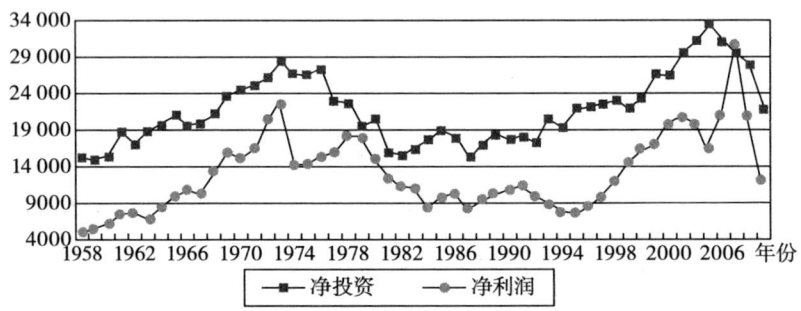

图 8.7　以 2005 年价格计算的净利润和净投资

资料来源：AMECO（2014）。

表 8.2　各变量的年平均增长率　　　　　　　　　　　　　　　（%）

变量	黄金时代 （1958—1973 年）	危机 （1973—1985 年）	结构调整 （1985—2009 年）
生产率	8.50	0.29	1.90
实际单位工资	9.76	1.13	1.13
剩余价值率	-0.60	-0.90	1.36
资本价值构成	1.01	3.07	1.98
一般利润率	-1.61	-3.97	-0.63
净利润率	-2.61	-5.71	-2.88
净利润（2005）	4.10	-3.33	0.55
净投资（2005）	9.78	-6.93	0.84

最后，本章得出的结论与马克思主义理论相一致，即危机的爆发是一般利润率长期持续下降的结果，而一般利润率的下降又反过来影响净利润率，进而影响投资行为。一般利润率从未通过正常的资本贬值过程从上一次危机中真正恢复过来，这一事实很快就导致了过度积累的状态，其特点是缺乏其他可供替代的盈利机会[12]。信贷扩张暂时打破了这种局面，为过度积累的资本提供了出路，同时还维持了经济增长。一旦这种解决方案遇到障碍，当前危机背后的根本机制（实体经济的结构性弱点）就会再次出现。

第四节　外部原因：欧元区中心国家的帝国主义剥削

希腊资本主义危机的"内部原因"是由"外部原因"——来自更发达的欧元区中心国家的帝国主义经济剥削加剧的。这通过两个渠道发生：

（1）结构性渠道。希腊资本在共同市场内与更发达的资本竞争，这导致了"广泛的"不平等交换［埃曼努埃尔（Emmanuel，1972）］，并使后者受益。

（2）政策性渠道。通过直接或间接地将货币、财政和贸易政策的控制权转让给欧盟，希腊资本主义失去了支持其竞争力的关键手段。

结构性渠道是希腊资本主义与欧元区核心成员国的生产结构间存在重大差异的结果。利润率的平均化（因而也是价格形成过程）使生产出来的剩余价值在资本家之间重新分配：从 OCC 较低的资本家到 OCC 较高的资本家，或者从剥削率较高的资本家到剥削率较低的资本家［卡尔凯迪（Carchedi，2001）］。这在一个国家经济内部和像欧盟这样的多国家共同市场中都是成立的。[13] 因此，欧元区核心国家资本通过从其欧元区外围竞争者那里转移价值来获得超额利润。这种"广泛的"不平等交换反映在他们之间的贸易条件（进出口价格比）（ToT），以及对于欧元区外围国家来说不断恶化的贸易平衡中。欧元区核心寡头垄断企业在共同市场中的支配地位进一步强化了这一渠道，它们也获得了垄断者的额外利润。

政策性渠道是那些站在欧盟制高点上的欧元区核心资本主义国家可以主导政策的产物。因此，关键的政策选择遵循了欧元区核心资本主义国家的特权，甚至损害了欧元区外围国家的权利。通常情况下，欧洲央行的货币政策会根据欧元区核心经济体的需要进行调整（如欧元汇率）。

图 8.8 通过估算欧盟 15 国内部的贸易条件（进出口价格比）描绘了希腊的贸易表现[14]，并将其与瑞典和奥地利的表现进行了比较。我们选择这些国家的原因如下：

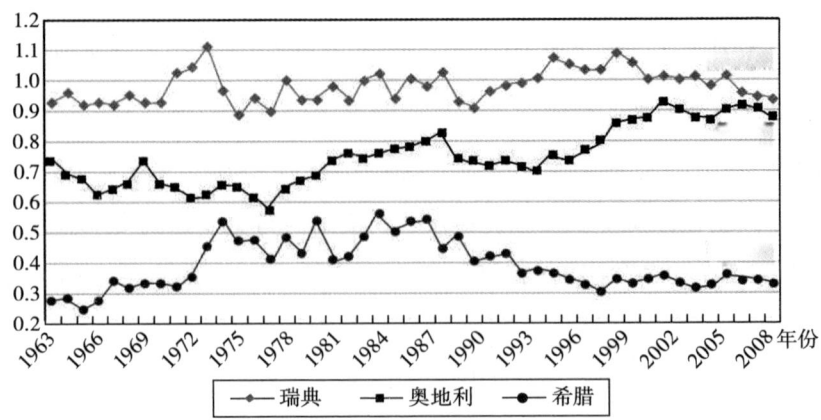

图 8.8 欧盟 15 国内部的贸易条件（进出口价格比）

资料来源：AMECO，2014。

（1）瑞典是欧盟的欧元区核心经济体，但不是欧洲货币联盟的成员国；

（2）奥地利是欧盟的欧元区核心经济体，且参与了欧洲货币联盟；

（3）希腊、瑞典和奥地利的人口数量大致相同。

希腊的贸易条件（进出口价格比）无法与瑞典和奥地利的贸易条件相提并论。然而，1963—1981 年希腊成为欧共体正式成员国后，其贸易条件（进出口价格比）每年增长 2.1%，并与其他两个国家特别是与奥地利的贸易条件（进出口价格比）趋同。1981—2002 年（欧洲货币联盟成立时），希腊的贸易条件（进出口价格比）每年下降 0.06%，这表明相对于欧盟 15 国的其他国家而言失去了竞争力。[15]最后，2002—2009 年贸易条件（进出口价格比）保持稳定，这意味着加入欧元区并没有对希腊已经受损的竞争力产生重大影响。因此，对于希腊而言，加入共同市场以及随后逐渐丧失货币和财政工具导致了贸易条件（进出口价格比）的严重恶化。现在再来看另外两个国家，瑞典在 1995 年成为欧盟正式成员国之前，贸易条件（进出口价格比）每年增长 0.5%。1995—2009 年，瑞典的贸易条件（进出口价格比）每年下降 0.1%，而不加入欧洲货币联盟的决定实际上并没有改变这一趋势。最后，奥地利在 1995 年加入欧盟之前，贸易条件（进出口价格比）每年增长 0.1%。1995—2009 年，奥地利经济的年增长率为 1.1%，而加入欧洲货币联盟的决定也没有改变这一趋势。

通过对贸易条件（进出口价格比）的检验可以得出以下结论。希腊和瑞典在加入共同市场后，其贸易条件（进出口价格比）都出现了恶化但程度不同，因为前者是一个欠发达经济体。此外，希腊的贸易关系过去是，并且现在更倾向于共同市场，而瑞典则在欧盟 15 国之外的市场中保留了较高的份额。因此，贸易条件（进出口价格比）的恶化虽然没有受到欧洲货币联盟的显著影响，但也并未得到改善。相反，奥地利作为一个欧元区核心国家及欧洲货币联盟经济体，则明显受益于欧洲一体化。简言之，既是欧元区核心国家又是欧洲货币联盟成员的经济体相对于欧元区外围的欧洲货币联盟成员和欧元区核心的非欧洲货币联盟成员来说从欧洲一体化进程中获利了。这表明，欧洲一体化进程层次分明，它有利于那些处于最高层的成员。

倘若希腊资本主义选择参与欧洲一体化进程具有重要的战略意义，又如何解释这种竞争力的下降呢？希腊资本主义的参与从一开始就踌躇满志，但也充满了危险。希腊资本渴望：①从一个中等层级帝国主义升级为一流帝国主义俱乐部的"伙伴"；②增强能力，（在当时的后独裁时期）首先保障制度的安全，然后推进资本主义的结构调整。其风险为：①在帝国主义俱乐部中被降级；②在严重的突发事件面前失去自主的政策工具。从更广泛的意义上说，参与欧洲一体化有助于实现希腊资本主义在当代的"伟大设想"[16]——成为重要的区域性帝国主义强国（马夫鲁迪斯，2013）。

所有优势和劣势说到底都与希腊的生产结构有关。在加入欧共体之前，希腊资本主义有一个相当协调的生产结构（各部门之间有强有力的前后交叉联系），特别是对欧洲经济体和地中海地区其他经济体具有竞争力。这种生产结构通过直接和间接手段得到了有力的保护和支持。经济的开放通过共同市场摧毁了这个保护壳。希腊资本未能进行充分的结构调整以便在新环境中保持竞争力，它主要是努力降低工资（从而提高成本竞争力），但未能成功地调整其生产结构（从而提高结构竞争力）。希腊资本（技术传统、规模小、习惯于短期投资）无法承受来自更大的、技术更先进的欧元区核心资本的竞争，导致贸易赤字骤增。有趣的是，这种恶化并不仅限于欧盟内部的贸易关系，而且普遍存在于欧盟以外的贸易关系中[17]。随之而来的是更容易受到国际竞争影响的制造业的衰退［彼得拉科斯、齐科斯（Petrakos & Zikos, 1996）］。此外，由于与欧盟的贸易关系在很大程度上呈现出行业间的特点，这给希腊资本密集型产业带来压力，并导致其倒退回存在于希腊资本主义发展早期阶段的劳动密集型产业专业化。这加强了希腊出口部门对进口的依赖性，并且对贸易平衡产生了严重不利的影响。此外，面对欧元区核心国家间竞争的加剧，希腊资本将自己封锁在生产非国际贸易商品和（或）通过与政治精英的裙带关系被暗中保护的部门中，最终结果是希腊的生产结构被削弱。这并不意味着广泛的去工业化，而是工业专业化的减弱和生产结构内部一致性的丧失。部门间的联系变得更加薄弱，因为即使是充满活力的行业也更多地与欧元区核心国家的活动而非本国的活动相关。

曾有人为扭转这一趋势做过一些无力的尝试，收效甚微。欧盟以国家和地区团结援助的形式提供资金，这些资金从货币数量上看，和希腊与欧盟间的累计贸易赤字相比微不足道（彼得拉科斯、齐科斯，1996）。这些资金实际上是为了掩盖希腊与欧盟间贸易的持续恶化，以及欧元区核心资本在希腊经济中扮演的越来越重要的角色。

如今，希腊资本显然在它的"伟大设想"这场赌博中输了。自加入共同市场以来，希腊与欧盟间的贸易平衡迅速恶化，并随着加入欧洲货币联盟进一步恶化。这一问题甚至得到了支持参与欧洲一体化的主流学者的认同。例如，帕帕佐格卢（Papazoglou，2009）承认，"希腊参与单一市场并未引起重大的结构性变化以有助于加强其产品价格和质量在国际市场上的竞争力"。同样，马利亚罗普洛斯（2010）也承认，自加入欧洲货币联盟以来希腊的竞争力显著恶化。就相对单位劳动成本而言，对2000—2009年这一恶化程度的估计介于9%（国际货币基金组织）~27%（希腊银行）。就相对价格来看，自2000年以来竞争力下降了18%（欧洲央行、希腊银行）~21%（国际货币基金组织）。

希腊资本主义的当代"伟大设想"只有在20世纪90年代东欧集团崩溃的时候带来了成果，希腊资本因其欧盟成员的身份而得到增强，主要是在巴尔干半岛经济体中侵略性地扩张，并以欧元区核心国家从他们处获取帝国主义超额利润的方式从其中获利。巴尔干半岛——这一"理想中的黄金国"，一直延续到2007—2008年全球经济危机爆发。这场危机使巴尔干地区的经济体受到重创，加剧了帝国主义内部的对立，其结果是希腊资本从中获取超额利润的能力严重受挫。

一言以蔽之，希腊资本主义加入欧洲一体化使其生产结构受创，向欧元区核心国家的价值转移使其负担沉重（因为"广泛的"不平等交换），而主要来自巴尔干地区的帝国主义超额利润只能对其进行部分补偿。因此，希腊资本主义在结构上变得更加脆弱，这种脆弱性在2007—2008年的经济危机爆发时凸显出来。

第五节　希腊危机的爆发

希腊资本主义在2007年走到了尽头。它的利润率部分回升，资本贬值不足，帝国主义利润补偿了与欧元区核心国家间的不平等交换，虚拟资本运作延缓了问题的暴露，并催生出一段"虚假增长"时期。与此同时，希腊资本主义的"深层"结构性问题加剧。

2007—2008年全球经济危机的爆发将这座纸牌屋炸得粉碎。由于资本贬值不足，同时利润率问题在主要资本主义经济体中再次出现，危机蔓延到世界各地。就希腊而言，这意味着本国资本主义过度积累和利润率不足的问题再次浮现，并伴随着一系列（影响被延迟了的）结构性问题。同样，在西方，生产率的增长也开始动摇，剩余价值的提取随之动摇。通过虚拟资本扩张和公共财政赤字推动向前的方式突然被发现是不可持续的，因此"人为增长"戛然而止。这种停滞背后的根本原因是，基于虚拟资本和公共借贷的资本主义增长终归是一种"对预期剩余价值的赌注"。如果这一预期剩余价值在可预见的未来无法（至少是充分地）实现，那么赌注就会被揭穿并且必须补偿损失。此外，整个过程被证明是不可行的，即使它在过去成功过，也会被叫停。这样，经济基础（首先是生产关系和社会关系）就会重新确立，并将资本主义的旺盛积累拉回现实。

对于希腊资本主义来说，这意味着"人为增长"时期已经结束。一开始曾有人做过一些微弱的尝试，试图通过增加对私营部门的公共支助来延长这一时期或至少延缓其下降，然而唯一的结果是财政赤字的进一步增加：[18]私营部门利用这种支持来挽救其表面衰落（"修复"企业的资产负债表并保护私人收入），而不是进行投资。同时，巴尔干半岛经济体的衰落和其间帝国主义内部对立的加剧，削弱了帝国主义利润对希腊资本的"补贴"。然后，希腊资本主义积累的深层问题以双赤字的误导形式出现。资本主义积累的不稳定导致财政赤字无法维持，从而财政赤字与 GDP 的比例失控。竞争力长期结构性的丧失导致经常账户赤字的恶化，而外债的不断增加又加重了其负担。在这两种情况下，资本主义积累的"深层"结构性问题导致了这两种赤字，而不是主流双赤字假说具有误导性的鸡生蛋还是蛋生鸡问题。

注释

1. 详细论述参见马夫鲁迪斯（2013）。
2. 作为第二代资本主义，希腊是格申克龙著作（Gershenkron，1962）

中"晚期发展"的典型代表：一个强大的发展型国家积极支持和引导资本积累。这也是希腊财政赤字长期存在的根本原因。

3. 2004 年，FD/GDP 比率首次出现严重恶化，从 5.77% 上升到 7.49%，上升了近 30%（AMECO）。

4. 除自身的内部问题外，巴尔干半岛经济体因为与欧盟的一体化变得更糟。由于它们 60% 的贸易是与欧盟进行的，危机严重打击了它们的出口，并且削减了欧盟向它们的侨汇。

5. 关于这种区别的详细分析，请参见高夫（Gough，1972）及萨夫兰（Savran）和托纳克（1999）。简言之，对于马克思（1976）来说，"唯一具有生产力的工人是为资本家创造剩余价值的人，换句话说，其有助于资本的自我价值化"。相应地，商品、货币和产权流通领域的雇佣劳动力被认为是非生产性的。这些活动的产出只是生产性劳动创造并从中提取的剩余价值的一部分。

6. 欧盟 KLEMS 代表欧盟层面对资本（K）、劳动力（L）、能源（E）、材料（M）和服务（S）投入的分析。

7. 估算租金构成 GDP 的重要部分。从指标上看，1958 年估算租金估计占总增加值的 9.94%，而 2009 年为 9.69%。对估算指标的估计反映了新古典功利主义的观点，凡是有用的东西最终都对产出有所贡献。

8. 生产工人是指那些受雇于除经理、律师、文员和销售人员以外的生产部门的工人，因为上述类型的工人从事产品的流通而不是生产工作。

9. 特定时间段的生产率的增长率以及其他变量如表 8.2 所示。我们利用比率 $\ln[X(t+1)/X_t]/\Delta t$ 来估计变量 X 的年平均增长率，其中"ln"是自然对数，"Δt"是 $t+1$ 和 t 之间的时间长度。

10. 固定资本的数据是指非居民私人固定资本总额，源于斯考佐斯和马泰奥斯（1992）以及 ELSTAT 未公布的系列。唯一的例外是在我们分析的最后一年运用 AMECO 的数据进行了推断。

11. 投资占 GDP 的比重并没有在 1973 年达到它的上一个峰值。

12. 谢赫（1992）认识到净利润率（r）、实际净利润量（π）与危机表现之间存在系统性关系。

13. 欧洲一体化进程通过迫使欠发达成员国提高绝对剩余价值来强化。由于它们在技术上落后于发达国家，无法在相对剩余价值的基础上与发达国家竞争，它们唯一的解决办法就是延长工作时间（卡尔凯迪，1999）。

14. 贸易条件根据货物出口（离岸价）与货物进口（到岸价）之间的比率估算。

15. 西班牙也遵循相同的轨迹，1963—1985 年（西班牙成为欧共体正式成员国）西班牙的年均增长率为 4%，随后在 1985—2009 年年均增长率大幅下降，每年下降 1.0%。

16. "伟大设想"是一个臭名远扬的希腊术语，指的是 19 世纪末希腊资本的目标是取代导致国家灾难的正在覆灭的奥斯曼帝国。

17. 尽管欧盟以外的贸易条件对希腊资本不利，但在 1960—1981 年有很大改善，平均提高了 3.06%。1981—2002 年，欧盟以外地区的贸易条件下降了 3.21%，失去了之前所有的收益。最后，2002—2009 年，欧盟以外地区的贸易条件继续以每年 2.32% 的速度下降（AMECO，2014）。总的来说，希腊资本主义相对于世界其他国家的贸易表现似乎并没有因为加入欧洲一体化而有所改善。

18. FD/GDP 比率在 2005—2007 年下降后，又开始迅速攀升：从 6.76% 升至 9.93%（2007—2008 年），从 9.93% 升至 15.63%（2008—2009 年）（AMECO，2014）。

附录

生产性和非生产性部门的划分

生产性活动	非生产性活动	
	贸易部门	特许权使用费部门
1. 农、林、牧、渔业	13. 汽车销售、保养和维修	16. 金融中介
2. 采矿和采石业	14. 批发贸易和经纪贸易	17. 房地产活动
3. 制造业	15. 零售贸易	18. 机器和设备租赁
4. 电力、天然气和水的供应业		19. 其他商业活动
5. 建筑业		
6. 住宿和餐饮业		
7. 运输、存储和通信业		
8. 计算机及相关活动		
9. 研发		
10. 教育业		
11. 卫生和社会工作		
12. 其他社区、社会和个人服务		

参考文献

［1］Agriculture Bank of Greece (2011), "Annual economic survey", Athens.

［2］AMECO (2014). http://ec.europa.eu/economy_finance/ameco/user/serie/SelectSerie.cfm

［3］Carchedi G. (1999), "The Euro and Europe's labor", in Bellofiore R (ed.), *Global Money, Capital Restructuring and the Changing Patterns of Labor*, London: Edward Elgar.

［4］Carchedi G. (2001), *For Another Europe: A Class Analysis of European Economic Integration*, London: Verso.

[5] Cholezas I. Tsakloglou P. (2008), "The economic impact of immigration in Greece: Taking stock of the existing evidence", *IZA DP* 3754.

[6] Davis J E (1980), "Capitalist agricultural development and the exploitation of the propertied laborer", in Buttel F, Newby H (eds), *The Rural Sociology of the Advanced Societies: Critical Perspectives*, Montclair: Allanheld, Osum.

[7] Emmanuel A. (1972), *Unequal Exchange: A Study of the Imperialism of Trade*, New York and London: Monthly Review Press.

[8] Gerschenkron A. (1962), *Economic Backwardness in Historical Perspective*, Cambridge, MA: Harvard University Press.

[9] Gough I. (1972), "Marx's theory of productive and unproductive labour", *New Left Review* 12.

[10] Hellenic Statistical Authority (2010). *Concise Statistical Yearbook 2009*, Piraeus: Hellenic Statistical Authority.

[11] Kasimis C, Papadopoulos G A, Zacopoulou E. (2003), "Migrants in rural Greece", *Sociologia Ruralis* 43(2).

[12] Laibman D. (2010), "Capitalism, crisis, renewal: Some conceptual excavations", *Science and Society* 74(3).

[13] Malliaropoulos D. (2010), "How much did competitiveness of the Greek economy decline since EMU entry?", *Economy and Markets* 5(4), Eurobank.

[14] Maniatis T, Passas C. (2013), "Profitability, capital accumulation and crisis in the Greek economy 1958 – 2009: A Marxist analysis", *Review of Political Economics* 25(4).

[15] Mann S, Dickinson J. (1978), "Obstacles to the development of a capitalist agriculture", *Journal of Peasant Studies* 5(4).

[16] Marx, K. (1976), *Capital*, Vol. I, London: Penguin.

[17] Mavroudeas S. (2013), "Development and crisis: The turbulent course of Greek capitalism", *International Critical Thought* 3(3).

[18] Moissidis A. (1986), *Rural Society in Contemporary Greece: Productive and Social Structure in Greek Agriculture* 1950 – 1980, Athens: Foundation for Mediterranean Studies [in Greek].

[19] Moissidis A. (1988), *Contract Farming in Greece: A Contemporary Form of Embedment of the Agricultural Sector into Capitalism*, Athens: Agriculture Bank of Greece [in Greek].

[20] Paitaridis D, Tsoulfidis L. (20112), "The growth of unproductive activities and the phase change in the US economy", *Review of Radical Political Economy* 44(2).

[21] Papazoglou C. (2009), "Is indeed poor Greece's export performance?", *Economic Bulletin* 32, Bank of Greece [in Greek].

[22] Petrakos G, Zikos S. (1996), "European integration and industrial structure in Greece: Prospects and possibilities for convergence", in Paraskevopoulos C C, Grinspun R, Georgakopoulos T. (eds), *Economic Integration and Public Policy in the European Union*, London: Edward Elgar.

[23] Savran S, Tonak A. (1999), "Productive and unproductive labour: An attempt at clarification and classification", *Capital and Class* 23(2).

[24] Shaikh A. (1992), "The falling rate of profit as the cause of long waves: theory and empirical evidence", in Kleinkenecht A, Mandel E, Wallerstein I (eds), *New Findings in Long – wave Research*, New York: St. Martin's Press.

[25] Shaikh A. (2010), "The First Great Depression of the 21st Century", *Socialist Register* 47.

[26] Shaikh A, Tonak A. (1994), *Measuring the Wealth of Nations: The*

Political Economy of National Accounts, New York: Cambridge University Press.

[27] Skountzos T, Mattheos M. (1980), *Input: Output Tables of the Greek Economy*, 1958 – 1977, Athens: Centre of Planning and Economic Research.

[28] Skountzos T, Mattheos M. (1992), *Net Fixed Capital Stock, Depreciation of Fixed Capital Stock, Gross Fixed Capital Formation*, 1950 – 1990, Athens: Centre of Planning and Economic Research.

[29] Tsoulfidis L. (2009), *Economic History of Greece*, Thessaloniki: University of Macedonia Press.

[30] Vergopoulos K. (1975), *The Agrarian Problem in Greece: The Issue of the Social Incorporation of Agriculture*, Athens: Exantas [in Greek].

GREEK CAPITALISM IN CRISIS
MARXIST ANALYSES

第三篇
危机、贫困和劳动力市场

第九章
希腊的经济危机、贫困和被剥夺
——新自由主义解决方案的影响
赫里斯托斯·帕帕塞奥佐卢

第一节 序言

当前的经济危机再次引发了关于经济波动的性质和原因的辩论。推动这场辩论的主要问题是,经济危机是特定经济部门某种失衡的结果,还是资本主义经济中的特有现象,反映了其系统性和结构性问题。显然,这个问题的答案并非是价值中立的,而是根植于某些关于经济和社会的理论假说。这可能是有关现代经济组织和管理的主要理论范式的最终战场,具有深远的政策意义,影响到一切用来处理经济危机及其经济和社会后果的拟议的解决方案。

尽管对经济危机的性质和原因存在着理论上的争论,但没有人会质疑它对贫困和对最弱势群体生活水平恶化的影响。这一点在经济危机后果更为严重的希腊最为明显。然而,最近的经济危机非但仍没有对现代资本主义经济组织和管理的主导范式提出异议,反而成为进一步加强新自由主义财政纪律、削减公共开支和放松劳动力市场管制政策的借口(帕帕塞奥佐卢等,2012)。奇怪的是,新自由主义政策在20世纪70年代中期的经济危机后兴起,当时政府通过干预来稳定经济的能力受到了质疑。到了2008年和2009年,有更多的声音对新自由主义政策表示质疑,认为它已被证明无法管理现代经济。但这种反应被证实是短暂的,人们主张复兴凯恩斯主义关于国家需要参与经济这一观点只是为了使当时国家对金融机构的慷慨支持合法化。2007—2008年的经济危机并没有质疑新自由主义视角的主导地位。

本章利用现有数据和实证证据,通过与其他欧盟国家进行比较分析,讨论当前经济危机对希腊贫困和社会匮乏的影响。本章从政治经济学出发,检验了占主导地位的新自由主义论点以及由此制定的政策,主要关于经济和危机的组织与管理。本章的重点是这些政策对社会不平等、贫困和匮乏的影响,以及对社会保障制度的削弱。

本章其余部分内容如下:第二节将讨论关于经济危机和贫困的观点,这些观点主导了公共话语,并使新自由主义解决方案合法化。第三节利用理论和实证证据来检验这些观点的有效性。第四节将探讨经济危机和新自由主义解决方案对贫困和匮乏的影响。最后一节总结研究结果,并提出一些结论性意见。

第二节 关于不平等和贫困的主流观点

为了加强新自由主义观点,经济危机作为反映个别国家自身不平衡和弱点的问题而非全球问题被提出。在国家和国际层面的公开言论中,希腊危机被视为一个孤立事件,与全球经济危机无关。希腊人被认为是这场危机的罪魁祸首,他们在危机前的一段时期享受着远超出其承受能力的高消费和生活水平,他们还被指责不如其他欧洲人工作努力,而且得到了慷慨的社会保障体系的支持。根据主流的道德风险假说,希腊人必须受到惩罚。在媒体的煽动下,尽管这些观点缺乏任何实证上的合理性,但也被广泛复制,同时主导了希腊国内外的公共讨论和官方言辞,这有助于使紧缩政策和稳定措施合法化，以补救巨额公共债务并解决危机。

这些论点的说服力如何？它们能否有效地解决希腊现有的不平等和贫困问题，以及经济危机和紧缩措施的影响？在主导言论中，收入不平等和贫困被认为主要与某些个人特征和属性有关。人们普遍认为收入是通过参与劳动力市场获得的。因此，薪酬是解释个人和家庭收入差异的主要因素。在这一主导论述中，收入反映了人们的生产力，而生产力取决于他们所拥有的不同技能。遗传特征决定了可通过教育和培训进一步培养的潜在天赋和能力（技能）[陶布曼（Taubman，1978）]。对于给定的遗传特征，个人收入被认为在很大程度上取决于经过效用最大化过程的个人选择。因此，某些个人特征被认为是决定每个人在收入分配中的特定位置的主要因素，另外，随机影响也会发挥一些作用。家庭收入的其他来源，如资本和其他形式的财产性收入，在解释收入不平等方面并没有那么重要，同时，这些收入来源在相关统计中也被严重低估[阿特金森、布吉尼翁（Atkinson & Bourguignon，2000）；帕帕塞奥佐卢，2004]。

这些观点主导了公众和学术对话，不允许在阶级分析框架内对不平等和贫困进行任何分析，而政治经济学特别是马克思主义政治经济学历来都是这样做的。或者，用主流术语来说，他们不鼓励分析功能性收入分配对个人收入分配和贫困的影响。当然，主流经济学也承认宏观经济因素对不平等和贫困的影响。在新古典主义框架内，这种影响主要局限于经济增长和失业率的影响。说到经济增长的影响，库兹涅茨（Kuznets，1955）关于收入不平等与经济增长之间的倒"U"形关系的论点一直占据了相关辩论的主导地位。[1]在经济增长过程中，收入不平等最初不断加剧，达到一定程度后，收入不平等就会下降。因此，人们普遍认为，在发达国家，经济增长可以减少收入差距和贫困。同样，"涓滴理论"进一步使新自由主义政策合法化，认为所有的人都会从经济增长中获益。因此，政府对企业家或富人的支持（福利和减税）将对整个经济产生积极影响，从而使穷人受益。

就失业率而言，人们普遍认为它对不平等和贫穷有着至关重要的负面影响，有偿就业被公认为是摆脱贫困的关键措施。因此，有人声称降低失业率是缓解贫困的最有效方法。自20世纪80年代末社会排斥的概念被提出以来，这些观点得到了进一步印证，并在欧盟社会政策议程中占据主导地位。在欧盟的政策论述中，社会排斥的概念主要定义为被排除在劳动力市场之外［如莱维塔斯（Levitas, 1996, 2000）；达法尔莫斯、帕帕塞奥佐卢，2012］，因此，提高就业能力、消除参与劳动力市场的障碍成为优先的社会政策。根据新自由主义的论点，不存在非自愿失业，因此有理由反对对劳动力市场施加任何干预或规定，如最低工资、集体协议和工会化。考虑到失业主要是结构性的，那么在国家和欧盟层面提议加强就业的政策便是放松劳动力市场管制、提高劳动合同的灵活性和就业能力。

在这一框架下，人们对社会福利产生了敌意，认为这些福利抑制了工作。总的来说，希腊的社会保障和相应的社会开支被认为是造成巨额公共债务从而导致经济危机的主要原因。人们指责希腊的社会保障与经济增长相比过于慷慨，促进了希腊人享受本不该有的高水平生活。这些观点有助于使削减社会开支作为紧缩政策的主要内容合法化。

应该强调的是，在新古典主义范式中并不存在一个具体的、被广泛接受的个人收入分配理论。与主流假说不同的是，有一类观点侧重于不同的方面和特征，如教育和培训、智力、随机因素等的影响（阿特金森、布吉尼翁，2000），这类不同的理论关注的是某些个人特征对个人收入的影响。[2] 这一分析的核心是假设人们可以通过教育、培训或经验，将其基因决定的潜在才能转化为能力。人们理性行事，并对当前和未来的所有选择都有充分的（即使不是全面的）了解，选择适当的教育、经验、培训和努力的组合，可以使其一生中总效用的当前价值最大化。决定人们效用的收益有货币性的和非货币性的。有一种特殊的视角在很大程度上主导了相关的学术和公共言论，这就是人力资本理论和相应的"收益函数"。根据这一理论，低收入以及由此产生的贫困主要与由于教育和培训不足而导致的部分人口生产力低下有关［曼塞，1958；贝克尔（Becker，1993）］。这一观点的主导地位在国内和国际上提出的缓解贫困和匮乏的措施中显而易见。在当前经济危机之前的一段时期，消除人们在教育和培训方面的障碍在大多数欧盟国家的扶贫措施中均占据优先地位。

第三节 检验主流言论的有效性，证据表明了什么

在我们着手分析经济危机和紧缩政策对不平等和贫困的影响之前，必须检验上述观点在解释贫困和使新自由主义解决方案合法化问题上的有效性。这些观点是否有实证证据支撑？仔细研究希腊和欧盟在危机前期的贫困和不平等状况的某些特征非常具有启示意义，尤其是有助于评估其影响。

在研究贫困问题时，这里也采用了欧盟统计局提出的并在相关研究中被广泛使用的定义，[3]即贫困线定为每个国家等值可支配收入中位数的60%，家庭可支配收入被定义为所有家庭成员的总收入加上家庭层面的收入，减去所得税和社会保障金。本书的分析单位为个人，同时利用修正的经合组织等值量表对生活在不同规模和构成的家庭中的个人进行比较。[4]

比较分析仅限于欧盟15国。主要有两个原因：第一，这些国家自20世纪90年代中期以来就有关于收入、贫困状况及生活条件的可比数据和估计数；第二，这是一组更适合评估社会保障对贫困和不平等状况的影响的国家。人们普遍承认，社会保障以及用于缓解贫困和不平等的相关开支对于解释这些数字在不同国家和人口间的差异具有关键作用（阿特金森，1998；帕帕塞奥佐卢、达法尔莫斯，2010；达法尔莫斯、帕帕塞奥佐卢，2013）。对于欧盟15国所建立的社会保障制度，学术界一直存在着广泛而持久的争论，因此我们可以将它们归为不同的福利制度。许多欧盟新成员

国都是转型期经济体，它们的社会保障制度也是如此。采用帕帕塞奥佐卢和佩特梅济道（Petmesidou，2004、2005）在分析不平等和贫困问题时提出的分类方法，将欧盟15国归为四种社会保障体系或福利制度（达法尔莫斯、帕帕塞奥佐卢，2012、2013），它们分别是社会民主型（丹麦、瑞典、芬兰、荷兰）、保守社团型（奥地利、比利时、德国、法国）、自由型（英国、爱尔兰）、南欧型（意大利、西班牙、希腊、葡萄牙）。这一分类标准是基于埃斯平—安德松（Esping - Andersen，1990）的福利制度类型学以及随后关于在南欧国家发展起来的社会保障制度的辩论［莱布弗里德（Leibfried，1992）；费雷拉（Ferrera，1996）］。

如图9.1所示，自20世纪90年代中期以来，在经济危机爆发之前，希腊的相对贫困风险基本保持在20%～22%（有年度可比较数据）。一段时间内的小幅波动并不代表任何明显的趋势。在危机前的一段时期，希腊的相对贫困风险大大高于欧盟15国和欧盟27国相应的平均水平(15%～17%)。

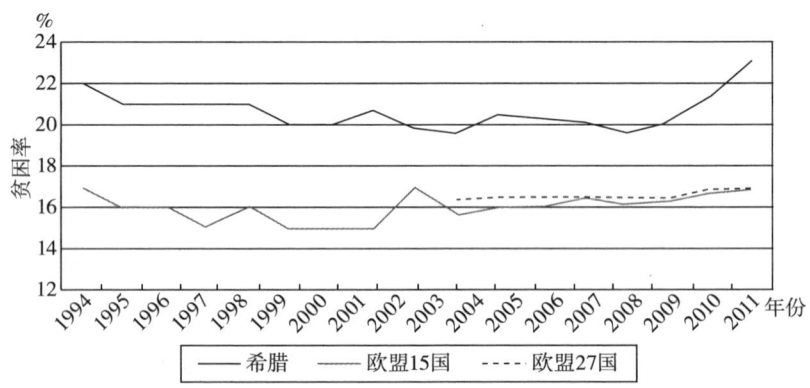

图9.1　1994—2011年希腊和欧盟的贫困率（1995—2012年的调查）
资料来源：根据欧盟统计局的数据估计：http://epp.eurostat.ec.europa.eu。

总体而言，如图9.2所示，1995—2012年（指1994—2011年的收入）希腊的平均贫困率在所有欧盟15国中最高。在此期间，平均20.7%的希腊人生活在贫困线以下。观察到的欧盟15国之间贫困率的差异似乎与这些国家发展起来的社会保障制度相一致。贫困率最低的是斯堪的纳维亚国家，这些国家建立了社会民主福利制度，其特点是提供慷慨且普遍的福利，旨在促进平等，并由重税提供资金。贫困率较低的国家还集中在保守社团型制度下，其特点也是提供相对慷慨的社会福利，并与人们的就业状况挂钩。贫困率最高的是南欧国家和那些已建立自由型社会保障制度的国家（英国、爱尔兰）。自由型制度的特点是不太大方地根据经济状况调查提供福利，且市场在资源配置中具有突出作用。

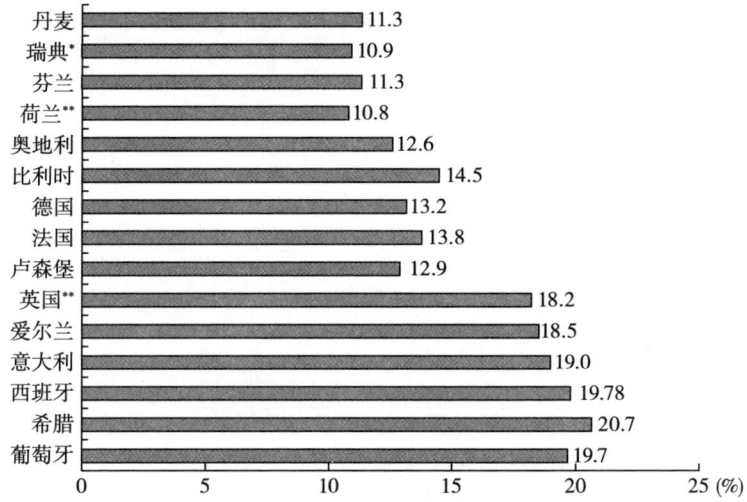

图 9.2　1994—2011 年（1995—2012 年的调查）欧盟 15 国的平均贫困率
（贫困线设定为全国等值可支配收入中位数的 60%）

注：* 为 1997—2011 年；** 为 1994—2010 年。
资料来源：根据欧盟统计局的数据估计：http://epp.eurostat.ec.europa.eu。

上述数据是以国家层面确定的贫困线为基础估计的，换句话说，应用于欧盟各国的不同贫困标准与每个国家的家庭收入水平和分配情况相适应。其他研究表明，根据适用于所有欧盟国家的共同的贫困线进行估算，有助于揭示希腊人与其他欧洲人之间生活水平差异的真实层面（帕帕塞奥佐卢、达法尔莫斯，2010）。图 9.3 提供了欧盟贫困率的可比估计，以希腊贫困线为基础，针对国家间的购买力差异进行了调整。这些估计数据显示出的欧盟国家之间的贫困差异，远大于以国家层面确定的贫困线以及在相关比较中通常使用的贫困线所估算出来的贫困差异。因此，38.2%的希腊人口和54.3%的葡萄牙人口的生活水平与13.3%的最贫穷的丹麦人还有10.5%的最贫穷的荷兰人的生活水平接近。

可以明显看出，即使在危机之前，与其他欧洲人相比，希腊人的生活水平也并不高，这与主流说法不同。此外，那段时期希腊经济的增长率较高，这些发现对经济增长多少会对贫困状况产生影响的传统观念提出了质疑。

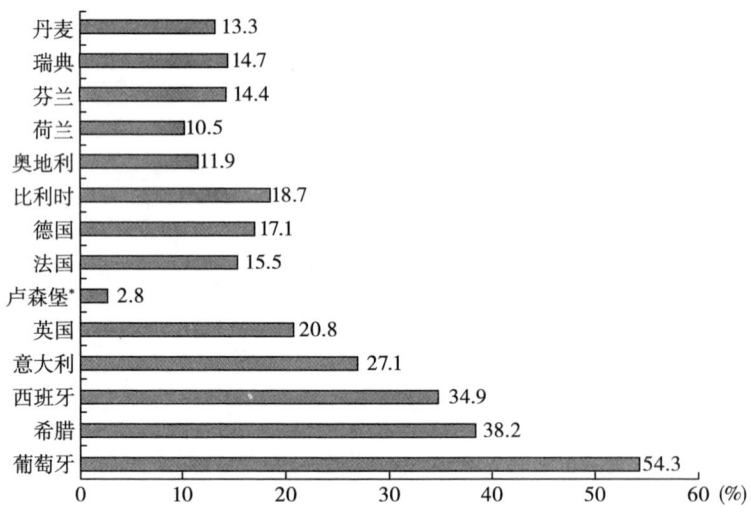

图9.3 基于丹麦的贫困线并根据购买力差异和2009年收入进行调整的欧盟贫困率（贫困线设定为丹麦等值可支配收入中位数的60%）

注：＊2010年收入。
资料来源：www.ineobservatory.gr（基于EU–SILC UDB的估计）。

因此，希腊的高贫困率在危机前是显而易见并且难以忽视的，人们试图在不质疑新古典主义理论的主流假设以及拟议的紧缩措施的情况下对其进行解释。由于收入被认为反映了人们的生产率（或净边际产出），因此这些高贫困率被归因于希腊人比其他欧洲人工作时间少或工作强度小。然而，媒体广泛传播的这一论点有多正确呢？欧盟统计局的官方数据提供了完全不同的结果，希腊人每周工作的平均时间比其他欧洲人多，即使在经济危机爆发之前，希腊人每周从事主要工作的平均时间（全职和兼职）在所有欧盟27国中也是最长的。自2008年以来，一直到2013年的最新估计，希腊人在主要工作岗位上平均每周工作超过42小时。[5]这明显高于欧盟27国和欧盟15国的相应数字，它们分别低于每周38小时和37小时。与其他欧洲人相比，希腊人工作时间更长，却是贫困率最高的国家之一。

如前所述，在主流框架下，缺乏有偿就业是决定贫困和不平等的一个关键因素，于是减少失业被认为是缓解贫困最有效的补救办法。失业者面临的高贫困风险证实了失业与贫困之间的关系。没有人料到失业会与低收入和贫穷相关联。然而，经过对现有数据的仔细研究发现，其他职业类别也有类似的高贫困风险（帕帕塞奥佐卢、达法尔莫斯，2010）。在经济危机爆发之前，希腊的农民或普遍来说在农业部门工作的人群的贫困率似乎比失业者还要高。此外，非全职员工也面临非常高的贫困风险。图9.4着眼于贫困人口的构成，我们注意到58.4%以上的贫困人口来自户主就业家庭；近85%的希腊贫困人口是户主在职或退休家庭中的成员；20个贫困人口中只有1个人生活在户主失业的家庭中。这些数字表明，贫困不仅与失业有关。达法尔莫斯和帕帕塞奥佐卢（2012）的一项比较分析表明，在职贫困人口在总贫困人口的构成中占据了突出位置。欧盟劳动人口的高贫困风险与劳动力市场的较高灵活性有关。社会保障体系的结构似乎对在职贫困率产生了重大影响，可以解释很大一部分国家间的差异。达法尔莫斯和帕帕塞奥佐卢（2013）还采用面板数据探讨了决定不平等和贫困状况的宏观经济及体制因素，他们发现就业的影响在实证上并不具有可靠性。

最后，关于宏观经济因素对不平等和贫困状况的影响的主流论述强调了经济增长的作用。所有人口都将从预期的经济增长中受益的说法有助于实施紧缩措施。削减公共开支和放松对劳动力市场的管制（这已经在很大

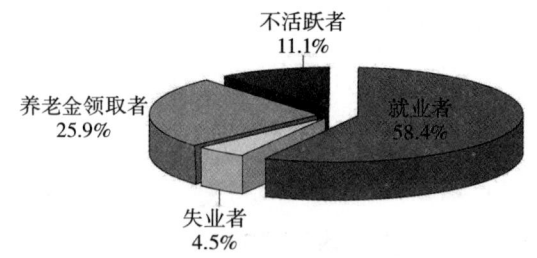

图 9.4 2008 年（2007 年收入）希腊贫困人口所在家庭户主的就业状况
资料来源：帕帕塞奥佐卢和达法尔莫斯（2010）。

程度上影响到低收入人群）被认为是缓解经济危机和促进经济增长的主要补救措施。这些措施是否真的会促进经济增长不在本章的讨论范围之内，本书的其他章节将涵盖这一大主题。我们感兴趣的是经济增长与贫困之间的关系。如本节所述，希腊在危机前的高速增长并没有对削弱贫困产生深刻影响，同时对发达国家的实证研究也并不支持经济增长对贫困具有强烈影响这一说法［布拉迪（Brady，2005）；卡米纳达等（2012）］。达法尔莫斯和帕帕塞奥佐卢（2013）发现，经济增长在欧盟国家内确实影响了不平等和贫困状况，但他们的分析表明，不平等和贫困状况受社会支出的影响极大，更重要的是研究结果显示经济增长的分配作用在很大程度上受到社会保障制度的影响。

就社会保障制度的重要作用而言，如前所述，人们指责希腊的社会开支尤为慷慨，导致了巨额公共债务。然而，官方数据并不支持这一说法。在危机前的大部分时间里，希腊的社会支出占 GDP 的比例大大低于欧盟 15 国和欧盟 27 国的相应数字。[6] 直至 2007 年，希腊与欧盟国家的数字之间的差距才有所缩小。

图 9.5 显示了社会保障制度在决定贫困风险方面的突出作用。欧盟国家之间相对贫困率的差异在很大程度上归因于社会转移支付的影响。与欧盟 15 国的其他国家相比，希腊的社会保障制度在缓解贫困方面毫无作用，这反映了其自身的结构性缺陷和特点。人们普遍认为它是一个高度分散的

体系，提供的服务不完善、不协调，而且两极分化严重，其中家庭在社会关怀方面扮演着至关重要的角色（帕帕塞奥佐卢，2009；佩特梅济道，2006）。就社会转移支付之前的收入而言，希腊的贫困率在欧盟15国中并不属于最高水平行列，甚至在发放养老金之后（但在其他以现金形式进行的社会转移支付之前），希腊也是欧盟15国中贫困率最低的国家之一。因此，正是除养老金外的其他社会转移支付的弱分配效应才导致了希腊的高贫困率。希腊的社会转移支付在养老金方面消耗殆尽，因而其他福利的作用相当有限，到目前为止在所有欧盟国家中对于削弱贫困的分配效应是最弱的。

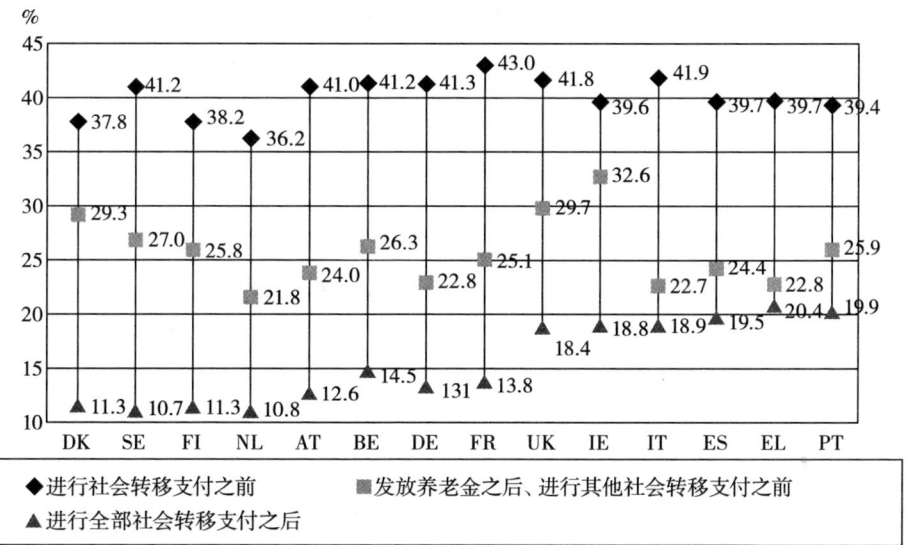

图9.5　1994—2009年（1995—2010年的调查）欧盟15国社会转移支付（以现金形式）前后的贫困率平均值

资料来源：www.ineobservatory.gr（根据欧盟统计局的数据）。

第四节　经济危机和新自由主义解决措施的影响

希腊实施的紧缩方案在其他章节中有所介绍（本书导言）。评估经济危机和稳定政策对贫困和匮乏的影响的障碍是由收集和获得必要数据与估计之间存在的时间差造成的。在撰写本章时，欧盟统计局和希腊统计局最新发布的估计数据是欧盟关于收入和生活条件统计（EU-SILC）2012年的调查数据（是指2011年收入）。就微观数据而言，现有的是2011年的调查数据，所指代的是2010年的收入。此外，自2010年紧缩措施实行以来，经济危机对就业和人民收入的影响变得更加明显，并在随后几年中愈演愈烈。因此，现有数据无法真实反映对贫困和生活水平恶化的影响程度。

经济危机和自2010年以来实施的紧缩措施对贫困状况和生活水平产生了毁灭性影响。根据广泛使用的相对贫困定义（平均等值可支配国民收入的60%），贫困率从2008年的19.7%上升到2011年的23.1%。特别值得注意的是，2010—2011年贫困风险增加。然而，有人认为这一指数并不是衡量生活水平恶化的最适当的指标。如上所述，该指数是按国民收入中位数的百分比计算的，它受到中间收入人群分布变化的影响，因此，尽管2010—2011年贫困线大幅降低，但贫困风险仍有所增加。仅在一年内，一个单一成员家庭的贫困线就从2010年的549欧元降至2011年的476欧元。同期，贫困或社会匮乏的风险从31%上升至34.6%。同样，贫困差距也显著扩大，从2008年的23.4%增加到2011年的29.9%，这意味着贫困人口变得更加贫困，2011年每两个贫困人口中就有1个人的月等值可支配收入低于334欧元。

最能说明生活水平恶化问题的是基于固定时点的贫困线的估计。它以某一特定基准年的贫困线值为基础，经通货膨胀调整后估计贫困风险。图9.6提供了基于2007年（2008年调查）等值可支配收入中位数的60%估算的贫困风险。由图9.6可知，贫困率从2008年的18.9%上升到2011年的35.8%，换言之，2011年超过1/3的希腊人口生活在贫困线以下。值得注意的是，仅一年时间（2010—2011年），生活在2007年贫困线以下人口的比例就增加了11个百分点，而这一年是希腊政府和"三巨头"（欧共体、欧洲央行和国际货币基金组织）签署三方备忘录协议后开始实施紧缩政策的时间。考虑到2012年和2013年的紧缩措施对人民收入的破坏性更大，我们认为，与2011年的数字相比，在随后的几年里，贫困和匮乏情况将更加恶化。

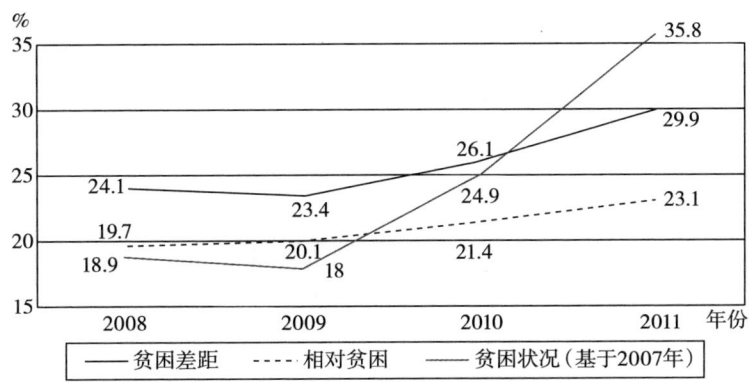

图9.6　2008—2011年（2009—2012年的调查）希腊贫困状况
资料来源：www.ineobervatory.gr（根据欧盟统计局的数据）。

同样，按基尼系数和S80/S20比率衡量的收入不平等现象也在短短一年内明显加剧。[7]这表明，由于危机和紧缩措施的负担分配不均，两极分化更加严峻。中低收入阶层受到的影响最大，因此他们对政府在这一问题上的主张提出了质疑。有数据表明，处于中间分布人群的月等值可支配收入从2010年的915欧元降至2011年的793欧元。

如图9.7所示，物质匮乏的加剧也非常引人注目。物质匮乏衡量的是人们无力负担被认为是维持一定生活水平的必需品和开支的程度。如果个人或家庭无法负担如图9.7所示的9项项目和开支中的3项（含）以上，则被视为物质匮乏。希腊物质匮乏者占总人口的比例从2008年的21.8%上升到2012年的33.7%，一半以上的人口无力负担一周的假期，另外2/5的人报告说，他们在面对意外的财务支出时感到困难，或无力支付抵押贷款、房租、水电费等，而且无法保持家中足够温暖的人口比例也显著增加了。

自2009年以来，失业率迅速上升，对贫困和匮乏状况产生了毁灭性的

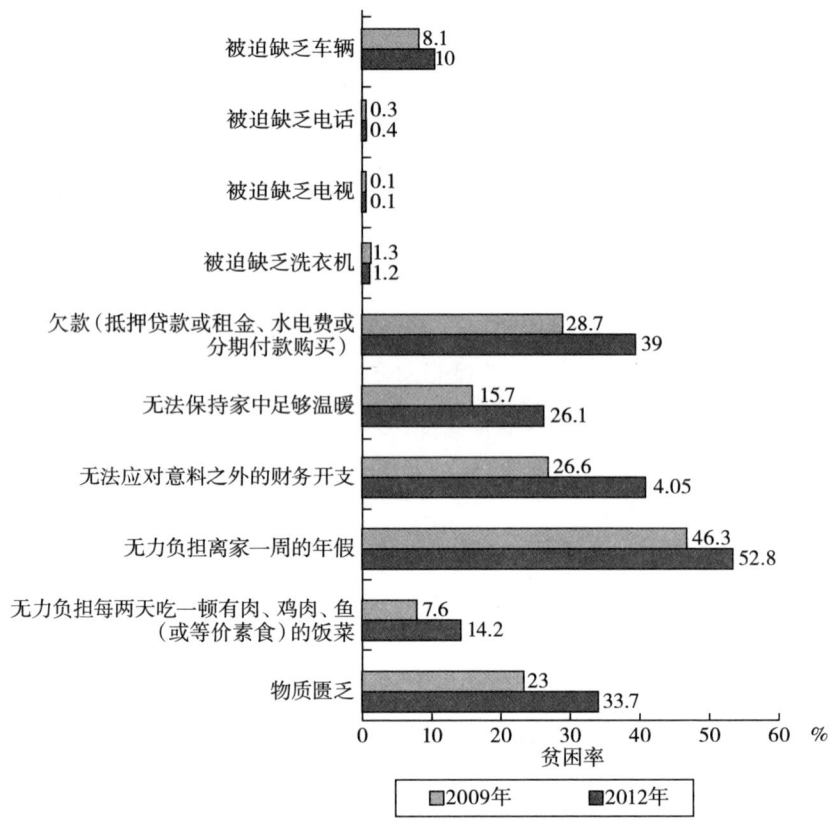

图 9.7　2008—2011 年希腊物质匮乏（%）
资料来源：根据欧盟统计局的数据估计：http://epp.eurostat.ec.europa.eu。

影响。然而，新自由主义减少失业的办法非但未能提高就业率，反而对人们的收入造成了灾难性影响。如上所述，在希腊有一份工作并不能保证摆脱贫困，即使在危机爆发之前，最大一部分的贫困人口也是生活在以就业者为户主的家庭中。仅仅一年时间，在职贫困风险就从 11.9%（2010 年）上升到 15.1%（2011 年），这主要反映了紧缩政策对劳动力市场的影响，这些政策就是放松对劳动力市场的管制，放弃集体谈判，降低最低工资和薪金，增加劳动的灵活性，特别是增加非全日制合同。此外，对于许多雇员（特别是年轻人）来说，全职工作的最低净月工资已降至该国 2010 年单身人士的相对贫困线以下。

人们可能预计在危机期间希腊的社会保障制度会得到加强,以保护人们免受日益增加的贫困和匮乏风险,但这一实践会与新自由主义对于组织和管理社会的主流观点背道而驰。现实是紧缩和稳定措施已经损害了福利权利,使本就相当薄弱的希腊社会保障体系更加糟糕(佩特梅济道,2011、2013)。例如,养老金收入(当前和未来)和社会援助福利已大大减少,社会服务也被大幅削减;由一般税收为其提供资金的每月360欧元的基本养老金远低于该国2011年的单身贫困线,请注意,这个数额不是固定的,还可能进一步降低;失业救济金的水平也远低于国家的贫困线。实证表明,希腊的高贫困率主要归因于其社会保障制度在分配方面的薄弱作用(达法尔莫斯、帕帕塞奥佐卢,2012、2013;帕帕塞奥佐卢、达法尔莫斯,2010)。新自由主义的解决方案通过将社会保障制度转变为自由型(自由型制度在减贫方面表现不佳)同时进一步缩减社会转移支付,从而更加削弱了社会保障体系的分配作用。这些措施将对贫困和匮乏状况产生更大程度上的破坏性影响。

需要注意的是,上述估计指的是在当前经济危机对人民收入产生重大影响之前的一段时期。经济危机对希腊贫困和匮乏状况的影响不仅限于失业率的大幅上升和GDP的缩减。新自由主义的应对措施也将对贫困产生重要影响,这些措施包括加强财政纪律、减少公共开支,特别是社会保障方面的开支,以及放松对劳动力市场的管制。

第五节 结论

当前的全球经济危机对贫困和匮乏状况产生了明显的负面影响。在媒体的协助下,这场危机在主流言论中被表述为是对新自由主义观点的有力支持,而不是对组织和管理经济的主流范式的有力挑战。扎根于新古典经济学,这场危机被认为是"属于"每个国家个体的问题,而不是资本主义经济特有的问题。希腊危机被认为是一个个别事件,对此希腊应该受到指责,而并不是全球经济危机的一部分。此外,社会保障和相关支出被视作导致巨额公共债务和经济危机的主要恶魔,这种立场增加了人们对政府支出的敌意,特别是在社会政策方面,政府支出被当作问题的一部分。这带来的主要后果之一便是对进一步减少社会支出和改变社会保障制度施加巨大压力,以更好地适应新自由主义经济管理模式。紧缩措施下提出的新自由主义解决方案是加强财政纪律、减少公共开支和放松对劳动力市场的管制。同样,关于收入不平等和贫困的主流观念也植根于新古典主义的主要假设:一个由个人组成的社会,其收入主要通过参与劳动市场获得。收入在很大程度上取决于个人特征和选择,而不是宏观经济因素。拟议的扶贫措施仅限于帮助人们提高技能和就业能力(通过教育和培训)以进入劳动力市场。同时考虑到失业是结构性的,建议将放松对劳动力市场的管制作为减少失业的主要举措。

分析表明,这些观点在实证上并不可靠。证据还表明,经济危机,更重要的是新自由主义的解决方案在短短一年内就极大地加剧了希腊的贫困、匮乏和收入差距。这些估计指的是当前经济危机和紧缩措施对人民收入影响较小的时期。鉴于这些新自由主义补救措施对宏观经济环境的影响,预计它们将对人们的收入产生更严重的破坏性影响,并将主要作用于中低收入阶层的人群,这一人群的消费率最高,对总需求和增长具有深刻影响。

注释

1. 从理论上讲,库兹涅茨(1955)关于倒"U"形曲线的假设受到了许多研究的质疑[布吉尼翁,1990;奥尔德森、尼尔森(Alderson & Nielsen, 2002)],但得到了其他研究的支持[阿吉翁等,1999;卡塞利、文图拉(Caselli & Ventura, 2000)]。

2. 实证并不支持个人特征可能对人民收入产生决定性影响的观点。通过对欧盟国家内各人口群体的不平等状况进行解析后发现，这些理论中广泛使用的特征没有一个可以在很大程度上单独解释整体收入差距（帕帕塞奥佐卢、佩特梅济道，2005；帕帕塞奥佐卢、达法尔莫斯，2010）。

3. 这并不意味着这一贫困指数优于文献中提出的其他替代指数［阿尔科克（Alcock，1993）；戈登等，2000］，相反，这是一个任意选择的指数，缺乏强有力的理论基础（帕帕塞奥佐卢，2008；帕帕塞奥佐卢、达法尔莫斯，2010）。之所以选择这个特殊的贫困指数，是因为它很容易用现有的数据进行估算，而且官方统计和该领域的若干研究都广泛使用这个指数，使结果具有可比性。

4. 修正的经合组织等值量表将家庭第一位成员的权重定为1.0，每增加一名成年成员的权重为0.5，每名儿童的权重为0.3。

5. 见 http：//epp. eurostat. ec. europa. eu。

6. 1995年希腊和欧盟15国社会支出占GDP的比例分别为19.9%和27.4%（http：//epp. eurostat. ec. europa. eu）。

7. S80/S20是收入最高的20%的人口与收入最低的20%的人口的总收入之比。

参考文献

［1］Aghion P, Caroli E, Garcia – Penalosa C. (1999), "Inequality and economic growth:The perspective of the new growth theories", *Journal of Economic Literature* 37(4).

［2］Alcock P. (1993), *Understanding Poverty*, London：Macmillan.

［3］Alderson A, Nielsen F. (2002), "Globalization and the great U – turn:Income inequality trends in 16 OECD countries", *American Journal of Sociology* 107(5).

［4］Atkinson A B (1998), *Poverty in Europe*, Oxford：Blackwell.

［5］Atkinson A B, Bourguignon F. (2000), "Income distribution and economics", in Atkinson A B, Bourguignon F. (eds), *Handbook of Income Distribution*, Vol. 1, Amsterdam: Elsevier.

［6］Becker G. (1993), *Human Capital: A Theoretical and Empirical Analysis, with Special Reference to Education*, 3rd edition, Chicago, IL: University of Chicago Press.

［7］Bourguignon F. (1990), "Growth and inequality in the dual model of development: The role of demand factors", *Review of Economic Studies* 57(2).

［8］Brady D. (2005), "The welfare state and relative poverty in rich western democracies", *Social Forces* 83(4).

［9］Caminada K, Goudswaard K, Koster F. (2012), "Social income transfers and poverty: A cross country analysis of OECD countries", *International Journal of Social Welfare* 21(2).

［10］Caselli F, Ventura J. (2000), "A representative consumer theory of distribution", *American Economic Review* 90(4).

［11］Dafermos Y, Papatheodorou C. (2012), "Working poor, labour market and social protection in the EU: A comparative perspective", *International Journal of Management Concepts and Philosophy* 6(1/2).

［12］Dafermos Y, Papatheodorou C. (2013), "What drives inequality and poverty in the EU? Exploring the impact of macroeconomic and institutional factors", *International Review of Applied Economics* 27(1).

［13］Esping-Andersen G. (1990), *The Three Worlds of Welfare Capitalism*, Oxford: Policy Press.

［14］Ferrera M. (1996), "The 'southern model' of welfare in social Europe", *Journal of European Social Policy* 6(1).

［15］Gordon D, Pantazis C, Townsend P. (2000), "Absolute and overall poverty: A European history and proposal for measurement", in Gordon D, Townsend P. (eds), *Breadline Europe: The Measurement of Poverty*, Bristol: Policy Press.

[16] Kuznets S. (1955), "Economic growth and income inequality", *American Economic Review* 45(1).

[17] Leibfried S. (1992), "Towards a European welfare state? On integrating poverty regimes into the European community", in Ferge Z, Kolberg J – E (eds), *Social Policy in a Changing Europe*, Frankfurt am Main: European Centre for Social Welfare Policy and Research.

[18] Levitas R. (1996), "The concept of social exclusion and the new Durkheimian hegemony", *Critical Social Policy* 16(1).

[19] Levitas R. (2000), "What is social exclusion?" in Gordon D, Townsend P (eds), *Breadline Europe: The Measurement of Poverty*, Bristol: Policy Press.

[20] Mincer J. (1958), "Investment in human capital and personal income distribution", *Journal of Political Economy* 66(4).

[21] Papatheodorou C. (2004), "Conceptual and methodological issues in measuring inequality: What is the impact of alternative assumptions and interpretations", in Petmesidou M, Papatheodorou C (eds), *Poverty and Social Exclusion*, Athens: Exantas [in Greek].

[22] Patheodorou C. (2008), "The public debate on poverty in Greece and the legitimization of dominant national and supranational policies", in Agelidis M, Sakkas D, Gravaris D (eds), *Social Theory and Political Responsibility*, Athens: Gutenberg [in Greek].

[23] Papatheodorou C. (2009), "Inequalities and deficiencies in social protection: the welfare system of Greece", in Schubert K, Hegelich S, Bazant U

(eds), *The Handbook of European Welfare Systems*, London/Oxford: Routledge.

[24] Patheodorou C, Dafermos Y. (2010), *Structure and Trends in Economic Inequality and Poverty in Greece and EU*, 1995 – 2008, Observatory of Economic and Social Developments, Labour Institute, Greek General Confederation of Labour, Athens: INEGSEE [in Greek].

[25] Papatheodorou C, Petmesidou M. (2004), "Inequality, poverty and redistribution through social transfers: Greece in comparative perspective", in Petmesidou M, Papatheodorou C (eds), *Poverty and Social Exclusion*, Athens: Exantas [in Greek].

[26] Papatheodorou C, Petmesidou M. (2005), "Inequality, redistribution and welfare regimes: Comparing Greece to other EU countries", in Argitis G (ed.), *Economic Changes and Social Oppositions in Greece: The Challenges at the Beginning of* 21st *Century*, Athens: Tipothito, Yorgos – Dardanos [in Greek].

[27] Papatheodorou C, Sakellaropoulos S, Yeros P. (2012), "Greece at a crossroad: Crisis and radicalization in the Southern European semi – periphery", *MRZine*, 30 May.

[28] Petmesidou M. (2006), "Tracking social protection: Origins, path peculiarity, impasses and prospects", in Petmesidou M, Mossialos E (eds), *Social Policy Developments in Greece*, Aldersot: Ashgate.

[29] Petmesidou M. (2011), "Is the EU – IMF 'rescue plan" dealing a blow to the Greek welfare state?" *CROP Poverty Brief* 4, www.crop.org/viewfile.aspx? id = 225.

[30] Petmesidou M. (2013), "Crisis and austerity: A painful watershed for the Greek welfare state", *Politica Insight*, 8 November.

[31] Taubman P. (1978), *Income Distribution and Redistribution*, Reading: Addison – Wesley.

第十章
危机前后希腊就业与失业状况的比较研究

亚历克西斯·约安尼季斯

第一节 引言

希腊资本主义危机和随后"三巨头"的经济调整方案对希腊的劳动力市场产生了前所未有的影响。就马克思主义政治经济学而言,只有通过资本的大幅贬值并重振与利润率下降趋势相抗衡的力量,才能克服过度积累的危机(由利润率下降趋势造成的)。而要振兴与该下降趋势相抗衡的力量,最重要的是提高剥削率(剩余价值率),剩余价值率可以通过延长无偿劳动时间和降低劳动力价值来提高。这两个要素都是"备忘录"战略(由希腊资本主义和处于支配地位的欧盟帝国主义政权共同选择的经济调整方案所组织的资本主义结构调整类型)中未声明但必不可少的部分。

"备忘录"战略认为,希腊危机的一个关键方面是其竞争力较差(本书第一章),而高工资增长却被无端指责为造成这一问题的罪魁祸首。而后有人认为,由于希腊是欧洲货币联盟的一部分,它无法通过货币贬值来挽回其竞争力的下降(因为它没有自己的货币),因而不得不诉诸"内在贬值"。这是一种委婉的,甚至是用词上的自相矛盾,它表示工资的大幅下降,它与劳动力市场普遍放松管制以及劳资关系的畸形恶化有关。这一战略能够成功的最有力工具是失业和就业不足的急剧增加，它们壮大了对工人阶级具有"威慑"作用的后备劳动力队伍，由于担心失业，工人们不得不接受更低的工资、更长的无偿工作时间和更差的工作条件。因此，尽管官方就居高不下的失业率问题发表了看法，但该问题始终是他们战略中的一个有意识的因素。

"备忘录"战略的实施已经对工人阶级产生了可怕的影响。工人们花了几十年时间并且做了许多牺牲才实现的权利遭到了攻击和削减。在公共部门，首次出现了大规模裁员、增加工作时间、大幅削减20%~40%的名义工资的现象。在私营部门，我们看到集体解雇的补贴更容易发放，解雇的遣散费锐减，鼓励灵活的工作时间安排和非典型就业，进一步降低（已经过低的）最低工资，减少失业救济金并取消几乎所有其他的工人福利。对工会的打击还包括削弱集体谈判力量并缩减集体协议的覆盖范围；通过立法普及公司层面的集体协议（相较于部门级协议和一般协议而言）；不仅向工会而且向任何非正式雇员群体均授予签署集体协议的权利。这些措施导致私营部门的名义工资也迅速下降［INE – GSEE（2013）］。

主流论调认为，劳动力市场改革将重新建立劳动力市场的平衡。工资将调整到边际生产率水平，这最终就算不会完全消除失业也会使其减少。根据主流经济学观点，这些劳动力市场改革将恢复劳动力市场的正常运作，使工人在其自由意志和最大限度的行为下可以选择他们愿意工作的时间并接受给定的工资，从而实现劳动力市场的平衡、减少失业。

主流的口号是资本无情的结构调整战略在意识形态上的无力伪装。正如我们利用欧盟统计局劳动力调查（LFS）的数据想要表明的那样，在当代希腊，并没有多少自由意志留给工人来指导他们的行动，而是对失业和生活水平迅速恶化的纯粹恐惧加上工会的软弱无力在对他们发号施令。对工作时间、全职和兼职就业以及无偿加班等状况的审查对新古典主义关于劳动力市场功能的解释提出了质疑，同时验证了马克思主义的解释。此外,采用温和的方法对实际失业率进行估计,证实了希腊工人阶级的状况比表面看起来要糟糕得多。

下一节将概述希腊劳动力市场的情况,重点放在就业和失业问题上。在第三节中,利用欧盟统计局的劳动力调查数据估计实际失业水平。有关工作时间和加班的情况将在第四节、第五节中进行分析。所有的估计都是基于我们对截至 2011 年的现有欧盟统计局劳动力调查微观数据的处理。最后一节是结论。

第二节　希腊劳动力市场概述

2009 年后 GDP 快速下滑,导致 2009—2012 年就业人数大幅减少 16.5%（见表 10.1）。欧洲统计局的数据显示,2013 年这种下滑的趋势仍在继续。[1]与此类似的是 15~64 岁年龄段人口就业率的下降,而参与经济活动的人口和活动率几乎保持稳定。这就造成了失业率的爆炸式增长,从 2009 年的 9.5% 上升到 2012 年的 24.3%,2013 年 10 月又上升到 27.3%。[2]更糟糕的是,这个可怕的数字其实低估了希腊的实际失业率。正如我们欲将在下文中证明的那样,2011 年的失业率至少还要高出 4.4%,而 2011 年是可获取欧盟统计局劳动力调查微观数据的最后一年。

表 10.1　劳动力市场统计数字概览

	2009 年	2011 年	2012 年
总就业人数	4 508 662	4 090 711	3 763 000
失业人数	471 107	876 891	1 204 000
劳动力人数	4 979 769	4 967 602	4 967 000
失业率	9.5%	17.7%	24.3%
就业率（15~64 岁）	61.2%	55.6%	51.3%
经济活动参与率（15~64 岁）	67.8%	67.7%	67.9%

资料来源:使用欧盟统计局劳动力调查微观数据和（2012 年）欧盟统计局统计数据库进行的估算。

虽然劳动力总数只显示出小幅下降，但如果将男性和女性分开调查，结果则相去甚远。在分类的情况下，可以观察到男性的参与率大幅下降，而女性的参与率大幅上升（见表10.2）。从男女之间的差异可以看出，工人的泄气程度和新增劳动力之间的对抗十分明显，这将在下文进行考察。

另一个有趣的事实是，男女之间存在的失业率差距趋于缩小。如表10.2所示，男性失业率增加了1倍多，而女性失业率只增加了约60%。必须注意的是，这一令人印象深刻的增长仅限于2009—2011年，根据欧统局的新闻报道，2012年和2013年的情况则要糟糕得多。对男女产生这种不对称影响的主要原因是危机对各经济部门（尤其是建筑业等以男性为主的部门）造成的冲击不均衡，而不是危机期间出现的某种性别平等趋势。

特别重要的是失业对不同年龄阶段人群的影响。正如可以预料的那样，年轻人受到的冲击最为严重，2011年青年失业率攀升了44%以上。有趣的是，每个年龄阶段人群的失业率都有类似的增长，尽管事实上年轻人的失业率在危机之前就已经很高了。

表10.2 按性别划分的主要劳动力统计数据

就业状况	2009年	2011年	变动率（%）
就业者	4 508 662	4 090 711	-9.3
男性	2 717 790	2 441 485	-10.2
女性	1 790 872	1 649 226	-7.9
失业者	471 107（9.5%）	876 891（17.7%）	86.1
男性	199 997（6.9%）	428 896（14.9%）	114.5
女性	271 110（13.1%）	447 995（21.4%）	65.2
长期失业者	192 396（3.9%）	434 685（8.6%）	125.9
男性	68 856（2.4%）	192 971（6.7%）	180.3
女性	123 540（6.0%）	241 714（11.5%）	95.7
劳动力（参与率）*	4 979 769（67.8%）	4 967 602（67.7%）	-0.2
男性（参与率）	2 917 787（79.0%）	2 870 381（77.7%）	-1.6
女性（参与率）	2 061 982（56.5%）	2 097 221（57.5%）	1.7
不活跃者（隐形劳动力）	4 287 659	4 374 279	2.0

续表

就业状况	2009 年	2011 年	变动率（%）
男性	1 602 930	1 691 203	5.5
女性	2 684 729	2 683 076	-0.1
0~14 岁人口	1 571 176	1 583 204	0.8
男性	809 374	815 858	0.8
女性	761 802	767 346	0.7
总人口	10 838 604	10 925 085	0.8

注：＊为 15~64 岁劳动力参与率。
资料来源：使用欧盟统计局劳动力调查微观数据进行的估算。

第三节 隐性失业率与实际失业率

尽管过去几年希腊官方公布的失业率已经非常高，但是实际失业率甚至更高，这既有适用于大多数国家的普遍原因，也有针对希腊经济特别是希腊劳动力市场的具体原因。

一方面，工人因失业率居高不下以及长期失业的影响而灰心丧气，这被称为"灰心丧气的工人效应"[卡于克、齐尔伯格（Cahuc & Zylberberg, 2004）]。正如我们所知，欧盟统计局劳动力调查和一般按照国际劳工组织（ILO）标准进行的统计调查中包括一个先决条件，即失业者必须不断寻找工作，才能被登记为失业者。这种方法受到了正当的指责，因为它没有把那些由于长期失业和高失业率而灰心丧气、不再积极寻找工作的人算作失业者（尽管他们仍然愿意接受工作，而且当经济再次增长时，他们很可能会去工作）。宏观经济研究也指出了这种隐性劳动力的存在，这在商业周期模型中很常见[3]。尽管关于是否应该将灰心丧气的工人加入失业者中的争论由来已久，但我们的论点（在此不作进一步论证）是应该加入，因此我们将尝试对他们进行估计。

另一方面，危机期间也会出现相反的效果。一些以前没有工作或不想工作的人现在加入了劳动力队伍，因为在他们的家庭中有人失去了工作，或遭受了收入损失［附加的工人效应，伦德伯格（Lundberg，1985）］。大多数相关文献都认为第一种效应较强，这意味着灰心丧气的情绪占上风，失业率的上升与劳动力参与率呈负相关。

另有估计称，失业率每增加1%，就会导致青年劳动力减少2%，老年劳动力减少到低于0.5%［迪弗雷特斯（DeFreitas，1986）］。就希腊的情况而言，如果采用这种估计方法将会导致劳动力大幅减少（与其他可能存在的估计方法相比），因此，我们将采用一种更为温和的方法来估计因危机而减少的劳动力。

通过对劳动者中男性和女性参与情况的考察，可以得出第一个近似的估计。从表10.2可以看出，在15～64岁的总人口中男性劳动力的参与率下降了1.3%，根据这个数字可以粗略地估计出在男性劳动者中灰心丧气的人数和新增人数之间的差异。因此，1.3%可以作为男性劳动力受危机负面影响的最低程度的近似值。可以假定，女性的灰心丧气程度至少也在同一水平，因为这是一个适度的估计，而且女性的长期失业率要高得多。这意味着在这2年里，至少有8万人加入灰心丧气的工人行列，这个数字比欧盟统计局劳动力调查估计的要大得多（尤其是通过衡量愿意工作但不积极找工作的人数这一变量来进行的估计）。使用欧盟统计局劳动力调查微观数据进行估计，2009年这一类别的人数为103 687人，2011年仅增加至112 535人。这清楚地表明，欧统局劳动力调查统计的变量明显低估了灰心丧气的工人人数，其中一个原因可能是灰心丧气的劳动者很难表现出自己已经放弃努力，变得消极。

表10.3 各年龄段人口失业情况

年龄组	2009年			2011年		
	就业人口	失业人口	失业率（%）	就业人口	失业人口	失业率（%）
15～24岁	257 001	89 271	25.8	176 716	141 132	44.4
25～34岁	1 187 370	168 526	12.4	988 116	320 073	24.5
35～44岁	133 1248	112 532	7.8	1 270 639	216 195	14.5

续表

年龄组	2009 年			2011 年		
	就业人口	失业人口	失业率（％）	就业人口	失业人口	失业率（％）
45～54 岁	1 093 502	73 406	6.3	1 051 886	148 408	12.4
55～64 岁	554 091	26 645	4.6	529 233	49 115	8.5
＞65 岁	85 451	727	0.8	74 120	1968	2.6
总人口	4 508 663	471 107	9.5	4 090 710	876 891	17.7

甚至是根据这一被低估的数字，也有 2.3% 的劳动力未被计算在内，甚至在调整了增加的劳动力之后，依然会导致额外的 2.2% 的失业率（见表 10.5）。

隐性失业的另一个来源是劳动力的就业不足。对于雇员来说，就业不足的表现形式是工作时间少于他们所期望的工作时间，或者虽然他们希望从事全职工作，但却只能找到兼职工作。还有一种情况是，所在的工作岗位要求资历较低，在这种情况下，工人的技能没有得到充分利用，这种情况在受过高等教育的希腊青年中非常普遍，但由于我们关注的是失业的人数，这里对其不作研究。

对于自营职业者来说，就业不足的表现形式还包括由于客户稀少而导致的工作时间缩短，或者进行获取报酬概率极低的工作活动，只是将其作为增加潜在客户的一种手段。

必须注意到，希腊自营职业者的数量和在就业总人数中的占比非常高，这一事实反映了希腊经济的一些基本结构特点。自营职业类别包含具有相当多样化特征的人员和工作，他们中的许多人都聚集在初级产业部门，在该部门中小产权不允许建立雇佣有偿劳动力的大农场。但大多数自营职业者都在 G 和 M 部门中，[4] 其中包括医生、工程师、建筑师、会计师或财务顾问、律师、没有雇员的小商店老板，甚至在私立学校工作的中学教授。2011 年，他们占劳动力的 31%，这是一个相当大的份额。他们长期存在的一个原因是，在希腊经济的许多部门中缺乏可以让他们在那里就业的大企业。这一事实使得许多科学家和其他专业人士不可避免地成为自营职业者以便找到工作,并获得医疗保险和养老金。过去几年,另一种现象也增加了希腊自营职业者的数量。一些部门(主要是服务部门)的雇主倾向于迫使其雇员转为自营职业者,并继续从事以前的工作,这样他们就可以避免缴纳保险税,将缴税义务转移给工人,这也是当代希腊降低工资的另一种方法。尽管某些经济活动领域(如涵盖专业、科学和技术活动的 M 领域)出现了危机,但上述事实仍然引起了自营职业的增加。这种做法虽不合法,但当局依然容忍。

在欧盟统计局劳动力调查的帮助下,可以估计就业不足的情况。在表 10.7 中,我们可以看到希望从事全职工作但未能找到全职工作的非全职工人的数量。很明显,大多数兼职者都希望找到一份全职工作,而且随着危机的到来,这个数字还在增加。这个统计数字可以用来估计兼职者的失业程度。但是,欧盟统计局劳动力调查为我们提供了另一个统计指标,它用于衡量每个人所期望的工作时间,这允许我们在期望和实际或通常的工作时间之间进行比较。通过这一变量不仅可以估计非全职工人,而且可以估计全职工人的就业不足情况,因为他们中的许多人可能还希望工作更长的时间。[5]同样的变量也可用于估计自营职业者和家庭工作者的就业不足情况。比较结果如表 10.4 所示。据估计,就业不足的影响相当于比官方统计的失业人数多出约 14 万人。

表 10.4 就业不足估计

年份	雇佣关系								
	自营职业者			雇员			家庭工作者		
	增加小时数(平均)	人数	相当于全职工人数	增加小时数(平均)	人数	相当于全职工人数	增加小时数(平均)	人数	相当于全职工人数
2009	16.96	35 636	15 110	17.38	150 343	65 324	18.08	8372	3784
2011	17.64	75 468	33 281	16.56	237 420	98 292	18.83	17 584	8278

资料来源:使用欧盟统计局劳动力调查微观数据进行的估算。

必须注意，这一统计数字似乎严重低估了就业不足对于自营职业者的影响。从表10.7中可以看出，雇员人数减少了近9%，而自营职业者减少了不到6%。由于希腊大多数自营职业者都没有工作人员，而且其从事的工作和报酬与工人的类似，因此，这种减少率上的差异令人相当惊讶。对此主要的解释是，许多自营职业者即使赚不到足够的钱，也不能轻易退出经营，因为他们不仅会失去自己和家人的医疗保障，还会失去年老时领取养老金的权利。这是由于他们属于单独的养老基金，无论是否工作，都有义务向基金缴费，否则就会失去所有领取养老金的权利。因此，即使他们没有客户或已经关张，但仍以自营职业者的身份留下来正式缴纳保险费的情况非常普遍。如果我们假设自营职业者的减少与雇员人数的减少相类似，那么我们就可以为成千上万由于就业不足而实际上失业的自营职业者说话，这些人没有被计入官方统计数据中。尽管如此，我们目前仍将采用根据欧盟统计局劳动力调查微观数据估算的数字，即使如前所述，它严重低估了自营职业者中就业不足的影响。表10.4也列出了这一估计结果。

即使仅使用对就业不足和隐性劳动力的适度估计（正如所讨论的那样会导致对就业不足状况的低估），失业率仍有显著上升。据表10.5中的估计，2011年失业率从官方给出的17.7%上升到"实际"的22.1%，增加了4.4%。

遗憾的是，2012年的微观数据尚未公布。但我们可以预测，4.4%的隐性失业率肯定会扩大，如果2012年这一数字增加到24.3%，或2013年10月增加到27.3%，就可以得出结论，希腊的总失业人数已经超过了希腊劳动力的1/3，而这仍然是一个乐观的估计。这已经导致2009—2013年实际单位劳动成本下降了13.8%（AMECO），而这似乎只是希腊劳动力价值贬损过程的开始。

表 10.5 实际失业率估计

2011 年	人数	比率
劳动力（LFS）	4 967 602	—
调整后的劳动力	5 107 453	—
官方公布的失业者	876 891	17.2%（17.7%）
灰心丧气者	112 535	2.2%
就业不足	139 851	2.7%
总失业估计	1 129 277	22.1%

资料来源：使用欧盟统计局劳动力调查微观数据进行的估算。

第四节 工作时间维度

劳动力供给的第二个定量维度是工作时间。根据新古典主义的方法，工作时间是由工人的偏好决定的（供给决定的），因为企业迟早会被迫按照雇员的意愿调整工作时间，否则就会蒙受损失。根据马克思主义和其他非主流方法，工作时间是通过复杂的阶级斗争过程在社会上决定的。资本受益于工作时间的延长，而工人受益于工作时间的缩短。然而，这一论点只有在社会演变的历史框架的更广范围内有效（高度抽象），因为只有在这一历史视角下，工作时间才能与工资和劳动力的价值相分离。

相反，在危机的狭窄时限内，雇员的总报酬在大多数情况下取决于他们的工作时间。在工资率下降的时期（特别是在当代希腊），人们注意到，工人希望增加他们的工作时间，以尽量减少所蒙受的工资损失，并试图保持其生活水平不变（收入效应占主导地位）。工人的意愿与其雇主暂时缩短他们工作时间的倾向形成了鲜明的对比，这是应对消费者需求迅速减少的手段之一。这就是为什么如希腊的数据所示，在危机爆发前人们期望的工作时间比通常的工作时间短，而在危机期间则正相反的原因。[6]

至于希腊雇员的正常工作时间，已经从 2009 年的每周 39.5 小时减少到 2011 年的每周 39 小时。[7]考虑到危机的严重程度，这一减少幅度相对较小。这场危机不仅导致希腊许多企业每周的工作小时数迅速减少,而且还导致每周的工作天数也在减少。而只有当我们充分考虑到过去几年在希腊观察到的一个相反的现象——工作时间延长的趋势时,才能解释这种令人诧异的工作时间的小幅减少。这种趋势不仅在希腊出现过,在其他国家(如美国和英国)也有发生［布卢斯通、罗斯(Bluestone & Rose, 2000);约安尼季斯、马夫鲁迪斯,2007;朔尔,1991］。

这种长期增加工作时间的趋势缓和了危机造成的工作时间的减少。我们认为,危机只会暂时缩短工作时间,最终还是导致工作时间比危机前有所增加,加强而不是削弱之前多年活跃的增加趋势。这是因为增加工作时间是资本通过榨取绝对剩余价值来扭转利润率下降的一种手段,这次危机更加强化了资本的这种需要。另外,这场危机和高失业率削弱了工人阶级抵御工作时间延长压力的能力。正如我们看到的,在个人层面,有许多工人已经开始希望通过增加工作时间(即使部分时间是无偿的)来弥补收入上的损失。因此,当第一波危机结束,企业将资本调整到一个新的较低的水平时,临时的工作分配政策(出于社会、生产或法律原因,短期内更倾向于这种政策)将被更少的工作岗位和更长的工作时间所取代。我们的估计是,来自被雇主要求增长工作时间的压力并没有减轻,而是隐藏于在危机第一个严峻阶段所采取的工作分配政策之下。

这一结论得到了对有偿和无偿加班演变的考察结果的支持。在过去几年中,许多作者强调并研究了无偿加班的发生率［安格尔(Anger, 2008);贝尔、哈特(Bell & Hart, 1999);潘嫩贝格,2005］,其中一个原因当然是它越来越重要,因为在许多发达国家,无偿加班时间已经超过了有偿加班时间。人们对于这种"奇怪"的现象给出了各种解释。新古典主义近乎荒谬地认为,其实无偿加班并不是真正的无偿,而是以不同的方式进行支付,比如未来的晋升机会以及递延薪酬。马克思主义政治经济学则比较现实地认为,无偿加班清楚地表明在没有相应工资增长的情况下,给员工施加了延长工作时间的压力。无偿加班时间增加的趋势与绝对剩余价值提取和观察到的总工作时间同步增加的解释是一致的。

希腊在危机前几年也存在着无偿加班的现象。正如约安尼季斯等（2014）所言，在希腊无偿加班对于工会或法律覆盖率较低的弱势工人群体来说影响更为剧烈。因此，有强有力的证据表明希腊的无偿加班并非工人们的自愿行为，而是他们相对于雇主来说处于弱势地位的结果。根据这一解释，预计无偿加班与有偿加班相比，其相对地位应会有所扩大，尽管两者都存在着下降的可能性（因为严重的危机使总的工作时间不断减少）。希腊的事实支持这种解释。如表10.6所示，由于需求萎缩、总工作时间缩短，带薪加班有所减少，这是意料之中的。

表10.6 有偿加班和无偿加班

	有偿加班		无偿加班	
	2009年	2011年	2009年	2011年
雇员人数（占就业总人数百分比）	117 193 (4.0%)	78 350 (3.0%)	96 776 (3.3%)	94 276 (3.6%)
每周加班时长（平均值）	7.88	7.93	5.86	6.50
就业总人口每周加班时长（平均值）	0.32	0.24	0.20	0.24

资料来源：使用欧盟统计局劳动力调查微观数据进行的估算。

另外，不仅无偿加班与有偿加班相比其相对时长增加了，而且无偿加班的绝对时长也增加了近20%，而这是在工作时间普遍减少的时期发生的。即使没有证据，这也表明劳动者正在面临越来越大的压力。如上所述，他们并不是出于自己的意愿，而是对于雇主在数量庞大的劳动力后备军的支持下对其施加的与日俱增的压力所做出的反应。这一事实也清楚地表明了马克思主义对工作时间决定过程和劳动力市场功能的解释相对于新古典主义神话具有解释上的优越性。

第五节　兼职和临时工作合同

如表 10.7 所示，2009—2011 年兼职工人增加了 1%，单凭这一点并不值得注意，因为希腊是欧洲兼职工人比例最低的国家之一，真正重要的是希望从事全职工作却找不到全职工作的那部分兼职员工，这一比例在危机爆发前就已经很高了（66.4%），而两年后该比例甚至更高（74.8%），同时自营职业者的比例也有类似的增长。尽管人们普遍指责希腊劳动力市场太过僵化，以至于兼职工作无法蓬勃发展，但很明显它的发展程度已经超出了工人们的意愿。而对于那些没能完全满足工人们意愿的雇主来说，法律僵化或工会矛盾之类的借口根本不成立，因为众所周知，希腊的劳动法有利于全职工作，工会也是如此。因此，唯一的解释是一些雇主为了自身的利益而损害了工人的利益，在其他人似乎都不希望这样做时雇用了兼职员工。我们认为，这进一步支持了马克思主义的论点，即工作时间和一般的工作条件大多是强加给工人的，而不是他们自由选择和（或）喜好的结果。然而，由于危机和高失业率，这种情况还在急剧恶化。

另一种就业形式几乎拥有相同的处境：临时工作。虽然 2011 年临时工的比例略低于 2009 年，但其原因可以从公共部门对大多数临时就业人员的裁员中找到：他们是第一批为希腊公共部门缩编埋单的人。具有讽刺意味的是，如果我们考虑到临时工的意愿，他们中只有"较少的"（86.1%）的人愿意拥有一份长期工作，当然，就是像在今天的希腊能够见到的那种长期工作。

表 10.7 兼职和临时就业

雇佣类型	2009 自营 N	%	2009 雇员 N	%	2009 家庭工作者 N	%	2011 自营 N	%	2011 雇员 N	%	2011 家庭工作者 N	%
全职	1 276 216	94.8	2 738 653	94.5	221 555	84.0	1 196 322	94.2	2 430 895	93.5	186 388	83.9
兼职	70 651	5.2	159 425	5.5	42 161	16.0	73 056	5.8	168 310	6.5	35 740	16.1
总数	1 346 867	100.0	2 898 078	100.0	263 716	100.0	1 269 378	100.0	2 599 204	100.0	222 128	100.0
无法找到全职工作	16 788	23.8	105 864	66.4	5 634	13.4	25 240	36.8	124 802	74.8	6 461	18.9
长期工	—	—	2 547 830	87.9	—	—	—	—	2 298 583	88.4	—	—
临时工	—	—	350 248	12.1	—	—	—	—	300 622	11.6	—	—
无法找到长期工作	—	—	246 706	82.2	—	—	—	—	228 681	86.1	—	—

资料来源：使用欧盟统计局劳动力调查微观数据进行的估算。

第六节　结论

希腊资本主义进入了一个经济动荡和衰退的时代,这在其现代历史上是前所未有的,在整个发达世界中也是如此。究其原因,可以从全球经济危机和希腊在欧盟内部的地位中找到答案。希腊资本主义参与欧洲帝国主义一体化这一现代"伟大构想"的失败,导致它在国际分工中的地位不断下降(马夫鲁迪斯,2013),其结果是处于支配地位的欧盟资本主义(欧元区核心经济体)甚至直接干预到希腊生产过程的核心环节(劳动和剥削过程),目的在于增加对绝对和相对剩余价值的提取。这虽然与希腊资本的利益紧密相连,但也有可能"过度"(超越其历史社会和技术极限),危及希腊资本主义的基础。

这种不平衡的"伙伴关系"在希腊的经济调整方案中得到了具体体现。它的劳动力市场结构调整战略的基础是利用失业状况和劳动力后备军作为手段,使每个工人个人和整个工人阶级在与资本的竞争中处于劣势地位。如前所述,即使使用一种我们认为低估了(至少不能被指责为夸大了现实)失业和就业不足状况的适度估计方式和方法,实际失业率仍然远高于欧洲和希腊当局官方统计的失业率。例如,2011年官方统计的17.7%的失业率必须再增加4.4%(至少),才能得到更现实的估计。传闻证据表明,2013年的隐性失业率甚至更高:很可能每3个希腊工人中就有1个失业。

希腊劳动力市场的这种情况被企业利用,在个人和集体层面进一步限制了工人的权利,从而加大对他们的剥削。这与新古典主义关于双方在自由意志下签订劳动合同的神话相去甚远,即使有人承认在极高的失业率下仍有一些自由意志可以存在。我们用当代希腊劳动力市场的两个事实来说明这一矛盾。第一是无偿加班有增加的趋势,而带薪加班和工作时长都因危机而减少。在希腊,无偿加班并不是自愿的,危机期间无偿加班的增加证明工人受到雇主的压力而不得不多加班,但没有任何报酬。第二个事实是，尽管不存在相对应的市场僵化现象，但雇主仍然未能适应工人们对全职而非兼职工作的偏好，且现实情况截然相反。

所以，我们可以在当代希腊发生的这一戏剧性现实中得出一些严谨的结论。劳动力市场并不像新古典主义所期望的那样适应劳动者的偏好。高失业率的现状不仅被用来最大限度地降低工资和劳动力的价值，还被用来破坏劳动力市场条件的其他所有方面，而这些方面损害了工人的利益。这种情况既发生在中央政治层面，也发生在每个企业或经济单位的分权层面。工人们似乎完全没有在个人主义的基础上实现他们目标的可能性，因为他们的偏好没有得到满足，甚至在他们应该得到满足的领域（如兼职和全职工作）。改善他们地位的唯一途径是通过集体行动和反对资本主义结构调整的群众运动。

注释

1. http：//ec. europa. eu/economy _ finance/ameco/user/serie/ResultSerie. cfm.

2. http：//epp. eurostat. ec. europa. eu/cache/ITY _ PUBLIC/3 - 29112013 AP/EN/3 - 29112013 - AP - EN. PDF.

3. 详细讨论（虽然时间久远但很重要）见卢卡斯和莱平（Lucas & Rapping，1969）。

4. G 部门涵盖了机动车和摩托车的批发、零售贸易及维修；M 部门涵盖了专业科学和技术活动，根据 2008 年的 NACE Rev. 2。

5. 在工资和工作条件快速变化的时期，工人的"愿望"反映了（因此可以用来估计）以前存在的关于工作时间和劳动力价值的社会规范，因为从长远来看，他们的期望倾向于适应这些由社会决定的变量。

6. 使用欧盟统计局劳动力调查微观数据进行的估算。

7. 使用欧盟统计局劳动力调查微观数据进行的估算。

参考文献

[1] Anger S. (2008), "Overtime work as a signalling device", *Scottish Journal of Political Economy* 55(2).

[2] Bell D, Hart R. (1999), "Unpaid work", *Economica* 66.

[3] Bluestone B, Rose S. (2000), "The enigma of working time trends", in Golden L, Figart D (eds), *Working Time: International Trends*, London/New York: Routledge.

[4] Cahuc P, Zylberberg A. (2004), *Labor Economics*, Cambridge, MA: MIT Press.

[5] DeFreitas G. (1986), "A time series analysis of Hispanic unemployment", *Journal of Human Resources* 21.

[6] INE – GSEE (2013). *Greek Economy and Employment*, Athens: Institute of Labour, GSEE.

[7] Ioannides A, Mavroudeas S. (2007), "Overworked Greeks? Working time trends in Greece", *Asian – African Journal of Ecomonics and Econometrics* 7 (1-2).

[8] Ioannides A, Oxouzi E, Mavroudeas S. (2014), "All work and no … pay? Unpaid overtime in Greece: Determining factors and theoretical explanations", *Industrial Relations Journal* 45(1).

[9] Lucas R, Rapping L. (1969), "Real wages, employment and inflation", *Journal of Political Economy* 77.

[10] Lundberg S. (1985), "The added worker effect", *Journal of Labor Economics* 3.

[11] Mavroudeas S. (2013), "Development and crisis: The turbulent course of Greek capitalism", *International Critical Thought* 3(3).

[12] Pannenberg M. (2005), "Long term effects of unpaid overtime: Evidence from West Germany", *Scottish Journal of Political Economy* 52(2).

[13] Schor J. (1991), *The Overworked American: The Unexpected Decline of Leisure*, New York: Basic Books.

第十一章
衰退和非典型就业——关注当代希腊大都市区
斯泰利奥斯·贾利斯

第一节 引言

希腊自 1981 年成为欧盟成员国以来进行了一系列经济和体制改革，包括若干劳动力市场改革，其中大多数都是由欧盟官方机构指导或监督的，他们在大部分情况下认可这些结构调整，并称赞了希腊经济的大好前景［欧共体，2009；克洛瓦特、舍曼（Clauwaert & chömann, 2012）］。2009 年年初，人们突然意识到，希腊本就不应该加入欧元区，因为其经济正在遭受"巨额公共开支和债务""普遍逃税"和"反生产模式"之苦；该国的劳动力市场也被发现比欧盟北部成员国的更加"僵化"，这主要是由于兼职劳动的发生率较低，同时还有严格的解雇规定（OECD, 2012）。基于这样的论述，再加上历届希腊政府为了应对"违约幽灵"而向欧盟提出了正式的救助请求，希腊近代史上最悲惨的时期之一开始了。其结果是对下层阶级和社会群体实施了痛苦的贬值（Devalorisation）[1]，这种贬值在很大程度上被看作是不可避免的，因为这样希腊经济就可以试图控制过度积累和利润率下降的趋势［米海尔—马察斯（Michael – Matsas, 2010）；阿明杰奥、巴卡罗（Armingeon & Baccaro, 2012）；卡拉梅辛尼（Karamessini, 2012）］。

本章着重讨论希腊危机的区域维度，认为希腊各地区的问题并不是它们没有充分融入欧盟和全球资本主义经济，而是它们融入得太过头，同时又受到了某些特殊性和传统模式的限制。这一点也适用于该国的就业规范和实践，尽管存在着如自营职业的高度分散等不同的趋势和实践，但30多年来其就业规范和实践一直与欧盟的规定保持一致［列昂蒂道（Leontidou，1993）；贾利斯、赫罗德（Herod，2013）］。[2]

为了证实这一论点，本章探讨了非典型就业形式在全国范围内的复制，尤其是在两个受危机冲击的大都市地区（拥有60%以上的希腊人口、就业和生产），即阿提卡—雅典和马其顿中部—塞萨洛尼基，前者是希腊首都雅典，后者是希腊第二大城市塞萨洛尼基。本章通过公布兼职工作、临时工作、自营职业和家庭工作的官方数据，并将这些数据与2008—2012年的生产和失业变化联系起来从而实现这一目标。本章将受访的几位关键信息提供者和其他二手资料来源考虑在内，对这些数据进行了评估，[3]发现尽管存在着共同的全国性趋势，但不同地区劳动力市场对危机和贬值的反应并不一致，而且必然是因地而异的（史密斯，1986；哈维，2007）。地方劳动力市场对雇佣临时工制的不同反应模式与各地区的社会经济状况高度相关。遵循马克思主义的另一种解释，研究结果也在希腊资本主义的历史背景和近期劳动力市场结构调整的背景下进行了讨论。最后，本章反思了非典型就业的矛盾不断复制再加上非正规就业和巨大的失业率，是否意味着为应对利润率下降而扩充的工业后备军的复苏。

我们认为，更深入地理解这些因素，可能有助于在那些正在经历痛苦的资本贬值削弱工人权利，同时取消社会和就业保障的地方增强抵抗的希望和成功的可能性［伯根（Bergene）等，2010；赫罗德，2012］。

本章的内容如下。在下一节中会提出一个简要的理论框架，将资本主义结构中的灵活性和非典型就业联系起来。接下来概述社会空间发展不平衡与各种就业形式（如非典型就业）之间潜在的相互关系。有关危机前时期非典型就业现象的简要历史背景为讨论2008年后希腊两大地区劳动力市场的贬值和结构调整提供了大背景,并将这些影响与非典型就业形式的多样化趋势联系起来。最后一节总结了本研究的一些更广泛的政策含义。

第二节 灵活性、就业安排和资本主义生产

雇佣劳动以及与之相关的(隐性或制度化的)就业安排是资本主义生产方式演变的历史产物。竞争必须在不断扩大的规模上重复进行,这对劳动者产生了许多影响,因为个体资本家必须通过扩大其吸收的剩余价值(相对于社会平均剥削率)来寻求利润率的提高(哈维,2007)。其中一个最重要的影响与企业需要灵活使用劳动力有关,至少对需求的波动和组织生产而言如此。因此,尽管灵活性在当代被用来描述"后现代"以及生产和再生产领域的最新变化,但它始终是资本的历史追求[布扎尔(Buzar,2008)]。实现这一目标有两个基本途径:一是通过扩大对工作日的限制(在这一点上劳动者力求保持在正常水平);二是通过增加从工人身上获得的相对剩余价值。后者通常是通过生产的技术现代化,和(或)降低劳动者为生存而购买的一篮子工资商品的价格从而降低他们的劳动力价值来实现的(哈维,2010)。

劳动者为提高工资同时在稳定和人道主义的就业安排下工作而进行的斗争,对进入市场的产品的剩余价值和交换价值产生了影响。同时劳动力的价值则根据文化、历史和地理因素,以及对立阶级之间的权力关系由社会决定并使其多样化(就业安排也是如此,包括典型的和非典型的)。由于资本家和工人阶级的发展呈现出各种中间形式,而且各部门和各地区的发展不平衡,因此,就业模式和实践的发展也是不平衡的。在许多研究中,这种不均衡性所包含的地理要素通常被忽视,其重要性将在后面讨论[皮特(Peet,1975);伯根等,2010]。

马克思《资本论》写作期间的就业模式和安排与现有的就业模式和安

排有很大的不同,并不存在通常意义上的典型就业模式(规范的、长期的、每周工作5天共40小时的就业模式)。同样,"非典型"和"非正规"的就业也与当代规范相去甚远。说到这里,马克思直接将资本主义积累和财富、利润的生产与"劳动力后备军"的扩张联系起来,并把失业者、"部分就业"者[皮特(1975);克拉克(1980)]全部囊括进"后备军"当中。具体而言,他将相对剩余人口分为三类:流动人口、潜在人口和停滞人口。流动人口包括由于技术现代化或雇主愿意雇用更便宜、更年轻的雇员来取代他们而失去工作的失业者。潜伏的群体主要存在于第一产业的活动中,当时包括所有被先进资本主义生产边缘化并转入传统部门活动中的"未充分就业者"。最后,停滞的相对过剩人口包括那些在"极端非正规就业"条件下就业的本地人或移民。

如今,在"非常非典型"的雇员和非正规劳动者中可以发现类似停滞的群体。这些劳动者通常受到非全日制、季节性和临时性就业规范的制约,这些规范缺乏重要的保障环节,与"典型"劳动者的平均工资相比,他们的工资也偏低。与前两个群体相比,停滞人口在后备军整体构成中的比重相对较高,是活劳动的"蓄水池",是工人阶级中就业阶层和失业阶层之间的一个缓冲区。无论如何,界定产业后备军并不能简单地对其构成群体进行实证观察和测量,而是要界定后备军是如何从资本主义扩张中衍生出来的(后备军如何以及在哪里随着资本有机构成的增加而增加)[克拉克,1980;多雷(Dorre,2010)]。

将讨论融入"发达"国家和20世纪的背景当中,大规模生产和相关的泰勒主义工作实践的引入意味着资本主义转入了一个相对较长的发展时期,在此期间,劳动力后备军在这些资本主义国家内部作为约束力的潜力已经丧失殆尽(尽管可以从全球其他地区招募大量廉价的生活劳动力)。其中,组织和技术上的变化与所谓"福特主义扩张时期"的生产需求和利润率相适应(哈维,2007)。从那时起,典型就业成为常态,同时典型和非典型工人之间新的对立凸显出来,从而边缘化了非正规就业[卡尔贝里(Kalleberg,2003)]。

这种趋势在分析和实证上的有效性备受争议,特别是对半边缘化国家来说,因为在许多部门、地区和就业群体中典型就业是例外而不是常态。正如将在后文中讨论的,这一点在希腊资本主义的某些时期也得到了验证。尽管有这些例外,但在 20 世纪 30 年代中期至 70 年代初期的几十年里,秩序井然的工作安排已成为现实当中的日常生活,至少对大多数(主要)从事工业和公共部门活动的养家糊口的男性来说如此。在这一时期,雇主可以对其工人特别是典型工人施加的灵活性受到了严格的管制;与此同时,在许多空间实体中,失业率多年来都保持在适度水平[克拉克,1980;赫德森(Hudson,2013)]。

自 1973 年危机和随后的经济衰退以来,所谓的"灵活积累战略"最终脱颖而出,一个关于相对剩余价值提取和与之相联的工作实践的新时期由此确立。逐步引入"灵活性"议程,推动劳动力市场的重新监管或放松管制,旨在使就业规范和条例符合新的积累要求。与灵活性相关的政治和指导方针应在不断发展的阶级关系和当代政治的背景下看待,换言之,它们的目的是重新定义时间性,这对于资本主义的生存而言与追求利润率的不断增长同样重要(赫罗德,2012),这也是"灵活保障"议程[4]和欧盟内外其他政策在劳工运动退缩和去工会化背景下的一个重要目标(布扎尔,2008)。

值得注意的是,灵活性具有多重目标和含义。它与某些部门和地区对工作日限制的放宽有关,并通过这种方式从其中的劳动者那里获取绝对剩余价值。每天的最长工作时间虽然受到具体身体状况和社会条件的限制,但可以非常灵活。欧盟最近启动的工作时间安排将每天的工作时间延长至 12 小时左右,同时通过在减产期间提供同等的休息日来补偿加班,这一实践也对以上论点有所贡献。另一个目标与雇主之间竞争的加剧如何常能采取超级剥削的形式有关，这种形式危及劳动力的再生产，也就是资本本身的来源。这就是为什么在就业议程的形成过程中，倾向于起决定性作用的国家政府和跨国当局会采取有利于集体资本主义利益的行动，并通过相关规定将新的就业形式制度化。这些规定有助于使用"更灵活"和"非常非典型"的雇佣关系，同时对个别资本家对工人的剥削率进行限制［哈维，2006；米切尔（Mitchell，2011）］。

总的来说，在全球对抗不断升级的时代，灵活性与重新放松管制有关，因为在这个时代，积累需要继续，资本主义生产需要有效的结构调整。它也是重新界定劳动力市场内部和之间权力几何结构以有利于资本利益的一种方式。对于遭受严重的过度积累危机，同时又受到帝国主义剥削的国家和地区来说，灵活性可能伴随着工业后备军的数量规模和约束作用的恢复，并危及当地的劳动力市场（多雷，2010）。

新的空间构成和灵活性：贬值必然是区域性的

工资和资本间的关系并不是在一维空间上展开的，而是在空间内或跨空间演化的，因此保持着固有的空间维度。不同类型的雇佣关系和灵活实践的分布与（不平衡的）资本主义发展的地域改革紧密相连。产业后备军的情况也是如此，在区域发展不均衡的空间格局下，它也拥有自己的地理特征［克拉克，1980；马西（Massey，1996）；哈维，2010］。

这些由社会形成的空间结构是积累过程的时间动态中的活跃时刻。空间整合被马克思主义理论家概念化为不同地点和空间通过商品交换形成的或多或少的联系，这对于积累过程在更大规模上完成并进行再生产是必不可少的。在这个空间整合的框架内，资本以商品、货币或劳动过程的形式流动（哈维，2007；赫罗德，2012）。

因此，当代劳动力市场改革和欧盟就业政策应在这一背景下进行理论探讨。它们的目的是建立一套共同的"不那么僵硬"的劳动力市场，提供某些与前一时代相比保护性较低的安全条款。换言之，欧盟的政策是通过克服以往（特别是国家）立法规定所带来的障碍，寻求在劳动和就业规则方面使当地劳动力市场趋于同质化。这是一种在本质上就矛盾的尝试，因为不平衡的地理发展会不可避免地再现不同的当地劳动力现实，而欧盟的政策却旨在使劳动者摆脱当地的限制（布扎尔，2008；米切尔，2011）。

将劳动力从僵化的就业规定和地域不流动性（类似于典型就业）中"解放"出来，与资本将工人固定在某些地区，并将他们以及充足的后备军"留在原地"的必要性形成鲜明对比。促进非典型就业的政策在官方上寻求这两极之间的适当平衡，但这两个对立面之间的稳定和平衡只是不均衡地域扩张的总体矛盾动态的一个例外（马西，1996）。

当危机发生时，事情变得更加复杂。经济衰退和与之相连的贬值趋势破坏了不同地区之间连贯的空间联系，同时也促进了符合一般积累需要的新空间固定点的出现。关于谁来负担这一问题，外部和内部竞争强加给各地区的政治和制度手段起到决定性作用。降低工资的必要性反映了使区域劳动和社会再生产模式适应全球范围内的综合和抽象劳动模式的需要；后者目前是由中国或印度等低工资竞争者在世界商品生产中的压倒性作用以及跨国公司的分包活动所决定的。因此，各地区变得更容易受到强制贬值的影响。它们抵制和反抗这种贬值同时"输出"其内部问题（如通货膨胀、失业、债务、生产停滞）的能力因其政治和经济实力以及暂时形成的联盟而多样化。帝国主义政治对这一过程具有重要影响（哈维，2010；马夫鲁迪斯、帕帕达托斯，2012）。

总的来说，一个地区的过度积累和另一个地区的贬值之间总是存在大体上的平衡，并通过各种社会政治和历史的特殊性加以调节。在欧盟等超国家联盟的引导和经常性的压制作用下，一个地区的人民可以被看作在"剥削"另一个地区的人民（并不一定是同一个国家的人），而两者都服从于资本的意志（皮特，1975；赫德森，2013）。下一节将通过希腊两个地区的案例来描述这种贬值负担的不均衡分配，而这有助于资本进行积累。

第三节 希腊的灵活就业与危机

2007年下半年,美国住房和抵押贷款市场在贷款接受者无力偿还的压力下开始摇摇欲坠。一场看似基于美国的动荡很快被证明是严重的衰退浪潮,对于许多人而言,堪比20世纪两次世界大战之间的衰退。经济衰退蔓延到欧盟和全球其他地区。主流学者和经济学家们立即将这场危机与某些国家和经济体不断增加的"公共债务"联系起来。正如本书前几章所分析的,这些观点强调了与这种"错误选择"相关联的政策导向型错误和结构性缺陷[马察盖尼斯(Matsaganis,2011);皮特里斯(Pitelis,2012)]。其他后凯恩斯主义和激进的解释将危机与极端的"金融化"概念联系在一起;同时揭示了金融部门里资本主义企业高薪、傲慢的高管和"有毒"产品[如合成担保债务凭证(CDOs)]的作用(卡拉梅辛尼,2012)。马克思主义学者和经济学家将这场危机与利润率下降和过度积累直接联系起来;同时揭示了由于不同国家之间存在的帝国主义等级关系而强制(尽管不均衡)实行的货币贬值(哈维,2006;马夫鲁迪斯、帕帕达托斯,2012)。

2009年年初,危机的影响在欧盟普遍存在,在欧元区更为严重。这些影响一出现,欧盟南部和外围的所谓PIIGS国家(葡萄牙、爱尔兰、意大利、希腊和西班牙)就成为攻击目标并受到指责。这些国家与北方工业发达、竞争激烈的经济体之间已经存在的分界线更加凸显。尤其是希腊由于其公共债务和赤字居高不下,被描绘成为欧元区的"害群之马";同时,大众媒体广泛放大了对希腊违约会导致欧元区崩溃的担忧。对希腊政治经济特殊性的真正理解和对2008年后危机原因的分析讨论,已在本书的前几章中进行了介绍[哈奇米哈利斯(Hadjimichalis,2011);塞尔丘克、耶尔马兹(Selçuk & Yılmaz,2011);艾肯格林(Eichengreen)等,2013]。下文将简要介绍希腊社会经济形态中灵活的和非典型就业形式的政治经济学背景。

一、浅谈希腊资本主义与非典型就业的背景

在整个现代时期，特别是20世纪50年代至70年代末，在这个相对发达的南欧半边缘国家，非典型就业模式和"非正式就业"高度分散。典型就业和高水平保障从未成为常态，因为凯恩斯式社会契约政策的渗透性较弱（卡拉梅辛尼，2008；哈奇米哈利斯，2011）。此外，以合理的生产规范、现有资源和机械的有效利用、先进的技术分工为形式的先进的科学生产组织也没有得到很好的落实；同时，大多数受雇于私营或公共部门的工人都受到家长式政策和反工会做法的影响，其结果是，资本主义对有效组织生产过程的要求往往被简化为通过专制主义、广泛推行非典型和非正式就业以及对工人机构采取禁止性（即使不是镇压性）行动来增加工人产出的做法（列昂蒂道，1990）。

考虑到战后欧洲资本主义国家劳动和权力的分工理所当然地不平等，发展起来的最重要的工业企业都集中在劳动密集型部门，资本密集型商品主要从先进的北方国家市场购买，这就不断增加了贸易逆差（列昂蒂道，1993；卡拉梅辛尼，2008）。

的确，积累率在许多阶段都相当重要，总产出也显著增加（如在20世纪60年代或90年代），同时资本再生产所需的空间定位变得切实可行且"有利可图"（贾利斯，2011）。最终，希腊成为支持跨国资本主义一体化的主要机构和组织（如经合组织、世贸组织、北约、欧盟）的一员，并遵循他们的许多指示和建议（皮特里斯，2012）。

在这种模式中，家庭一直具有延伸的社会经济功能，并作为各种生活和工作方式（通常是非正式的）的中心（列昂蒂道，1933）。这在一定程度上是对相当糟糕的国家福利和保障政策的一种含蓄反应。所谓的"南方福利制度"（卡拉梅辛尼，2008）的其他矛盾方面还包括劳资关系不足，缺乏规划和住房政策，以及城市和地区内各类土地混用。公民非暴力反抗运动往往与工会主义和有组织的罢工结合在一起，尽管20世纪70年代末之前大多数工会一直服从于国家干预主义和雇主的压制（列昂蒂道，1990，1993）。

缺乏社会支持加之小企业的不断复制、低技能部门的频繁裁员，以及许多活动的季节性，这些都构成了推动劳动力市场高度流动并且激发非典型或非正式就业形式的基本因素（列昂蒂道，1993；贾利斯，2011）。由于没有促进形成有利于经济活动者完全无产阶级化的先进劳动力市场，因此对正式的雇佣劳动力的依赖程度仍然很低。与此同时，工资在总附加值中的比例仍然停滞不前或不断下降（特别是在 1974 年之前）。继两次世界大战间歇期出现的趋势之后，新一轮国内移民潮在雅典、塞萨洛尼基和其他城市中心掀起了巨大的城市化趋势，这种趋势导致了微型自营职业形式的进一步推广。小型工业单位和微型企业成为综合社会空间系统的动态支柱，而不仅仅是一种边缘现象（列昂蒂道，1993；马察盖尼斯，2011；皮特里斯，2012）。

在 1973 年的危机和 1974 年 7 年独裁统治垮台后，密集城市化地区的正规带薪就业显著增加，同时出现了重要的灵活化趋势。典型工作模式主要涉及公共部门和大型工业及服务企业中不断扩大的核心工人，他们足以在希腊现代史上首次形成相对富裕且规模扩张的小资产阶级。然而，自营职业继续增加，绝大多数公司仍然规模较小，通常由所有者的家庭成员或非正式的雇员参与。所有这些变化都发生在一个新的时代，在这个时代，重新放松管制的政策在全球出现，劳工运动在去工会化和先进的资本主义势力的影响下举步维艰（哈维，2006）。

20 世纪 80 年代中期和 90 年代初的垂直解体、经济服务化（第三产业化）和第一批支持紧缩的政策与广泛的私有化和立法干预相结合，这些干预试图在引入新的灵活的劳动法规的同时提高停滞不前的利润率（哈奇米哈利斯，2011；贾利斯、赫罗德，2013）。一系列"传统的"非典型（如季节性就业、加班）甚至非正式的（如未申报的工作）工作形式现在正在被复制，这往往是现代适应战略的一部分，而更接近于欧盟北部模式的"新"形式（如兼职工作、临时机构）也在不断制度化并且扩大。20 世纪 90 年代初，希腊自战后以来首次转为移民接收地，这为全国各地非正式和未申报的工作提供了新的动力。廉价的移民劳动力加深了当地劳动力市场已经存在的分化,并被中小型企业以及希腊资本中更先进的部分大量利用(贾利斯,2012)。无论如何,它帮助希腊资本主义在整个欧盟发展停滞的时代保持了重要的活力(马夫鲁迪斯、帕帕达托斯,2012)。

总体而言,希腊遵循了一种不同于北欧国家的发展模式,这反过来又将其特征从一个欠发达和边缘化的传统社会转变为一个半边缘化的资本主义国家(列昂蒂道,1990;哈奇米哈利斯,2011)。无论是在战后还是在后独裁统治时期,灵活性和非正式性,以及资本主义与传统实践和生产方式的结合,都是一个等级结构分明的资本主义形态的重要组成部分,它很好地融入了全球资本主义结构。这也使得这些形式在数量规模上有所扩大,更重要的是,使得产业后备军在许多部门和地方的约束作用相对较弱。潜在和停滞群体的成员设法并继续在各种家庭和非正式网络的支持下谋生,保持灵活的同时需求也较少。这些形式在核心和特权员工群体中获得影响力的可能性应该很高,并且典型的和灵活的"其他工作形式"之间的分界线也不像现在这样明显(贾利斯,2012;卡拉梅辛尼,2012)。社会共识达成了,却是以一种相当特殊的方式。

二、2008 年后的时期

在后危机时期,所有定量和定性指标都显示出希腊经济高度密集的贬值和持续的解体。根据欧统局的数据,2008—2012 年,希腊名义 GDP 减少超过 20% 就说明了这一点。2013 年 GDP 进一步下降了约 4%,同时政府对截至 2014 年年底 GDP 会小幅增长的乐观预期也已经(在 2014 年年初)受到质疑。这样的负增长率只有与经历军事入侵或见证根本性社会政治变革的国家具有可比性,如 90 年代后欧洲的社会主义国家。因此,政府和"三巨头"(由欧盟、欧洲央行和国际货币基金组织组成的监督希腊经济的委员会)实施的结构性改革几乎在所有重大目标上都没有成功也就不足为奇了。例如,人们普遍承认不断增加的公共债务(预计将在 2020 年后恢复到2008年以前的水平，即低于GDP的120%）目前正在偏离轨道。违约的"幽灵"仍然困扰着希腊经济，同时，使工人和中产阶级陷入贫困的货币贬值也很快变得不可持续。

所有关于就业和保障方面数字的绝对下降使希腊的全国失业率在不到4年的时间里被推到了欧盟15国首位。2012年的失业率为24.8%，正式失业人数为125万，与2008年相比增加了218.5%。所有主要经济部门的就业率都有所下降（见表11.1和表11.2）。2012年，每小时就有40人失业。年轻人的失业率达到了惊人的56.6%，几乎有一半人没有资格或没有领取到任何形式的失业津贴。其结果是，这是战后首次就业人口（约370万）明显少于不从事经济活动的人口（460万）。

具有讽刺意味的是，尽管有人认为希腊的就业模式比较"僵化"，但这些深刻的变化正在将希腊的劳动力市场变成欧盟15国中最灵活的市场。对于希腊的生产模式来说并不常见的兼职就业等劳动形式现在正在大量增加，与此同时，自营职业和临时就业等其他非典型就业形式要么保持不变，要么以低于总就业人数下降的速度下降。的确，从以下数据可以看出就业形式的变化（这些变化可能部分或全部来自产业后备军）：2008—2012年，兼职人员占总就业人数的比重从5.6%上升到7.7%，无雇佣员工的自营职业者占比也从21.3%上升到24.7%，临时工的比例由于大规模解雇浪潮略微下降到11.6%（从2008年的12.1%），家庭帮工的比例也因为数以千计的家族企业和微型企业的倒闭而小幅下降到5.0%（从2008年的5.9%）（见表11.2）。因此，即使根据最温和的统计，现在每3个就业人员中就有1个以上是在灵活安排下工作的（到2012年年底），其中相当一部分人现在是以"非常非典型"的就业形式工作。[5]许多直接和间接的报告以及接受采访的主要信息提供者都证实了这一论点；另外，根据劳动监察组织（LIO）报告显示，超过60%的新雇佣人员属于非典型就业形式，而从全职就业转变为兼职就业的合同增加了126%（劳动监察组织，2012）。

表11.1 按部门划分的就业和总增加值(GVA)的总量及变化:希腊的两个大都市区和全国数据 (2008—2010年,2008—2012年)与欧元区数据(2008—2012年)的比较

大都市区	地区及代码	就业情况(单位:千人,15岁及以上人口)								按基本价格计算的GVA(单位:百万欧元)							
		第一产业		工业*		第二产业		第三产业		第一产业		工业		第二产业		第三产业	
		总量 2012年	变化率(%) 2008—2012年	总量 2012年	变化率 2008—2012年	总量 2012年	变化率 2008—2012年	总量 2012年	变化率 2008—2012年	总量 2010年 (2012年)	变化率 2008—2010年 (2008—2012年)	总量 2010年 (2012年)	变化率 2008—2010年 (2008—2012年)	总量 2010年 (2012年)	变化率 2008—2010年 (2008—2012年)	总量 2010年 (2012年)	变化率 2008—2010年 (2008—2012年)
雅典	阿提卡 (EL30)	14.1	7.8	164.3	−34.6	228.7	−40.3	1 161.5	−12.1	386	+73	7 466	+3.9	11 842	−16.7	81.480	−1.0
塞萨洛尼基中部	马其顿中部 (EL12)	83.1	−8.7	73.0	−41.5	98.8	−47.6	432.9	−10.7	1 236	−7.4	3 495	+8.1	5 172	−15.5	20 031	4.5
希腊		490.0	−5.2	120.8	−32.3	627.0	−38.3	2 646.0	−12.6	6 300 (5 751)	−1.5 (−10.0)	26 371 (24 404)	+3.8 (−3.9)	33 143 (28 020)	−15.7 (−28.7)	155 780 (136 750)	−2.2 (−14.2)
欧元区		4 805.2	−6.7	24 573.0	−9.2	34 440.0	−11.8	100 357.0	+0.8	(143 679)	(+14)	(1 640 579)	(−0.2)	(2 131 120)	(−3.4)	(6 231 700)	(+4.7)

注:*表示除建筑业外的第二产业部门。
资料来源:作者汇编自欧盟统计局、赫尔辛基统计局。

危机中的希腊资本主义——以马克思主义视角分析

表11.2 就业、失业和非典型就业形式的总量和变化：希腊两个大都市区和全国数据与欧元区数据的比较（2008—2012年）

大都市区	地区及代码	就业 总量2012年	就业 变化率（%）2008—2012年	失业 总量2012年	失业 变化率（%）2008—2012年	兼职 总量2012年	兼职 变化率（%）2008—2012年	自营职业者 总量2012年	自营职业者 变化率（%）2008—2012年	家庭佣工* 总量2010年（2012年）	家庭佣工* 变化率（%）2008—2010年（2008—2012年）	临时工** 总量2010年（2012年）	临时工** 变化率（%）2008—2010年（2008—2012年）	长期工*** 总量2010年（2012年）	长期工*** 变化率（%）2008—2010年（2008—2012年）	非典型就业人口**** 总量2010年（2012年）	非典型就业人口**** 变化率（%）2008—2010年（2008—2012年）
雅典	阿提卡（EL30）	1 404.4	-18.4	25.3	+301.7	7.6	+54.0	15.2	-6.8	2.5	-44.2	6.5	-38.0	72.4	-16.7	22.0	-20.2
塞萨洛尼基	马其顿中部（EL12）	614.8	-19.6	26.0	+211.4	6.8	-20.0	26.4	-4.1	4.7	-40.4	1.3	-34.5	54.3	-19.5	37.3	-16.9
希腊		3 763.0	-17.5	24.2	+218.5	7.7	+13.8	24.7	-3.1	5.0	-30.6	10.0	-29.8	56.9	-17.9	36.0	-13.6
欧元区		140 584.0	-2.7	11.3	+52.7	21.4	+8.1	10.1	+2.0	1.1	-26.4	15.2	-8.5	71.2	-1.4	23.8	-5.2

注：就业数据指的是15岁及以上的人口；*自营职业者占总就业人数的比例；**临时工、自营职业者和家庭佣工占总就业人数的比例；***占雇员总数的比例；****占总就业人数的比例。

资料来源：作者汇编自欧盟统计局、赫尔辛基统计局。

此外，报告还记录了严重的外向移民以及即将到来的未申报就业和非正式就业活动的趋势。2013年年初，来自劳工组织的劳工检查员惊奇地发现，在接受检查的代表性企业样本中，未申报的劳工比例超过38%（2010年为25%）。这样看来，那些经常被欧盟官僚和希腊精英阶层丑化并污蔑为落后和普遍不端行为标志的逃税、偷税漏税以及逃避社会/医疗保险缴款等模式，现在又因名义上寻求恢复竞争力的政策而加剧［孔迪里斯等，2013］。

尽管发生了许多试图抵制紧缩政策的抗议和大罢工（贾利斯、赫罗德，2013），但贬值仍然严重影响了工资和劳动力价格。从指标上看，自2008年以来，劳动占GDP的比重从55.8%下降到48%以下（比欧元区的平均降幅高出10倍），同时，目前第二产业活动的劳动成本指数比过去低16%。

表11.1中的数据清楚地表明，希腊所有生产部门都面临着严重的衰退。第二部门的情况尤其如此，而对于那些尽管相对贡献有所下降但仍处于先进资本主义核心的工业活动来说，其有据可查的情况更为严重。即使存在一些可比性问题，[6]仔细研究这些数据还是会发现一些有趣的差异，这些差异在各部门之间以及各部门的就业和产出之间都非常明显。

第一，第二产业产出的下降主要与建筑活动的崩溃有关。工业总增加值（GVA）仅略有下降。

第二，工业、第二和第三产业部门就业人数的减少比这些部门生产能力的下降更为突出。换言之，工作的强化，特别是工业部门工作的强化，反过来又是生产力提高、对该部门就业人员剩余价值提取增强的信号。[7]

如图11.1a～图11.1c所示，各种贬值和就业的下降与失业率的成比例急剧增长正相关。表11.2描述了这一总体趋势如何因不同的就业形式，特别是非典型就业形式而有所不同。

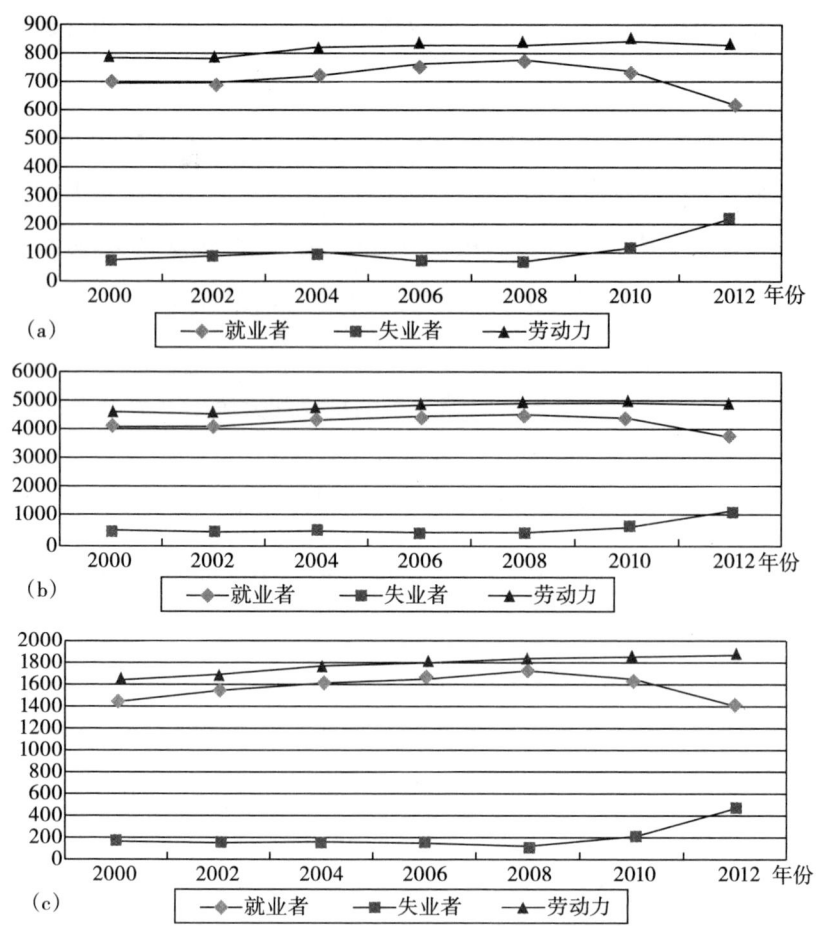

图 11.1 2000—2012 年在（a）希腊、（b）阿提卡—雅典和（c）马其顿中部—塞萨洛尼基的劳动力、就业和失业情况的绝对变化

有趣的是，非典型就业者的总体份额比 2008 年有所增长（至少在全国范围内是这样的），这从一个方面验证了危机后劳动力市场灵活度的提升，尽管所研究的非典型就业形式的贡献各不相同（如 2012 年在国家层面和塞萨洛尼基自营职业受到的影响不大，而这些空间范围内的临时就业和家庭工作则明显减少），但总体情况如此。此外，兼职就业（通常每天工作 4 小时，目前在希腊月薪低于 300 欧元）的发生率正在上升，特别是在雅典。

手头的数据证实了贬值在地理上具有敏感度，因此是区域性的。包括塞萨洛尼基市区在内的马其顿中部地区的非典型就业率较高，与阿提基和首都雅典相比几乎没有受到冲击。前者的产出和就业减少更为严重，而且在2008年之前失业率较高，生产能力也有所下降，部分原因是，在过去的20多年里，数百家工厂从该地区逃往邻近的巴尔干半岛，以寻找更廉价的劳动力。

还有其他原因，例如，该地区的第三产业特别是公共部门（希腊的大部分长期雇员都在这里）与雅典更发达的公共部门相比，扩张程度较低，而且多样化程度较差。另一方面，雅典在2008年之前比较富裕，不易发生危机，拥有蓬勃发展的劳动力（见图11.1b），金融业扩张，基础设施建设投资巨大，而现在其失业率已经达到塞萨洛尼基水平；与此同时，成千上万的不良非典型就业形式（主要是工资过低的兼职工作）在雅典蔓延（贾利斯，2011）。[8]

在更广泛的欧元区背景下对上述趋势和图表进行彻底的比较不在本章的讨论范围内，但表11.1和表11.2显示，尽管存在着产出下降和失业上升等共同趋势，但希腊危机还远不能影响整个欧元区。同时，兼职工作形式可能相对不发达，但诸如自营职业和家庭工作等非典型就业形式在希腊则更为分散。

第四节　讨论和结论

本研究记录了在希腊大都市地区就业的绝对大幅减少与产出的急剧下降，尤其是第二产业。二手数据显示，在其下降的同时，平均工资和最低工资也出现了同样显著的下降。这是现代资本主义历史上最重要的贬值之一，通过国际指令和国家紧缩政策，从"外部"强加给已完全融入全球资本主义的欧盟周边地区劳动力市场。无论希腊资本的哪些部分最终会在危机中幸存下来，通过降低劳动力成本来提高利润的前景还是得到了极大的加强。

进行贬值的方式证明了集体协议和就业保护条款（如解雇率）以及工资谈判机制取决于国家（间）和部门间的经济需要和政治选择，而不是依赖于当地的供需平衡（马察盖尼斯，2011；阿明杰奥、巴卡罗，2012）。仅举一例，在雅典和塞萨洛尼基，数千名知识密集型部门的员工目前的薪酬下降了，尽管据记录这些部门的产出没有明显减少，而且它们的劳动力储备也没有变化。此外，所提供的数据拆解了亲资本主义者关于希腊和欧盟南部劳动力结构僵化的叙述。自营职业就业率高、兼职工作增加，同时长期和非典型雇员同样面临解雇危机（成千上万的解雇事件），这些事实都证实了这一论点。

通过关注所研究区域中导致观察到的非典型就业形式复制的不同机制，可以发现有趣的模式。随着经济衰退的展开，大多数公司对产品或服务的需求有所下降，雇员被迫接受减薪以及更灵活的合同类型的压力正在升级。这些合同可以是明确的（遵循官方就业规定），也可以是隐性的（包含一个或几个非正式的方面）。根据关键信息提供者和二手资料来源的记录，答复各不相同，但可以大致分为以下几类：①解雇长期雇员和（或）不与其非典型雇员续签合同的公司；②减少长期雇员或非典型雇员工作时间和（或）工资的公司；③将长期雇员的就业形式从典型变成非典型的公司；④将其部分活动外包，同时减少雇员数量的公司；⑤数千家公司对其现有员工实行非正式的做法［不补偿加班，强迫员工辞职然后以新的/不稳定的合同重新雇佣；从事未申报的工作和（或）非法移民等］，并且不履行合同义务。工资的减少伴随着"非常非典型"就业形式的激增，如阿提卡的兼职工作和马其顿中部的自营职业；雇主不仅寻求更廉价的雇员，而且由于持续的不稳定性，雇主还需要能够灵活地雇用雇员。

其中许多不同的做法可以同时在很多企业中找到，证实了在希腊框架中典型、非典型和非正式模式之间的共生关系（赫德森，2013）；同时其中一些做法目前由于危机后灵活的法律规定而加剧，这些条款重新规范了（如果不是危及的话）劳动力市场以有利于资本利益。上述做法的不同组合在不同的空间和部门环境中的实施强度，需要通过具体的案例研究加以探讨。

无论如何，这些趋势都可能表明，在希腊特别是在像马其顿中部这样的贫困地区，工业后备军的重要性日益增加（多雷，2010）。它的流动部分包括所有因削减成本而失业的人，他们中的许多人目前是作为非正式员工被聘用的。它的潜在部分直接或间接地反映在没有雇员的自营职业的复制上。事实上，这些微型企业家（个体经营者）中的许多人并未实现充分就业，因为他们的活动（如小型制造商或商店）已经被贬值和残酷的竞争边缘化了。最后，工业后备军中停滞的部分包括前面讨论的所有贫困和酬不抵劳的非典型形式。比起界定属于后备军的潜在工人群体或其规模（可能超过研究地区经济活动人口的一半），更重要的是揭示这个强大的划分机制是如何有利于资本主义集体利益的：它通过划分工人，并使那些仍有典型工作的工人比危机前更害怕、更可有可无来实现［普拉奇克和莫利基奥（Pratschke & Morlicchio，2012）；贾利斯、赫罗德，2013］。

与劳动和资本这对主要矛盾同时在同一劳动力市场上出现的还有各种其他矛盾：不同的雇员群体之间、不同的就业形式、不同的保障和福利规定、不同的公司和部门，更不用说不同民族和种族群体之间的划分了，等等。如果引入不同地区和地方之间的空间竞争和对立，情况会变得更加失衡且混乱。这是资本主义生产方式下劳动分工深化和灵活做法拓展的必然结果。

这种灵活性的推进方式遵循着资本主义积累的内在矛盾，尤其是在贬值加速的时代。为了适应全球的平均利润率，整个欧盟的劳动过程被重新理论化（马夫鲁迪斯、帕帕达托斯，2012）。由于内部权力关系和生产结构的不平等，这种重新理论化的结果在欧盟地区内部必然是不均衡的。灵活的就业安排是针对特定地区和特定时间段的，至少与贬值对地点和时间的敏感性一样。

希腊的例子似乎重新印证了马克思关于劳动力后备军的分析。在短短几年内，看似属于资本主义早期的情况又被重新确立；然而，历史重演，首先是悲剧，其次是闹剧。

致谢

这项研究是在作者的博士后活动框架内进行的，题目是"欧盟南部灵活保障项目"，由希腊教育部、研究与技术总秘书处和欧盟共同资助。非常感谢唐·米切尔（Don Mitchell）慷慨地为我提供了史密斯未发表论文的电子版，感谢迈克·泰勒（Mike Taylor）阅读、评论并改进手稿。

注释

1. 贬值是资本的形态变化和资本价值的数量损失之间辩证关系的精确表达。在这里，它被理解为周期性贬值，即影响一个部门或一个地区的一般资本的绝对破坏和价值损失。周期性贬值发生在危机时刻，它必然是暴力且突然的，同时它影响到所有形态的资本（货币、商品和生产性资本）。关于贬值概念的详细阐述，请参见史密斯（1986）。

2. 随着在就业保障和劳动力市场法规方面实施了不合理的改革（如废除集体协议、降低最低工资、增加允许解雇的最大人数），希腊在2009—2012年对"力争增长"（Going for Growth）建议（OECD，2012）和欧盟指令的响应力度提升最快。

3. 访谈和数据收集是作者关于欧盟南部地区"灵活保障"的博士后研究的一部分。受访的关键信息提供者是工会成员、工业和服务业的非典型雇员、劳动监察员以及地区当局和雇主协会执行委员会成员。访谈于2013

年7—10月在两个研究区域进行。

4. 灵活保障（Flexicurity）是由灵活性（Flexibility）和保障（Security）这两个词衍生出来的新名词，可能是欧盟就业议程中最重要的支柱。它被定义为一种政策战略，旨在提高劳动力市场的灵活性，特别是灵活或非典型的就业关系，同时促进某些就业形式，以及特定雇员群体的社会保障（EC，2008）。

5. 在四种非典型就业形式中只有三种被纳入本次统计，它们或是完全依赖型（临时工）或是准依赖型（无雇员仅有家庭工人的自营职业）。兼职工作被排除在外，因为劳动力统计没有提供工资依赖型兼职雇员的数据，同时也没有区分不同形式的兼职工作（如临时兼职员工或兼职业务负责人）。

6. 遗憾的是，只有国家层面上2012年的总增加值数据可获得。所研究地区的最新总增加值数据来自2010年（见表11.1）。

7. 长期工人、非典型工人和非正式工人在不同的工作时间模式下对这一现象的不同贡献，无法从官方统计中得出。

8. 例如，根据欧盟统计局的数据，2011年在雅典有67.4%的兼职人员正在寻找全职工作，这一比例的飙升（2009年为37.9%）表明了低薪工作的不受欢迎程度，但同时它也是欧盟占比最高的工作种类之一。

参考文献

[1] Armingeon K, Baccaro L. (2012), "Political economy of the sovereign debt crisis: The limits of internal devaluation", *Industrial Law Journal* 41(3).

[2] Bergene A C, Endresen S B, Knutsen B M. (2010), *Missing Links in Labour Geography*, Aldershot: Ashgate.

[3] Buzar S. (2008), "Towards a critical geography of flexibility: Facets of adaptability in society and space", *Geography Compass* 2(4).

[4] Clark G. (1980), "Capitalism and regional inequality", *Annals of the Association of American Geographers* 70(2).

[5] Clauwaert S, Schomann I. (2012), "The crisis and national labour law reforms: A mapping exercise", European Trade Union Institute, Working Paper 4.

[6] Dorre K. (2010), "Social classes in the process of capitalist 'landnahme': On the relevance of secondary exploitation", *Socialist Studies* 6(2).

[7] EC (2008), "Mission for flexicurity", European Commision, EMPL/D/XPM/DD D(2008) 2899, Brussels.

[8] EC (2009), "Implementation of the Lisbon strategy structural reforms: Annual assessments", COM – 2009 34/2, Brussels.

[9] Eichengreen B, Jung N, Moch S, et al. (2013), "The Eurozone crisis: Phoenix miracle or lost decade?" *Journal of Macroeconomics* (dx. doi. org/10.1016/j. jmacro. 2013. 08. 005).

[10] Gialis S. (2011), "Restructuring strategies, firms' size and atypical employment in the local productive system of Thessaloniki, Greece", *Industrial Relations Journal* 42(5).

[11] Gialis S. (2012), "Integration a few kilometres away from the motherland: Albanians' internal migration, settlement and voluntary return in Epirus and the Ionian Islands in Greece", *Migration Letters* 9(2).

[12] Gialis S, Herod A. (2013), "Resisting austerity: The case of Greece's powerworkers and steelworkers", *Human Geography: A New Radical Journal* 6(2).

[13] Hadjimichalis C. (2011), "Uneven geographical development and socio – spatial justice and solidarity: European regions after the 2009 financial crisis", *European Urban and Regional Studies* 18(3).

[14] Harvey D. (2006), "Neo – liberalism as creative destruction", *Geografiska Annaler: Human Geography* 88(2).

[15] Harvey D. (2007), *Limits to Capital*, London: Verso.

[16] Harvey D. (2010), *A Companion to Marx's Capital*, London: Verso.

[17] Herod A. (2012), "Workers as geographical actors", *Labor History* 53(3).

[18] Hudson R. (2013), "Thinking through the relationships between legal and illegal activities and economies: Spaces, flows and pathways", *Journal of Economic Geography* (doi: 10.1093/jeg/lbt017).

[19] Kalleberg A. (2003), "Flexible firms and labour market segmentation: Effects of workplace restructuring on jobs and workers", *Work and Occupations* 30(2).

[20] Karamessini M. (2008), "Still a distinctive southern European employment model?" *Industrial Relations Journal* 39(6).

[21] Karamessini M. (2012), "Sovereign debt crisis: An opportunity to complete the neoliberal project and dismantle the Greek employment model", in Lehndorff S (ed.), *A Triumph of Failed Ideas: European Models of Capitalism in the Crisis*, Brussels: ETUI.

[22] Kondilis E, Giannakopoulos S, Gavana M, et al. (2013), "Economic crisis, restrictive policies, and the population's health and health care: The Greek case", *American Journal of Public Health* 103(6).

[23] Labour Inspectorates Organisation (2012), "Annual Report of the Greek Labor Inspectorates Organization", Ministry of Employment and Social Protection, www.ypakp.gr [in Greek].

[24] Leontidou L. (1990), *The Mediterranean City in Transition: Social Change and Urban Development*, Cambridge: Cambridge University Press.

[25] Leontidou L. (1993), "Informal strategies of unemployment relief in Greek cities: The relevance of family, locality and housing", *European Planning*

Studies 1(1).

[26] Massey D. (1996), *Spatial Divisions of Labour: Social Structures and the Geography of Production*, London: Macmillan.

[27] Matsaganis M. (2011), "The welfare state and the crisis: The case of Greece", *Journal of European Social Policy* 21(5).

[28] Mavroudeas S, Papadatos D. (2012), "Financial regulation in the light of the current global economic crisis", *International Critical Thought* 2(4).

[29] Michael-Matsas S. (2010), "Greece and the world capitalist crisis", *Critique* 38(3).

[30] Mitchell D. (2011), "Labor's geography: Capital, violence, guest workers and the post-World War II landscape", *Antipode* 43(2).

[31] OECD (2012), "Structural reforms in times of crisis", *Going for Growth: Economic Policy Reforms*, Paris: OECD.

[32] Peet R. (1975), "Inequality and poverty: A Marxist-geographic theory", *Annals of the Association of American Geographers* 65(4).

[33] Pitelis C N (2012), "On PIIGs, GAFFs, and BRICs: An insider-outsider's perspective on structural and institutional foundations of the Greek crisis", *Contributions to Political Economy* 31(1).

[34] Pratschke J, Morlicchio E. (2012), "Social polarisation, the labour market and economic restructuring in Europe: An urban perspective", *Urban Studies* 49(9).

[35] Selcuk B, Yılmaz N. (2011), "The effects of global crisis into Euro region: A case study of Greek crisis", *European Journal of Economic and Political Studies* 4(2).

[36] Smith N. (1986), "The concepts of devaluation, valorization and depreciation in Marx: Toward a clarification", Unpublished paper.

常用缩略语 | GREEK CAPITALISM IN CRISIS MARXIST ANALYSES

ADF, Augmented Dickey – Fuller Test 扩展的迪克—福勒检验

BD, Budget Deficit 预算赤字

CAD, Current Account Deficit 经常账户赤字

CDO, Collateralised Debt Obligations 合成担保债务凭证

CPI, Consumer Price Index 消费者价格指数

EAP, Economic Adjustment Programme 经济调整方案

EC, European Commission 欧洲委员会

ECB, European Central Bank 欧洲央行

ECU, European Currency Unit 欧洲货币单位

EEC, European Economic Community 欧洲经济共同体

EFSF, European Financial Stability Facility 欧洲金融稳定基金

EMU, European Monetary Union 欧洲货币联盟

EU, European Union 欧洲联盟

EUROSTAT, European Statistical Agency 欧洲统计局

FD, Fiscal Deficit 财政赤字

FDI, Foreign Direct Investment 外国直接投资

GATT, General Agreement on Tariffs and Trade 关税及贸易总协定

GDP, Gross Domestic Product 国内生产总值

GVA, Gross Value Added 总增加值

HELSTAT, Hellenic Statistical Agency 希腊统计局

HICP, Harmonised Index of Consumer Prices 消费物价调和指数

IEA, Institute for Economic Affairs 经济事务研究所

IMF, International Monetary Fund 国际货币基金组织

LFS, Labour Force Survey 劳动力调查

LIO, Labour Inspectorates Organisation 劳工监察组织

LTV, Labour Theory of Value 劳动价值论

MOU, Memoranda of Understanding 谅解备忘录

MVA, Marxian Value Added 马克思增加值

NATO, North Atlantic Treaty Organisation 北大西洋公约组织

NSRF, National Strategic Reference Framework 国家战略参考框架

NUTS, Nomenclature of Territorial Units for Statistics 地域统计单位命名法

OCA, Optimal Currency Area 最优货币区

OCC, Organic Composition of Capital 资本有机构成

OECD, Organisation for Economic Co-operation and Development 经济合作与发展组织

PIBS, Perceived Inflation Balance Statistic 感知通货膨胀平衡统计量

PIGS, Portugal, Ireland, Greece, Spain 葡萄牙、爱尔兰、希腊和西班牙

PIIGS, Portugal, Italy, Ireland, Greece, Spain 葡萄牙、爱尔兰、意大利、希腊和西班牙

PIP, Public Investments Programme 公共投资计划

REH, Ricardian Equivalence Hypothesis 李嘉图等价假说

RULC, Real Unit Labour Cost 实际单位劳动成本

SAP, Structural Adjustment Programme 结构调整方案

TCC, Technical Composition of Capita 资本技术构成

TDH, Twin Deficits Hypothesis "双赤字"假说

ToT, Terms of Trade 贸易条件（进出口价格比）

TRPF, Tendency of the Rate of Profit to Fall 利润率下降趋势

ULC, Unit Labour Cost 单位劳动成本

UNCTAD, United Nations Conference on Trade and Development 联合国贸易和发展会议

VCC, Value Composition of Capital 资本价值构成

WTO, World Trade Organization 世界贸易组织

译后记 | GREEK CAPITALISM IN CRISIS MARXIST ANALYSES

作为西北大学经济管理学院的老师，我们非常荣幸能够负责斯塔夫罗斯·马夫鲁迪斯（Stavros Mavroudeas）教授著作 *Greek Capitalism in Crisis: Marxist Analyses* 的翻译工作。该书于 2018 年获得"二十一世纪世界政治经济学杰出成果奖"。斯塔夫罗斯·马夫鲁迪斯教授现任教于派迪昂政治经济大学（Panteion University of Social and Political Sciences）社会政策系，曾是马其顿大学（University of Macedonia）经济学系教授，也是希腊政治经济学协会的创始成员和希腊马克思主义研究协会的成员。

翻译本书的过程也是我们与各位作者深度交流、不断学习和探索的过程。在此期间，除反复研读原著外，我们还查阅、参考借鉴了大量书籍及网络资料，并就部分内容向原著主编和作者发送邮件探讨请教，力求最大限度地传达作者原本的观点和思想。

本译著初稿翻译由毛丹阳完成，康蓉审校。

本书得以成型，离不开家人的支持和朋友的帮助，尤其是翁宇雷副教授对第三章、第六章中计量经济学内容的把关；Jacob Mlynarski 先生对特定英语短语的释义；刘璐同学对部分段落的润色，以及在这段日子里的陪伴，在此一并表示感谢！

本书得到"西北大学'双一流'建设项目""国外马克思主义经济学与中国特色社会主义政治经济学学科创新引智基地"的资助,特此表示感谢。

鉴于水平有限,尽管我们竭尽全力做到译作语言的准确与流畅,但难免有疏漏不妥之处,敬请各位读者不吝赐教。来信可寄:mdy@ nwu. edu. cn。

毛丹阳

2022 年 5 月 20 日于西北大学长安校区